中华人民共和国海船船员培训合格证考试培训教材

交通运输类"十四五"创新教材
符合《海船船员培训大纲（2021版）》
《海船船员考试大纲（2022版）》要求

JIUSHENGTINGFA HE JIUZHUTING CAOZUO YU GUANLI

救生艇筏和救助艇操作与管理

中国海事服务中心 组织编审

大连海事大学出版社
DALIAN MARITIME UNIVERSITY PRESS

图书在版编目(CIP)数据

救生艇筏和救助艇操作与管理／中国海事服务中心
编. — 大连：大连海事大学出版社，2022.12(2024.7重印)
中华人民共和国海船船员培训合格证考试培训教材
ISBN 978-7-5632-4399-0

Ⅰ.①救… Ⅱ.①中… Ⅲ.①救生艇–操作–技术培
训–教材②救生筏–操作–技术培训–教材　Ⅳ.①U667.6

中国版本图书馆 CIP 数据核字(2022)第 254995 号

大连海事大学出版社出版

地址：大连市黄浦路523号　邮编：116026　电话：0411-84729665(营销部)　84729480(总编室)
http://press.dlmu.edu.cn　E-mail:dmupress@dlmu.edu.cn

大连天骄彩色印刷有限公司印装　　　　　　大连海事大学出版社发行

2022 年 12 月第 1 版　　　　　　　　　　2024 年 7 月第 4 次印刷
幅面尺寸：184 mm×260 mm　　　印张：11.5　　　　　字数：284 千
出版人：刘明凯

责任编辑：沈荣欣　　　　　　　　　　　　责任校对：刘长影
封面设计：解瑶瑶　　　　　　　　　　　　版式设计：解瑶瑶

ISBN 978-7-5632-4399-0　　　定价：63.00 元

中华人民共和国海船船员
培训合格证考试

▌ 培训教材编审委员会

主　　任:孙玉清

委　　员:(按姓氏笔画排序)

王　勇　刘正江　刘红明　吴丽华　吴宗保　赵友涛　施祝斌
姚　杰

▌ 审定委员会

主　　任:孙玉清

委　　员:(按姓氏笔画排序)

王　捷　王平义　王明春　吕　明　刘锦辉　李忆星　李建国
杨甲奇　肖亚明　张庆宇　张守波　陈晓琴　苗永臣　范　鑫
周明顺　唐强荣　黄江昆　景向伟

编写委员会

前　言

　　《中华人民共和国海船船员培训合格证书签发管理办法》已于 2019 年修订并于 2019 年 10 月 1 日起施行。交通运输部 2021 年发布的《海船船员培训大纲(2021 版)》,对海船船员培训合格证的适任要求,培训的理论知识、实践技能,评价标准及学时等作出了详细规定;中华人民共和国海事局根据《中华人民共和国海船船员适任考试和发证规则》和《海船船员培训大纲(2021 版)》编制并发布的《海船船员考试大纲(2022 版)》,对海船船员培训合格证理论考试大纲、实操评估大纲作出了详细规定。

　　为更好地实施高素质船员队伍建设,在新形势、新要求下推进并完善海船船员培训工作,增强海船船员的个人安全意识,进一步提升海船船员适任能力,中国海事服务中心组织具有丰富培训教学经验和航海实践经验的专家编写并审定了本套"中华人民共和国海船船员培训合格证考试培训教材"。

　　本套教材满足《1978 年海员培训、发证和值班标准国际公约马尼拉修正案》、《海船船员培训大纲(2021 版)》和《海船船员考试大纲(2022 版)》对海船船员培训合格证的各项要求,紧密结合我国有关船员职业培训的最新规定,知识点全面,图文并茂,易于学习、理解,可作为海船船员培训合格证培训用书,亦可作为船上人员解决工作中实际问题的工具书。

　　本套教材包括:

Z01	《基本安全——个人求生》
	《基本安全——防火与灭火》
	《基本安全——基本急救》
	《基本安全——个人安全与社会责任》
Z02	《救生艇筏和救助艇操作与管理》
Z03	《快速救助艇操作与管理》
Z04	《船舶高级消防》
Z05	《船舶精通急救》
Z06	《船上医护》
Z07、Z08	《船舶保安意识与职责》
Z09	《船舶保安员》
T01	《油船和化学品船货物操作(基本培训适用)》
T02	《油船货物操作(高级培训适用)》
T03	《化学品船货物操作(高级培训适用)》
T04	《液化气船货物操作(基本培训适用)》

（续表）

T05	《液化气船货物操作（高级培训适用）》
T06	《客船操作与管理》
T07	《大型船舶操纵》
T081、T082	《高速船操作与管理》
T09、T10	《船舶装载包装及散装固体危险和有害物质操作与管理》
T11、T12	《使用气体或其他低闪点燃料船舶操作与管理》
T13、T14	《极地水域船舶操作与管理》

在本套教材的编写、出版过程中，得到了各直属海事局、航海教育培训机构、航运企业及大连海事大学出版社等单位的大力支持，特致谢意。

中国海事服务中心
2022 年 10 月

扫码学习《深入学习贯彻党的二十大精神　加快建设交通强国当好中国式现代化开路先锋》

编者的话

　　《精通救生艇筏和救助艇操作与管理》依据《海船船员培训大纲（2021 版）》和《海船船员考试大纲（2022 版）》对海船船员培训合格证的各项要求，紧密结合我国有关船员职业培训的最新规定编写，适用于海船船员 Z02 精通救生艇筏和救助艇培训合格证的考试培训，也可作为船上人员解决工作中实际问题的工具书。

　　本书共分为十二章，内容包括：第一章 救生艇，第二章 救助艇，第三章 救生筏，第四章 救生艇筏和救助艇的技术性能要求及维护保养与检查，第五章 救生艇的操作，第六章 救生艇的操纵，第七章 救助艇的操作与操纵，第八章 救生筏的操作与操纵，第九章 在海上求生时对救生艇筏的管理，第十章 无线电救生设备及视觉求救信号的操作，第十一章 在救生艇筏中的急救，第十二章 获救。

　　本书由单浩明、王岩、王希行、陈馨、孝建伟担任主编，欧阳江萍、刘长青担任主审，田彪、高海龙、孙健担任副主编，王超、王必改、宁海博、齐寅、李秀强、张玉泉、金奎光、郑罗坤、贾京凯、席建龙、麻荔波参与了本书的编写。全书由单浩明统稿。

　　航海类培训教材的编写需要注重理论联系实际。因此，开发建设质量高、资源丰富、适应现代化航运发展的立体化教材是非常必要的。本书在编写过程中，立足于船舶生产实践，借助最新的虚拟现实理论、多媒体技术等，配套开发了仿真设备操作、二/三维动画、视频、AR 资源、教学课件等，同时提供多媒体、三维漫游以及三维实操等训练方式，旨在打造国内首套融合文本、VR、AR、视频、音频、动画、线上资源、仿真训练等多种资源于一体的海船船员培训合格证立体化教材，将课堂理论教学与实训实习等环节有机结合起来，丰富了教学内容。本书的立体化教学资源开发，得到了中国海事服务中心王希行船长、大连海事大学任鸿翔教授和段雅婷博士、福建船政交通职业学院李翼副教授和张明船长等的鼎力帮助，在此表示衷心的感谢。

　　需要说明的是，本书中每一个立体化教学资源均对应一个二维码，读者可以采用微信扫码的方式来使用资源（本书一书一码，需要刮开封底二维码涂膜，微信扫描并注册成功后方可使用），也可以 PC 端登录 http://www.vrship.vip 网站获得更好的交互体验（首次访问网站时，需要刮开封底的验证码涂膜，在网站登录界面上输入 8 位验证码，注册成功后方可使用）。

　　在本书的编写过程中得到了刘锦程的鼎力帮助，在此表示衷心的感谢。

　　航海科技日新月异，相关国际公约、各国法律法规、行业标准和规定也在不断进步和完善，本套教材未尽之处请广大同仁和读者批评斧正。

编者

2022 年 10 月

目　录

第一章
救生艇

第一节
救生艇概述

一、救生艇的概念

救生艇是船舶配备的供全体船员使用的大型救生设备之一。当海难事故发生时,船上的人员可以利用救生艇迅速地脱离难船,并开展海上求生行动,从而最大限度地保障旅客和船员的生命安全。

海船配备使用的救生艇是能够在恶劣天气下航行或漂流的刚性小艇,必须具有一定的浮力、强度、航速,能够搭载额定数量的乘员,还应配备相应的属具和备品。

二、救生艇的由来及发展

(一)木质帆船时代未有专门的救生艇

现代人们已经充分地认识到救生艇是海船非常重要的救生工具,但是在木质帆船时代,它的必要性几乎被人所忽略。在当时的木质大帆船上只配备极少量的小艇,主要是用于船岸之间人员和物资的运送。万一有海难发生,也仅能满足船上高级船员搭乘。由于船体为木质结构,且发生海难事故后,能够散落的漂浮物资也较多,因此,并未有专门的救生艇装配在船上。例如 17 世纪 20 年代,从欧洲向新大陆美洲运送移民的著名三桅帆船"五月花"号(MAY FLOWER),可搭乘移民 102 人,船员 20 人,却仅在帆船的尾部吊置一艘 10 桨小艇。如果发生海难,其最多也只能搭乘 66 人。

(二)救生艇的诞生与配备状况

1785 年,英国的 Lionel Lukin 制造了第一艘不沉艇。它是用木头做的,有 10 支桨,每舷各有 5 支。这艘小艇,在防水舱壁中添加软木和其他轻质材料,以增加艇的浮力;同时,小艇还增加了龙骨的重量以保持艇的直立。这样的设计使小艇在狂风巨浪中不会倾覆,即使救生艇内注满了水,它也不会沉没。Lionel Lukin 被称为"Unimmergible Boat"。虽然他的墓志铭上也镌刻着"Lionel Lukin 是第一艘不沉救生艇的发明者,也是救生艇安全原理的开创者"的字样。但在当时,他并没有提出"救生艇"这一概念。

1789 年,一艘名为"冒险"号(ADVENTURE)的船舶在英国的泰恩河(Tyne River)中失事。当时岸上有成千上万的人,却只能眼睁睁地看着"冒险"号的船员们在视线内消失而无能为力。在 1790 年一场救生艇设计大赛上,第一艘专门建造的救生艇 Original 诞生了,一位名叫 Henry Greathead 的造船师最终成为第一个专为拯救海上生命而设计救生艇的人。Henry Greathead 一生设计和建造了 31 艘救生艇,现存最古老的救生艇是"ZETLAND"号,它建于 1802 年,共服役 78 年,拯救过 500 多人的生命。

1821 年,由 Richard Hall Gower 设计制造的堡垒式救生艇作为早期的救生艇装配在商船上使用;1890 年,第一艘蒸汽驱动的救生艇在英国下水并使用;1904 年,汽油发动机作驱动的救生艇开始出现,几年后又采用柴油发动机作为驱动装置;目前,船舶配备的救生艇大多数装配的是柴油发动机。

20 世纪初,当以蒸汽机为动力的钢质船舶问世以后,船舶的尺度增大了许多。大型船舶的出现使很多人可以乘船出海。但是,与救生艇相关的规章制度却比较模糊,相较于快速发展的船舶,救生艇的安全规则已经过时。例如,英国关于船舶应装配救生艇数量的立法是基于一艘船的吨位,且仅包括"总吨 10 000 及以上"的船只。

(三)泰坦尼克与救生艇的发展

人们真正认识到救生艇必须配备在船上,并应具有能够搭载 100% 的船上人员的足量空间,是"泰坦尼克"号(TITANIC)的沉没事故带来的惨痛教训。1912 年 4 月 14 日 23 时 40 分,当时世界上最大的、排水量 46 000 t 的英国豪华客船"泰坦尼克"号,从英国至美国的处女航中,在北大西洋碰撞冰山,船首后方水下部分的船壳被划出一道长裂缝,海水迅速涌入船舱。虽然泰坦尼克是设计为"四舱不沉制",号称"永不沉没"的船舶,但是,4 月 15 日凌晨 2 时 20 分左右,当船体断裂成两截后,泰坦尼克沉没入大西洋底 3 700 m 处。当时,满载的客船上有旅客和船员共 2 224 人,本应配备 32 艘救生艇的船上仅装备了 20 艘。在事故发生后,仅有 16 艘救生艇成功施放。而这 16 艘救生艇的总容纳量仅为 1 176 人。由于遇难逃生时的惊恐慌乱,有的救生艇超载搭乘了 70 人,而有的救生艇仅搭载 12 人,便漂离客船。最终,1 517 人葬身在茫茫冰海中。

这一事件震惊了国际海运界,德国皇帝威廉二世动议召开国际会议制定规章,防止这类悲剧的重演。1913 年,在英国伦敦举行了世界各主要海运国家代表会议,签订了 1914 年《国际海上人命安全公约》(又称《SOLAS 公约》),中国也派代表参加了大会并签约成为该公约的缔约国。此后,《SOLAS 公约》又经过 1929 年、1948 年、1960 年及 1974 年等几次重大修改。《SOLAS 公约》规定,大型民用船舶上配载的救生艇必须能够乘载所有的旅客和船员。航行于内河及浅海区的船舶可稍减少救生艇数量,但必须补充足够数量的救生筏。

到了 21 世纪,各国更加重视船舶人命安全,海事部门对救生设备的要求也更加严格。与此同时,随着科技的进步,救生设备也得到了很大的发展,多种多样的救生设备也开始在船舶上配备和使用。尽管如此,救生艇仍旧具有其不可替代的作用,作为船上最重要的救生设备,在多次海难中保障了旅客和船员的生命安全。

第二节

救生艇的分类

救生艇在海船上配备使用已有近百年的历史。随着人们对海上人命安全保障认识的不断提高,配备在海船上的救生艇,也得到了不断地发展和完善。各种构造不同、材质不同的救生艇开始更好地服务于船舶,其具有的性能也随着不同船舶的相应要求而不断增多,从而达到能更好地保障海上人命安全的目的。简单地了解救生艇的种类及其性能特点,对于广大海员熟悉和掌握救生艇,进一步运用救生艇,在紧急情况出现时为弃船求生保驾护航将有很大的帮助。

一、按救生艇的结构形式分类

(一)开敞式救生艇

开敞式救生艇是一种没有固定顶篷装置的救生艇。该救生艇操作简便,由于没有固定顶篷,人员登、离艇不受阻碍,便于使用者迅速登乘、脱离难船,人员在艇内活动也相对自由方便;但其缺点同样也来自没有固定顶篷,使艇上人员暴露于自然环境中,遇到风雨海浪时,艇内人员就会受到海水的侵袭,身体直接暴露在寒冷和潮湿的环境中,生命安全受到相当大的威胁;天气炎热、光照强烈时,艇员直接暴露在日光下,日光灼伤、中暑、身体缺水等也会直接危害艇员的生命安全。目前,开敞式救生艇仅在一些沿海小型船舶上使用,在远洋船舶上已经被淘汰,不再装配。

图 1-2-1　开敞式救生艇

(二)部分封闭式救生艇

部分封闭式救生艇较开敞式救生艇在艇首和艇尾各设有不少于20%艇长的刚性顶盖,中间设有可折式顶篷。可折式顶篷连同刚性顶盖形成了一个能挡风雨的遮蔽,使艇内人员免受风雨海浪的侵袭和烈日的暴晒。艇的两端及两舷设有出入口,供人员登艇和离艇,同时也用于艇内的通风换气。这种救生艇既保留了传统的开敞式救生艇的优点,又克服了开敞式救生艇使人员暴露的缺点。只是这种救生艇翻覆后,艇内人员出逃不如开敞式救生艇方便。目前,部分封闭式救生艇主要装配于国际航行的客船上。

(三)全封闭式救生艇

全封闭式救生艇的上部有固定的刚性顶盖,与艇身一起,形成与外界隔绝的围蔽空间。由于其安全性能好,并能保证艇员不受风雨海浪和阳光暴晒的侵袭,目前在船舶上广泛配备。但是,如果天气炎热,全封闭式救生艇内的温度就会很高,相对较小的通风设备也会使艇内的空气流通不畅,造成人员呼吸困难;另外,狭小的瞭望窗口也给救生艇观察外界情况造成一定的困难。

图 1-2-2　部分封闭式救生艇

图 1-2-3　全封闭式救生艇

二、按救生艇的建造材质分类

救生艇自问世以来,经过了岁月的变迁,也经历了一次次的更新换代,不断地发展。无论是最开始的木质小艇,还是后来出现的镀锌钢小艇,都由于其自身材料的局限性,已经不再用于船舶配备。目前,在船舶上装备的救生艇主要有铝合金材质的救生艇和玻璃钢救生艇。

(一)铝合金救生艇

铝合金是以金属铝为基础添加一定量其他合金化元素的合金,是轻金属材料之一。用于制造救生艇外壳的铝合金具有较高的强度和水密性,而且重量比钢质救生艇要轻44%~45%,因此采用较小的动力便可获得较高的航速。铝合金救生艇结实耐用,并具有良好的耐腐蚀性和可焊性,因此,维护保养起来也相对容易。同时,添加了一定元素的铝合金材料还具有耐高温的特性,故可装配在部分油船上使用。目前,铝合金救生艇也逐渐被玻璃钢救生艇所取代。

(二)玻璃钢救生艇

玻璃钢,即GFRP(Glass Fiber Reinforced Plastics),学名玻璃纤维增强塑料。它是以玻璃纤维及其制品(玻璃布、带、毡、纱等)作为增强材料,以合成树脂作基体材料的一种复合材料。合成树脂黏合单一的玻璃纤维,改变了玻璃纤维不易成型的缺陷,既能承受拉应力,又可承受弯曲、压缩和剪切应力,便于制成各种具有固定形状的坚硬制品。

随着科技的发展,一些高性能的纤维增强复合材料逐渐取代玻璃纤维,如碳纤维、硼纤维、芳纶纤维、氧化铝纤维和碳化硅纤维等,因此,玻璃钢也可以称为玻璃钢复合材料。

由于玻璃钢的强度相当于钢材,又含有玻璃组分,因此,采用玻璃钢制成的救生艇,其重量比铝合金还轻,具有耐腐蚀、电绝缘、隔热性能好等特性,经久耐用,不易损坏,且维护保养容易,目前已被广泛采用。

三、按救生艇具有的功能分类

在海难事故发生时,救生艇不仅要承担转移船舶人员进行海上求生的任务,同时,由于不同船舶运送货物的类型不同,在发生海难事故时,可能会有特殊的情况发生,从而导致船舶人员处于特殊的危险之中。因此,船舶所配备的救生艇应具有一定的功能,满足在不同危险类型发生时,能够保障船上人员的生命安全。

(一)具有自行扶正功能的救生艇

在茫茫大海上,各种各样的原因会导致救生艇翻覆,而具有自行扶正功能的救生艇能够依靠自身构造的特点进行自行扶正,恢复正浮状态。无论救生艇是在满载还是部分装载乘员、属具备品,只要所有进出口都关闭且水密,所有乘员都用安全带缚牢在各自的座位上时,都可以实现救生艇的自行扶正。

(二)具有自供气体功能的救生艇

一部分救生艇为适应弃船求生时的特殊环境条件(或船舶的特殊性),如运载散发有毒蒸气或毒气货物的液体化学品船和气体运输船,装置了自供气体系统。该系统靠艇内配备的压缩空气瓶提供空气,可以保证人员正常呼吸、发动机正常运转的时间为10 min。按照救生艇应具有的至少6 kn的航速推算,驾驶救生艇驶向遇险位置的上风方向,则救生艇在10 min的时间内,可以穿过含有毒害性气体的海面,保证船员的生命安全不受有毒有害气体的危害。在此期间,救生艇内大气压应不得低于艇外大气压,也不得超过艇外大气压20 hPa。该系统配有视觉指示器,无论何时均可指示送风压力。

(三)具有耐火耐高温功能的救生艇

在运载闪点低于 60 ℃ 货物的油船、液体化学品船或气体运输船上配备的救生艇,艇壳表面应采用耐火材料制成,确保救生艇能够在短时间内冲出 1 000~1 200 ℃ 的油火海面,艇内人员不会受到高温的伤害。

同时,为了降低艇体表面或艇内温度,保障艇员在高温海面的生命安全,此类救生艇的艇外配有洒水系统,如图 1-2-4 所示。该洒水系统由海底阀、自吸式水泵和喷洒管系和喷头等组成,可以使用海水进行喷洒降温,过后也可使用淡水进行冲洗,并能完全排清管系内的积水。海底阀的布置应能防止从海面吸入易燃液体。

四、按救生艇配备位置和降放方式分类

(一)舷侧依靠艇重力降放的救生艇

自救生艇装配在船舶上以来,大多数救生艇被装配在船舷两舷侧,如图 1-2-5 所示。当船舶发生危险必须弃船时,可利用救生艇的降放装置(吊艇架)上的吊艇索降放救生艇。在降放救生艇时,通过吊臂带动救生艇扬放至舷外,再依靠救生艇自身的重力和制动器(刹车)的配合,使用吊索将救生艇降放至水面,离开难船。

(二)船尾自由滑落降放的救生艇

当油船等一些特种船舶发生海难事故后,灾难往往是迅速和毁灭性的。为使船上人员能够乘坐救生艇快速离开难船,在 20 世纪 70 年代,自由降落救生艇开始装配在海船上。它彻底改变了救生艇传统的存放状态,由存放在船舶的两舷侧,改为存放在船尾专门配置的自由降落救生艇降放装置的滑架上,如图 1-2-6 所示。当释放救生艇的脱钩装置后,救生艇沿滑道自由滑落,快速施放入海。目前,由船尾自由滑落降放的救生艇也在众多船舶上广泛配备。

图 1-2-4 耐火救生艇　　图 1-2-5　舷侧降放的救生艇　　图 1-2-6　船尾自由滑落降放的救生艇

第三节
救生艇的基本构造与各部分名称

一、救生艇的基本构造

救生艇的基本构造,如图 1-3-1 所示。

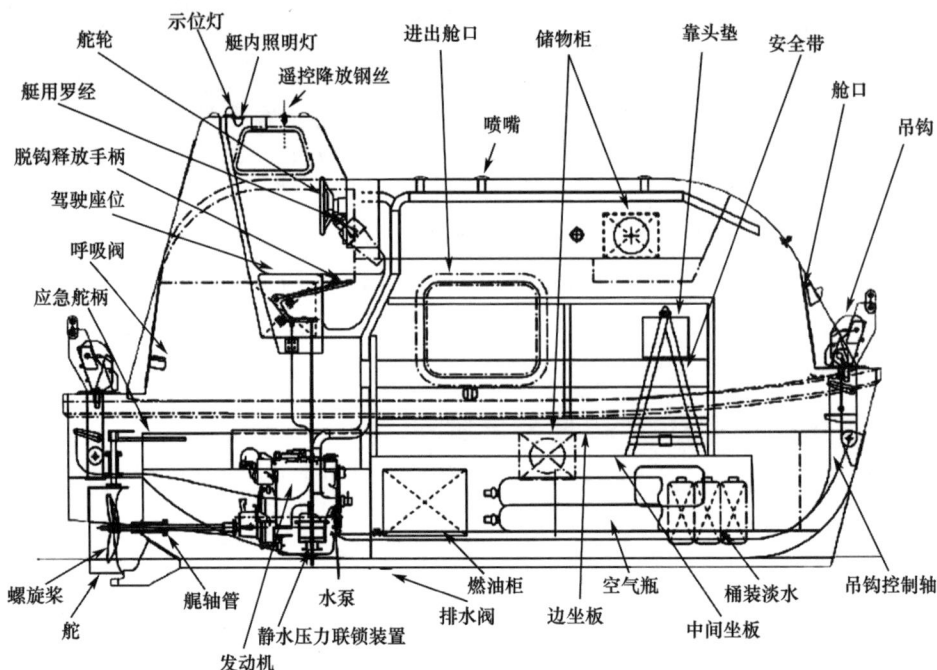

图 1-3-1　救生艇的基本构造

(一)救生艇外壳的构造和部分设备名称

救生艇的艇底中央是由艇首延伸至艇尾的方形龙骨,它是救生艇的纵向强力构件。救生艇两舷的艇壳板与方形龙骨接合,形成的密闭空间,为救生艇提供了浮力。艏柱和艉柱是艇壳板与龙骨接合在艇首尾处的合拢构件。

示位灯——救生艇的最高处,设 1 盏示位灯,方便夜间被搜救力量发现。

吊艇钩——救生艇在首、尾各设有 1 个吊艇钩,用于救生艇的降放与回收(自由降落救生艇除外)。

舱口——救生艇(自由降落救生艇除外)设有主要进出舱口和逃生舱口。主要进出舱口从艇外和艇内都能打开,是人员进出救生艇的主要通道;同时,救生艇在艇首、艇尾和操纵位置上方也设有舱口,舱口只能从艇内打开,主要用于在发生破舱等紧急情况时艇内人员的快速逃离;在操纵座位上方的舱口盖有收集雨水的装置,周围设有遥控降放钢丝通过的小孔,也有雷达反射器或无线电天线等插杆的插孔。

透气阀——在全封闭救生艇的刚性顶盖上或艇尾的舱门上设置透气阀,以保障艇内发动机的运转和人员的正常呼吸。

(二)艇内的构造和部分设备名称

照明灯——救生艇内设有照明灯,用于阅读救生须知和属具使用方法等。

安全带——救生艇内设有安全带,在恶劣的天气情况下,救生艇摇摆剧烈,甚至翻转,艇内人员能够借助安全带将自己固定在座位上。相邻安全带的颜色是不同的,便于区分,不会系错。

靠头垫——在座位上方设置靠头垫是为了防止艇内人员头部与艇壳内部相撞而受伤。

坐板——救生艇内设有坐板,坐板上有明显的标记以标明座位,避免坐错位置。

储物柜——救生艇内设有水密柜或舱室,用于储存属具备品。

(三)脱钩装置的构造和部分设备名称

救生艇应设有承载释放系统,它由联动脱钩装置、静水压力联锁装置和控制轴等构成。船员可以在弃船降放救生艇时,完成救生艇的脱钩,从而脱离难船。图1-3-2所示为救生艇的承载释放系统。

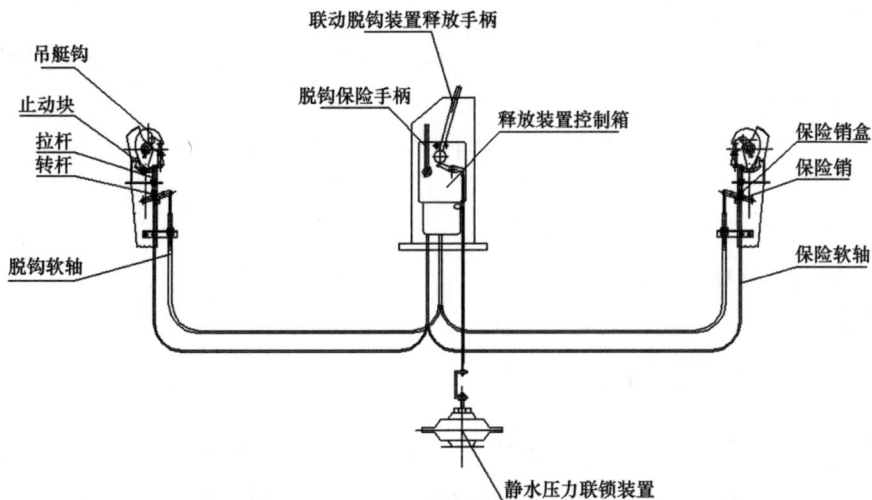

图1-3-2 救生艇的承载释放系统

(四)操纵装置的构造和部分设备名称

舵——全封闭救生艇的舵,多采用螺旋桨外套导流罩设计。当导流罩的方向发生变化时,通过螺旋桨的水流方向就会发生改变,从而改变救生艇艇尾的方向,实现救生艇在前进或后退时方向的变化。

舵轮和应急舵柄——救生艇的操纵人员通常使用配备的舵轮对救生艇的行进方向进行控制,舵轮通过钢丝(链条)连接导流罩,转动舵轮即可改变导流罩的方向;若由于特殊情况,舵轮无法作用,则可以使用应急舵柄,直接作用改变导流罩的方向,实现救生艇的变向操控。

艇用罗经——救生艇在操控位置前方的控制面板上设有艇用罗经,便于救生艇掌控方向。

(五)动力传动装置的构造和部分设备名称

发动机——目前,大多数救生艇采用柴油机作为航行的动力装置;

燃油柜——燃油柜用于储存救生艇航行所需要的燃油,它所配备的燃油,可以保证救生艇以6 kn的航速航行24 h;

艉轴和螺旋桨——救生艇的发动机通过艉轴连接艇外的螺旋桨推艇前进或后退。

二、具有耐火和自供气体功能救生艇的特殊构造

对于具有耐火和自供气体功能的救生艇,在普通救生艇的构造基础上,又增加了一些特殊的构造,以保证该类救生艇可以达到耐火耐高温,防止艇外的有毒、有害、有窒息性气体等危害艇内人员生命安全的目的。

(一)耐火功能

救生艇的材质本身具有耐火功能,但是为了更好地保护艇内人员,耐火救生艇的构造中增加了洒水系统:

水泵——救生艇的艇底增加了自吸式水泵,可以将海水泵至洒水管系;

喷嘴——在救生艇的表面布置洒水管系,根据需要设置若干喷嘴,海水成雾状喷淋在艇体表面,从而降低救生艇的温度。

(二)自供气体功能

具有自供气体功能的救生艇,应具有气密性,一些构造是其特有的:

呼吸阀——此类救生艇,在舱门上设置呼吸阀(也称作透气阀)。呼吸阀关闭后,救生艇保持气密,可以阻断外界气体的进入。

空气瓶——当呼吸阀关闭后,救生艇内用压缩空气瓶提供空气,以保证人员呼吸和发动机正常运转。

第四节
救生艇的配备

为了确保海上人员的生命安全,增加船舶应急应变的能力,《SOLAS 公约》中针对船舶的种类、航区的不同、船舶大小的差异,提出了海船配备救生艇的具体要求,并规定,在任何一艘救生艇筏掉失或不能使用的情况下,每舷可供使用的救生艇筏,包括任何质量小于 185 kg 并存放在一个能在单层开敞甲板上易于做舷对舷转移的位置的救生艇筏,应能足够容纳船上人员总数。

一、客船救生艇的配备

1. 从事非短程国际航行的客船应配备符合《国际救生设备规则》(《LSA 规则》)所要求的部分封闭式或全封闭式救生艇,其在每舷的总容量应能容纳不少于船上人员总数的 50%。主管机关可准许以相等总容量的救生筏代替救生艇,但船舶每舷必须配备足够容纳不少于船上人员总数 37.5% 的救生艇。

2. 从事短程国际航行的客船应配备符合《LSA 规则》所要求的部分封闭或全封闭救生艇,其总容量应至少能容纳船上人员总数的 30%。救生艇应尽可能均等分布在船舶各舷。此外,船舶配备的符合要求的气胀式或刚性救生筏,连同救生艇的总容量,应能容纳船上人员总数的 100%。这些救生筏应使用均等分布在船舶每舷的降放设备。

3. 弃船时,在所有人员集合并穿妥救生衣后,客船上配备的救生艇筏应能在发出弃船信号后 30 min 内载足额定乘员及属具降放至水面。

4. 总吨 500 以下的客船,凡船上人员总数少于 200 人者,在任何一艘救生艇筏掉失或不能使用时,每舷可供使用的救生艇筏(包括存放在一个单一开敞甲板平面上,能够方便地作舷对舷转移的救生艇筏),应足够容纳船上的人员总数。

二、货船救生艇的配备

1. 船舶每舷 1 艘或多艘符合《LSA 规则》所要求的全封闭式救生艇,其总容量能容纳船上人员总数的 100%。

2. 货船可配备 1 艘或多艘符合《LSA 规则》所要求的能在船尾自由滑落降放入水的救生艇,其总容量能应能容纳船上人员总数。

3. 长度为 85 m 以下的货船,不包括油船、液体化学品船和气体运输船,可配备满足要求的救生筏来容纳船上人员总数的 100%。

4. 弃船时,货船上配备的所有救生艇筏,应能在发出弃船信号后 10 min 内,载足额定乘员及属具降放至水面。

5. 运载散发有毒蒸气或毒气货物的液体化学品船和气体运输船,应配备符合《LSA 规则》所要求的具有自供气体系统的救生艇。

6. 运载闪点不超过 60 ℃(闭杯试验)货物的油船、液体化学品船和气体运输船应配备符合《LSA 规则》所要求的耐火救生艇。

第五节
救生艇配备的属具备品

救生艇所配备的各项属具应尽可能小巧、轻便并包装合适、紧凑。在存放时,不同类型的属具需要通过绑扎、在柜内或舱内储存、在支架或类似支架的装置上安装的方式或以其他适宜的方式系固于救生艇内。但救生艇属具的系固方式应不得妨碍任何弃船程序的进行。如果救生艇依靠吊索在两舷进行降放,那么,艇篙应不加固定,以供撑开救生艇。

每艘救生艇配备的属具,如表 1-5-1 所示,应包括:

1. 可浮桨(buoyant oars),足够数量,以供在平静海面划桨前进,自由降落救生艇除外。所配备的每支桨应配齐桨架、桨叉或等效装置。桨架或桨叉应以短绳或链条系于艇上。

2. 带钩艇篙(boat-hook),2 支。

3. 可浮水瓢(buoyant bailer),1 只,水桶(bucket)2 只。

4. 救生手册(survival manual),1 本。

5. 操舵罗经(compass),1 只,具有发光剂或适当照明装置,在全封闭救生艇内,该罗经应固定在操舵位置;对于任何其他救生艇,该罗经必要时应配备 1 只罗经柜以保护它免受气候影响,并且应配备支架装置。

6. 适当尺度的海锚(sea anchor),1 只,配有浸湿时还可以用手紧握的耐震锚索 1 根,海锚、耐震锚索和收锚索(如设)的强度在一切海况中均应是适用的。

7. 有效的艏缆(head line),2 根,其长度不小于从救生艇存放位置至最轻载航行水线距离的 2 倍或 15 m,取其长者,自由降落救生艇的 2 根艏缆应设置在救生艇的前端附近供备用;在其他救生艇上一根艏缆应设在救生艇前端与脱开装置相连,另一根应牢牢地系固在或靠近救生艇的前端供备用。

8. 太平斧(hatchet),2 把,救生艇首尾端各 1 把。

9. 水密容器数个,内装总数为救生艇额定乘员每个人 3 L 的淡水(fresh water),其中每个人所需的 1 L 淡水,可由 2 天内能生产等量淡水的海水除盐器来代替;或者其中每个人所要 2 L 的淡水可用 2 天内能生产等量淡水的人工逆渗透除盐器来代替。

10. 附有短绳的不锈水舀(dipper),1 个。

11. 不锈饮料量杯(conical graduate),1 个。

12. 为救生艇额定乘员的每个人配备不少于 10 000 kJ 的口粮(food ration),口粮应保存于气密包装内并存放在水密容器内。

13. 符合要求的火箭降落伞火焰信号(rocket parachute flare signal),4 支。

表 1-5-1　救生艇配备的属具

1	2	3	4
5	6	7	8
9	10	11	12
13	14	15	16
17	18	19	20
21	22	23	24
25	26	27	28
29	30	31	32

14. 符合要求的手持火焰信号(hand flare signal),6 支。

15. 符合要求的漂浮烟雾信号(buoyant smoke signal),2 支。

16. 适于摩氏通信的防水手电筒(waterproof electric torch),1 只,连同备用电池 1 副及备用灯泡 1 只,装在水密容器内。

17. 日光信号镜(daylight signaling mirror),1 面,包括与船舶和飞机通信用法须知。

18. 印在防水硬纸上,或装在防水容器内的救生信号图解说明表(copy of the life-saving signals),1 张。

19. 哨笛(whistle)或等效的音响号具(equivalent sound signal),1 只。

20. 急救药包(first-aid outfit),1 套,置于用后可盖紧的水密箱内。

21. 每个人配备的防晕船药(anti-seasickness medicine)至少足够 48 h 的量。

22. 以短绳系于艇上的水手刀(jack-knife),1 把。

23. 开罐头刀(tin opener),3 把。

24. 系有长度不小于 30 m 浮索的可浮救生环(buoyant rescue quoit),2 个。

25. 如果救生艇不是自动舀水的,应为有效的舀水配备 1 只手摇泵(manual pump)。

26. 钓鱼用具(fishing tackle),1 套。

27. 对发动机及其附件做小调整用的足够数量的工具(tool)。

28. 适用扑灭油类火灾的经批准的手持灭火器(portable fire-extinguishing equipment),1 具。

29. 探照灯(searchlight),1 盏,具有垂直和水平扇面至少为 6°,所测的光强为 2 500 cd,连续工作不少于 3 h。

30. 有效的雷达反射器(radar reflector),1 具,除非救生艇内存放有一只救生艇筏雷达应答器。

31. 足供不少于救生艇额定乘员 10% 用的符合要求的保温用具(thermal protective aids)或 2 件,取其大者。

32. 清洁袋(seasickness bag),1 个。

如主管机关在考虑到船舶所从事的航行性质与时间认为救生口粮和钓鱼用具为不必要者,可准予免配。

第六节

救生艇的降放装置

救生艇的降放装置即吊艇架,是指能将救生艇从其存放位置安全地转移到水上的设施,日常主要用于存放救生艇,当船舶发生海难事故时,能紧急降放救生艇至水面,是存放和降放救生艇的专用应急设备。

当船舶遇险时,船员是否能够顺利地降放救生艇,降放装置的可操作性和操作人员对其操作的熟练程度起着决定性的作用。因此,要求广大船员了解和熟悉救生艇降放与回收装置的性能和操作方法,相关人员更要掌握其关键性操作,确保能正常并安全地操作该降放装置。

一、救生艇降放装置的分类

自救生艇开始装备在船舶上至今,已经过去了一个多世纪,时代的发展和科技的进步,不仅改变了救生艇,同样也改变了救生艇的降放装置,使救生艇的存放和降放向着更加安全和高效的方向不断改进、提高和完善。

目前,海船救生艇配备使用的降放装置,按照降放的形式分类主要有重力式救生艇的降放装置和自由降落救生艇的降放装置。此外,还有一种平台式救生艇降放装置,常用于海上石油钻井平台配备的救生艇的存放和降放。

(一)重力式救生艇的降放装置

除自由降落救生艇的次要降放装置以外,每艘救生艇均应配备一副降放装置(吊艇架),装配在船舶两舷适当的位置上。救生艇降放装置的设计应能够仅依靠艇自身的重量或储存压力,将救生艇降放至水面。

重力式救生艇降放装置主要有五种形式:滑轨重力式、倒臂重力式、连杆重力式、液压重力式和伸缩臂重力式。其中滑轨重力式和倒臂重力式更为常见,远洋货船上配备的救生艇,通常采用的是这两种救生艇降放装置;而连杆重力式、液压重力式和伸缩臂重力式救生艇降放装置主要配备在客船(一些大型邮轮)上使用。

倒臂重力式吊艇架又可分为直杆倒臂式(如图1-6-1所示)和叉形支撑倒臂式(如图1-6-2所示)。其区别主要在于降放装置的吊臂形状的不同。在吊臂跨度延展的设计上,叉形支撑倒臂式较直杆倒臂式要更适合救生艇在船舶上配备,因此,叉形支撑倒臂式降放装置在配备数量上也远远超过直杆倒臂式降放装置。

图 1-6-1 直杆倒臂式   图 1-6-2 叉形支撑倒臂式   图 1-6-3 连杆重力式

滑轨重力式吊艇架的设计是使悬挂了救生艇的吊臂可以沿支架上的滑轨上下运动,从而带动救生艇收回舷内或滑出舷外。由于吊臂基部安装的滚轮是沿着固定的滑轨运动,因此稳定性比较好,从而能很好地保护艇内人员的安全;另外在放艇时,船上人员可以从登艇平台直接进入救生艇内,避免了因紧急情况发生后大量人员聚集在舷边可能会出现的危险。

一些大型邮轮,其载客数量比较庞大,为了满足游客观光和逃生空间的双重需求,救生艇的降放装置在占地面积和高度上都必须要有特殊的设计。除倒臂和滑轨重力式外,占地面积小,艇甲板结合两舷游步观光甲板的连杆重力式(如图1-6-3所示)、液压重力式(如图1-6-4所示)和伸缩臂重力式(如图1-6-5所示)救生艇的降放装置成了满足这些要求的首选。

图 1-6-4　液压重力式　　　　　　图 1-6-5　伸缩臂重力式

(二)自由降落救生艇的降放装置

自由降落救生艇及降放装置是在 20 世纪 70 年代中期,由挪威一家船研所和航运公司研发制造的,其研发的目的是改变救生艇在船上存放的方式,进一步加快救生艇脱离难船的时间。自由降落救生艇及降放装置在船上装配使用后,立即得到国际海事组织的认可,并在《SOLAS 公约》和《LSA 规则》中,提出了自由降落救生艇及降放装置的配备与具体技术性能的要求。随着航运事业的不断发展,人们也越来越关注船员的生命安全,因此,越来越多的专业化船舶配备了自由降落救生艇及其降放装置(如图 1-6-6 所示)。

(三)平台式救生艇降放装置

平台式救生艇降放装置如图 1-6-7 所示,通常用于海上钻井平台上救生艇的存放和降放。该降放装置是一种独立式甲板安装吊架系统,具有结构简单、操作方便、安全高效、性能稳定可靠等特点。因此,除海上钻井平台外,一些客船也使用此类平台式救生艇降放装置存放和降放额定乘员为 100~150 人的救生艇。

图 1-6-6　自由降落救生艇及降放装置　　　图 1-6-7　平台式救生艇降放装置

二、救生艇降放装置的主要结构和设备

(一)重力式救生艇降放装置的主要结构和设备

重力式救生艇的降放装置主要由两大部分组成:一是吊艇架及其附属设备;二是吊艇机(电动绞车)及其附属设备。

1. 吊艇架的主要结构

重力式吊艇架的主要结构也是由两部分组成的:一部分是吊艇架的基座,与船舶甲板相连,其强度应能承受救生艇在存放和操作时的应力;另一部分是吊架,主要用于存放和降放救生艇。吊架又由支架和吊臂组成。支架的作用是对救生艇和吊臂的支撑,而吊臂上悬挂着救生艇,随着吊臂向舷外倒出(滑出)和收回,救生艇可以被扬出舷外和收回舷内。以倒臂重力式吊艇架为例,其主要结构及其附属设备构成如图1-6-8所示。

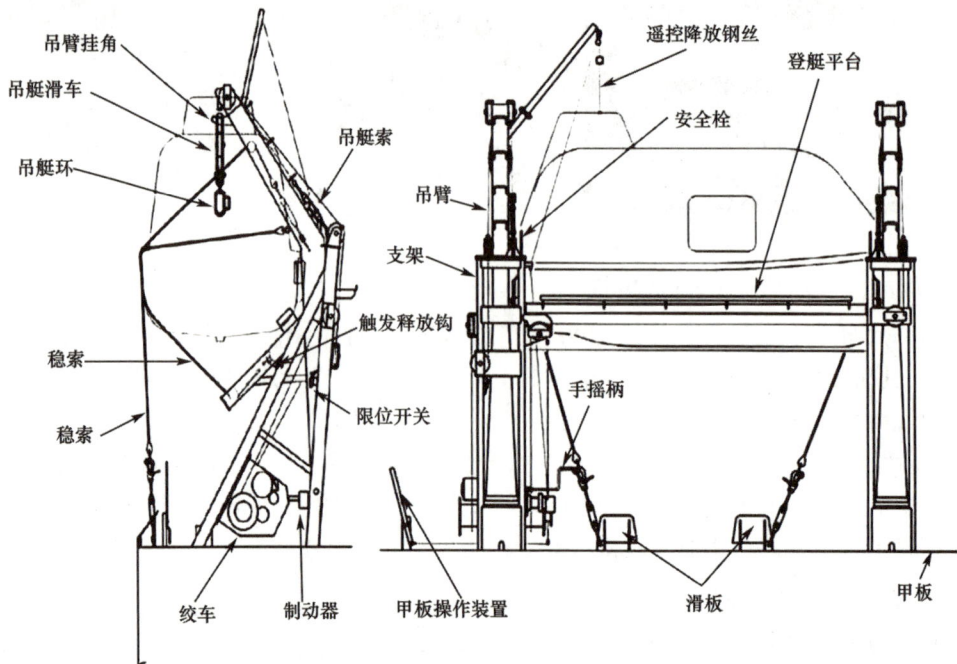

图 1-6-8　倒臂重力式吊艇架的构造示意图

除吊架和吊臂外,重力式吊艇架还有一些主要的结构和设备:

(1)稳索与松紧螺丝

在吊艇架上附设有不同种类的索具,当救生艇处于存放状态时,能够防止由于船舶摇摆而使艇晃动的索具叫稳索。船舶在航行时,如果不能够将救生艇很好地固定在吊艇架上,救生艇将随着船舶的摇摆而晃动,与吊艇架发生碰撞,可能会造成救生艇的损坏,甚至脱落掉入海中。因此,救生艇在处于存放位置时,一定要使用稳索系牢,避免发生意外。

稳索的收紧和放松,是通过松紧螺丝实现的。朝一个方向转动松紧螺丝,其上配备的螺杆同时缩进(放出),可以实现稳索收紧(放松),再通过松紧螺丝和滑钩的衔接,即可捆绑和打开稳索,从而系固或松脱救生艇,如图1-6-9所示。

图 1-6-9　稳索与松紧螺丝

（2）止荡索

止荡索是在救生艇进行降放操作时，为了防止艇的晃荡而与船舷产生碰撞所设立的索具。由于止荡索具有固定的长度，设立在吊艇架与艇的首尾吊艇钩附近，因此，当艇降放至船舷外与登乘甲板（救生艇甲板）几乎平齐时，由于止荡索的存在，则艇与登乘甲板之间的距离缩短为最小，如果再继续降放，由于止荡索的长度所限，将会导致艇向外倾覆，所以又称止荡索为限位索（定位索），如图1-6-10所示。当人员全部登艇后，需要脱开止荡索，才可以继续放艇。

图1-6-10　止荡索（限位索）

（3）吊艇索

存放在吊艇架上的救生艇，最终需要通过吊臂的带动并依靠悬挂的钢丝吊索才能放入水中和回收舷内。这种悬挂救生艇的钢丝吊索，称为吊艇索。

为保证救生艇的安全降放，吊艇索应该是不旋转的、柔软的，并有足够韧性的防锈蚀钢丝绳。吊艇索的长度应该在船舶最小吃水，并向任一舷横倾20°时，能够将艇降放至水面。

（4）吊臂挂角和安全栓（如图1-6-11所示）

在日常存放救生艇时，为保证安全，重力式吊艇架上的吊艇索应处于松弛不受力状态。这时，救生艇存放在吊艇架上，其上部的重量挂在吊臂挂角上，而另外一部分重量是坐在安全栓上。安全栓的主要作用就是阻止吊臂向舷外倒出（滑出），是重力式救生艇降放和回收操作的关键设备。

图1-6-11　吊臂挂角和安全栓

（5）导向滑车（如图1-6-12所示）

为了改变吊艇索的走向布置，使吊艇索能够从存放的滚筒引导至救生艇的首尾吊钩方向，重力式吊艇架上配备了许多滑车（定滑轮）。这种能改变吊艇索方向的滑车，即导向滑车。一个吊艇架上根据需要应设有很多导向滑车。

（6）吊艇滑车和吊环（如图1-6-13所示）

重力式吊艇架需要使用吊艇索收放救生艇，吊艇索本身是无法直接与救生艇首尾的吊艇钩相连的,而是通过两个动滑轮和吊环实现索具与吊钩的衔接。吊艇滑车就是吊艇索与吊钩相连的专用设备。

图 1-6-12　导向滑车　　　图 1-6-13　吊艇滑车和吊环

(7)限位开关

在回收救生艇时,为避免吊臂和吊架发生碰撞造成损坏,同时也会造成吊艇机电机的超负荷,于是在吊艇架的支架上设置了限位开关。随着吊臂的回收,救生艇即将复位时,会触发限位开关,切断电源,从而实现限定吊臂回收位置的目的。当限位开关作用时,吊臂距离存放位置还应有 300 mm。

(8)触发释放钩

在一些重力式吊艇架的设计上,稳索和安全栓的释放是通过触发释放钩的脱开同时进行的。在做好救生艇的降放准备工作后,触发释放钩的脱开可以同时脱开稳索和安全栓,可以为快速释放救生艇节省时间。

2. 吊艇机的主要结构

船用救生艇的吊艇机(电动绞车)的主要作用是降放和回收救生艇,由电动机、减速箱、调速制动器、离心式离合器、吊艇索卷筒、手摇柄等主要部件组成,如图 1-6-14 所示。

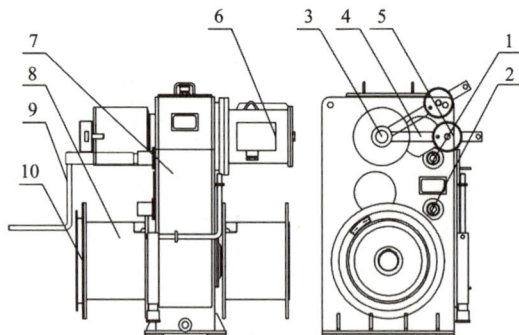

图 1-6-14　吊艇机构造图

1—升艇手摇插孔;2—放艇手摇插孔;3—限速离合器;4—单向制动器;5—制动器重锤;
6—电动机;7—箱体;8—吊艇索卷筒;9—手摇柄;10—遥控降放钢丝卷筒

(1)吊艇机的动力来源

吊艇机的主要动力来源有电力和人力两种。当使用电力作为动力来源回收救生艇(起艇)时,只需通过遥控盒起动电机,当电机达到一定转速时,离心式离合器就自动啮合,并通过减速箱的齿轮传动,转动卷筒,救生艇即随着钢丝绳的回收而上升;而当船舶失电无法使用电力系统起升救生艇时,人力是最可靠的动力来源,这时可以利用人工操作将载有艇员的艇,从水面绞收回存放的合适位置。

(2)吊艇索卷筒

在吊艇机箱体下方左右两侧焊接的是吊艇索卷筒,吊艇索在存放时均匀整齐地排列在卷筒上。第一个导向滑车距离吊艇索卷筒至少为 2 m,以保证吊艇索能正确地缠绕在卷筒上。另外,盘绕在卷筒上的吊艇索不应多于两层,以避免降放和回收救生艇时由于吊艇索缠绕而导致救生艇降放和回收出现安全问题。

(3)调速制动器

调速制动器也是吊艇机的主要部件,其主要作用是放艇时可以使救生艇的下降速度限制在规定的速度范围内,并能够保证救生艇在降放和回收的任何位置时,制动器能够刹车并刹牢。

可以通过吊艇机上安装的制动器重锤来控制制动器工作。当抬起制动器重锤时,离心式离合器脱开,救生艇的重量带动吊艇索向外放出,即可达到降放救生艇的目的;而救生艇在降放或回收的过程中,如果压下抬起的制动器,则刹车片工作,救生艇能够停住。有三个位置可以控制制动器重锤,除直接在制动器位置控制外,还可以通过设在船舷边和救生艇内的遥控降放钢丝达成目的。船舷边设立遥控降放的目的是可以观察救生艇降放和回收的高度,救生艇内设置的目的是弃船时全体船员乘坐救生艇离开难船。

(二)自由降落艇的降放装置的主要结构和设备

自由降落救生艇的降放装置安装于船舶的尾部,平时存放自由降落救生艇,应急时,用于进行艇的降放或回收操作。该降放装置的技术性能应该符合《SOLAS 公约》的要求,符合《LSA 规则》的要求,同时符合我国海船救生设备配备规范的规定。

1. 自由降落救生艇降放装置的主要结构

与重力式救生艇降放装置一样,自由降落救生艇的降放装置主要也是由两大部分组成:一是吊艇架及其附属设施;二是吊艇机及其附属设施。但是,由于降放的位置和降放的方式不同,自由降落救生艇的降放装置与重力式救生艇的降放装置在结构上有很大的不同。如图 1-6-15 所示,自由降落救生艇的降放装置是由吊艇臂、液压顶柱、横担、吊钩及吊环、下滑坡道及滚轮、固艇装置、释放钩、挂艇装置等组成的。

1)吊艇臂和液压顶柱

如图 1-6-16 所示,吊艇臂是一个门形框架,也称作 A 形框架(A-Frame),其根部与下滑坡道底端的转动滚轴铰接。

液压顶柱安装在下滑坡道和吊艇臂之间,当救生艇需要利用吊艇臂回收或释放救生艇时,可以依靠液压驱动力,利用油缸推动液压顶柱收缩和伸长,从而带动吊艇臂将救生艇收回舷内或顶出舷外。

2)下滑坡道及滚轮

为保障救生艇脱钩后的顺利降放,自由降落救生艇降放装置在吊艇架支架上设置了下滑坡道,该坡道的设计角度应≥30°,具有引导救生艇下滑方向的作用。下滑坡道左右两侧的边缘处对称装设不等距的橡胶质滚轮。救生艇的舷侧压在这些滚轮上,随着释放钩的脱开,救生艇沿坡道上的滚轮下滑,依靠艇的自重完成自由滑落降放。位于艇尾部位置坡道上各滚轮的间距相对大一些,而艇首部滚轮的间距相对小一些。这样设计的主要作用是减小救生艇在自由降落降放时向下滑出时的阻力,同时也能保证救生艇在滑出吊艇架的时候保持平衡和稳定,即使船舶在不利纵倾达 10°,并向任一舷横倾 20°时,救生艇也能够朝着船尾的方向顺利滑出,离开难船。

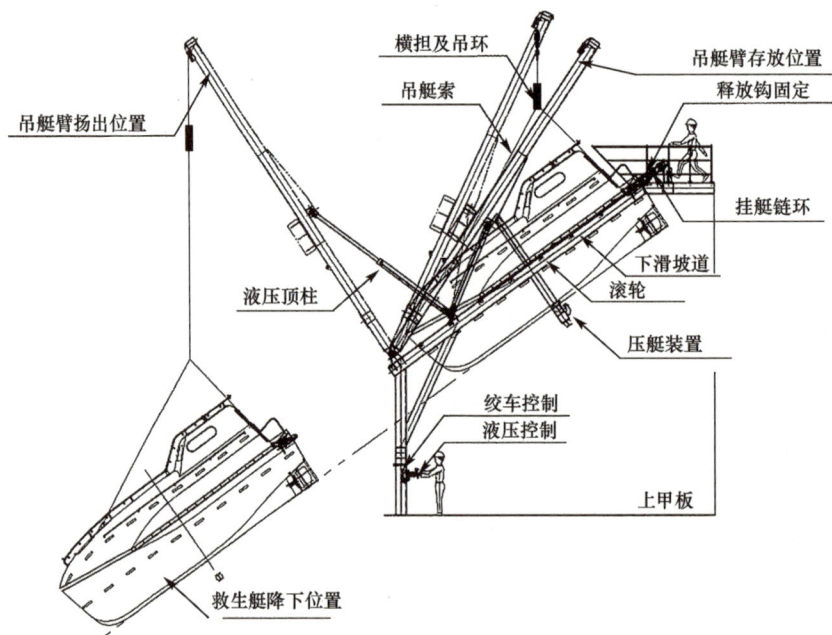

图 1-6-15　自由降落艇降放装置的结构名称

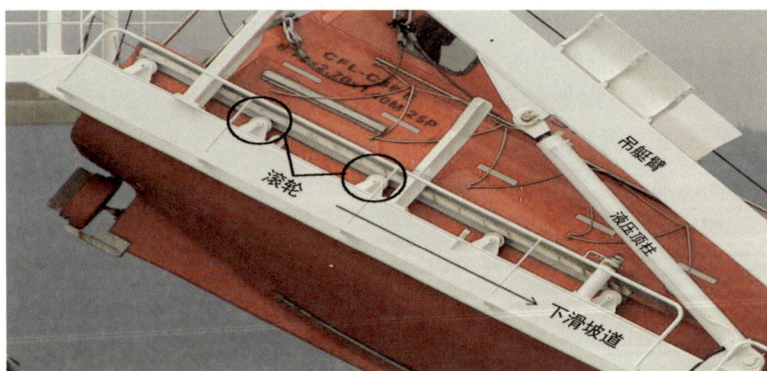

图 1-6-16　吊艇臂、液压顶柱、下滑坡道、滚轮

3）横担、吊钩及吊环

如图 1-6-17 所示,在吊臂的顶端设有两个滑车,由吊艇索通过滑车连接横担(横梁),使横担的两端正好在吊艇臂框架内的范围里,横担左右两端各连接一个带有转环的吊钩,吊钩与自由降落救生艇艇尾两舷侧的吊环相连。其主要作用是在吊艇机收进(降放)救生艇时,能使艇平稳地绞起并不旋转。由于横担位置的限定又使吊起的艇在吊艇臂绞起和放下时,能稳定地进入门形框架,不碰撞框架及其他设施,可以平稳地落入座架的滑道上。

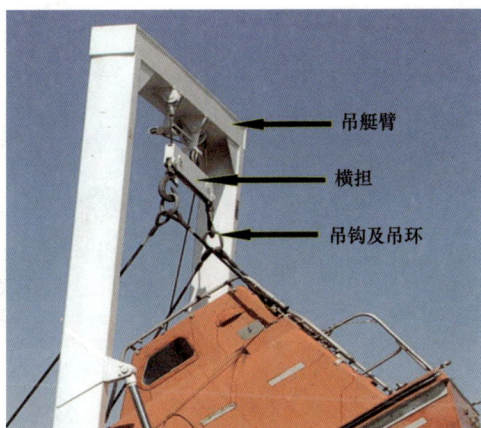

图1-6-17　横担、吊钩及吊环

4）固艇装置

自由降落救生艇的固艇装置的主要作用类似重力式救生艇的稳索,能够将救生艇牢牢地固定在吊艇架上,避免因为大风浪天气等不利因素导致救生艇发生松动、颠簸和移位,从存放的根本上防止事故的发生。值得一提的是,固艇装置的作用仅限于紧固存放中的救生艇,即便它处于固艇状态,也不会妨碍自由降落救生艇的下滑降放。因此,如果时间紧迫,弃船时来不及解脱压艇板的束缚,依然可以通过正常地释放吊艇钩完成救生艇的自由滑落,达成快速弃船的目的;也有的固艇装置与舱门设计在一起,解脱固艇装置才能打开舱门进入艇内。

根据不同生产厂家的设计,固艇装置主要有三种类型:位于救生艇两舷的压艇板式固艇装置、位于救生艇底部的重锤倒钩式固艇装置和稳索式固艇装置。

（1）压艇板式固艇装置

压艇板式固艇装置又可以分为两种:舷侧压艇板式是较为常见的一种固艇装置,通常安装在吊艇架左右两侧的下滑坡道上,通过在救生艇两舷侧设置的压艇板压住救生艇艇缘,达到稳固救生艇,防止其摇摆的目的;另一种是艇尾压艇板式固艇装置,该压艇板设置在船尾部,通过对艇尾两舷侧艇缘的压制,起到固定救生艇的作用。

①舷侧压艇板

当舷侧压艇板作用在艇缘上时,压艇板与艇首尾线方向垂直,处于压艇状态;而当压艇板脱离艇缘,其方向与艇首尾线平行时,则不处于压艇状态,如图1-6-18所示。压艇板是否处于压艇状态,是通过复位弹簧的拉伸和复位来实现的。压艇板的根端通过细钢丝(链条)、松紧螺丝、滑钩与固定在艇尾吊架上的静水压力释放器相连。静水压力释放器的作用是当船舶下沉速度太快而无法通过正常的自由滑落降放救生艇时,救生艇会随船舶沉入水下,静水压力释放器在浸没水下1.5~4 m时工作,使连接压艇板的钢丝(链条)松弛,复位弹簧复位,压艇板即可解除压艇状态,救生艇靠自身的浮力上浮,从而摆脱下沉的船舶,实现自由漂浮。

②艇尾压艇板

压艇板设置在救生艇尾部时,艇缘两侧的压艇板通过钢丝(链条)、松紧螺丝与艇尾部的同一个滑钩相连,如图1-6-19所示。在日常存放救生艇时,压艇板处于压艇状态,通过收紧松紧螺丝,使压艇板能压住艇缘,起到固艇的作用;而当弃船要进入救生艇前,通过解脱滑钩即可解除压艇板的压艇状态。

<table>
<tr><td>（a）舷侧压艇板处于压艇状态</td><td>（b）舷侧压艇板解脱压艇状态</td></tr>
</table>

图 1-6-18　舷侧压艇板示意图

图 1-6-19　艇尾压艇板

（2）重锤倒钩式

一些船舶上配备的自由降落救生艇采用重锤倒钩式固定装置，这种固定装置是在救生艇的艇底龙骨上设置固定钩（keel hook），再利用重锤上连接的环扣与该固定钩相连，如图 1-6-20 所示。固定用的钢丝绳一端连接重锤，另一端穿过导向滑车，与甲板连接。在救生艇日常存放的时候，钢丝绳收紧，重锤上连接的环扣与救生艇艇底的固定钩连接，达到固定救生艇的目的；如需脱开重锤和倒钩的连接，则松脱甲板上的固定钢丝绳，重锤向下翻转，则环扣脱离固定钩。

由于固定钩的方向与自由降落救生艇滑落的方向正好相反，故救生艇的自由滑落并不受重锤环扣固定的影响。因此，即使不脱开重锤倒钩式固定装置的束缚，也不会影响到救生艇的释放。有的固定装置，在固定钢丝连接甲板的一端设置了静水压力释放器，钢丝绳与固定在甲板上静水压力释放器相连，可以达到救生艇自由漂浮的目的。

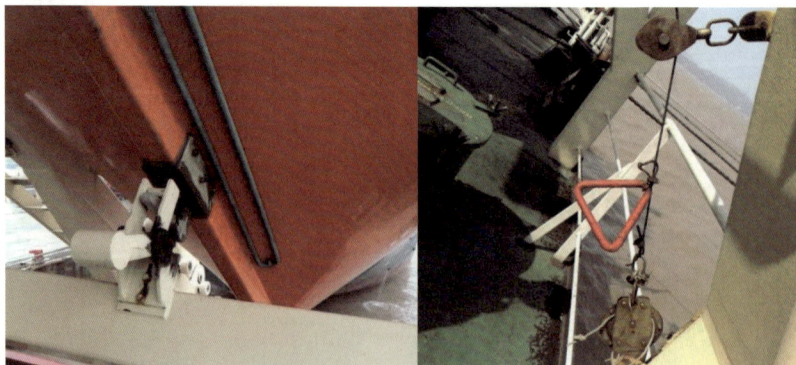

图 1-6-20　重锤倒钩式固艇装置

（3）稳索式固艇装置

还有一种特殊的固艇装置，这种装置类似于重力式救生艇固艇的稳索。稳索的两端分别用卸扣固定在自由降落救生艇吊艇架艇尾两侧的下滑坡道上，稳索的中间是滑钩和松紧螺丝。当松紧螺丝收紧时，压在艇尾的稳索收紧，可以将救生艇牢固地压在吊艇架上，达到稳固的目的，防止大风浪中救生艇随船舶颠簸，意外脱钩。当人员要进入救生艇前，需要松脱滑钩，打开固艇装置，才能进入艇内，否则无法打开进入救生艇的舱门。

图 1-6-21 稳索式固艇装置

5）释放钩

为保证弃船时救生艇能够快速有效地离开难船，自由降落救生艇仅在船尾设置了释放钩。目前，自由降落救生艇配备的释放钩主要用两种：挂钩式和液压式。

（1）挂钩式释放钩

该释放钩由链环、卸扣和登艇平台上的半月牙形的固定板相连，如图 1-6-22 所示。释放钩的脱钩，可由艇内人员控制完成。脱钩用到的软轴有两种：一种用于正常情况下救生艇的降放；另一种是基于正常情况下脱钩无法实现救生艇的自由滑落时，紧急用于救生艇的降放。不同情况下软轴的切换，可以通过艇内的操作实现。

（2）液压式释放钩

液压式释放钩也是常见的一种释放钩类型，主要分为两种：一种是液压顶针脱钩式；另一种是液压挂钩脱钩式。

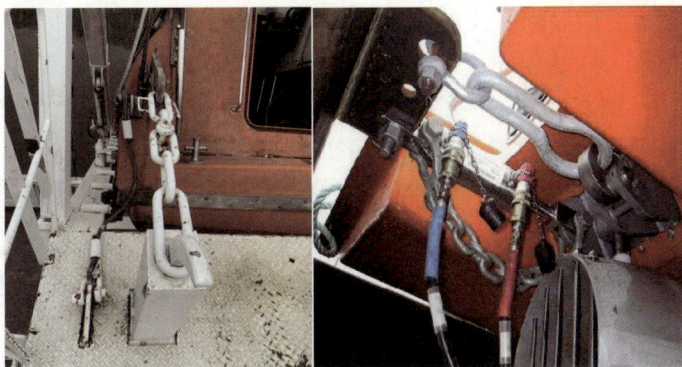

图 1-6-22 自由降落救生艇释放钩及脱钩软轴示意图

①液压顶针脱钩式

这种释放钩是在救生艇的艇尾设置固艇钩，该固艇钩与艇尾吊艇架上的固定杆相连，由艇尾的固艇钩固定住固定杆，如图 1-6-23 所示。若要释放救生艇时，在艇内控制液压释放手柄，通过液压装置伸长液压顶针一点点将救生艇的艇尾顶起，直到脱离固艇钩的束缚，救生艇进入下滑坡道,自由滑落。与挂钩式释放钩一样,液压式释放钩也设置两个液压顶针:一个顶针用于正常情况下救生艇的降放;另一个顶针是基于正常情况下脱钩无法实现救生艇的自由滑落时,用于救生艇紧急情况时的降放。不同情况下液压顶针的切换,可以通过艇内的操作实现。

②液压挂钩脱钩式

还有一种液压挂钩式释放钩(如图1-6-24所示)也比较常见,这种释放钩的外观与挂钩式释放钩非常相似。不同的是,挂钩式释放钩是通过软轴连接到吊钩上进行释放操作,而液压挂钩脱钩式是通过液压手柄控制油缸,从而操纵吊钩根部的油缸活塞杆,油缸活塞杆上移时,释放钩脱开,救生艇自由滑落;回收救生艇时,使油缸活塞杆回落,则释放钩复位,救生艇重新被挂牢。

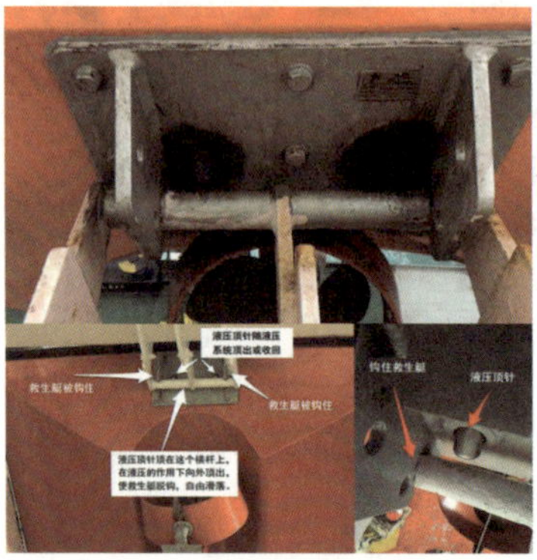

图1-6-23　液压顶针脱钩式释放钩

图1-6-24　液压挂钩脱钩式释放钩

6)挂艇装置(模拟释放装置)

挂艇装置的主要作用是检验自由降落救生艇的脱钩装置是否正常,如需对救生艇进行维护保养,也会用到它。它由救生艇艇尾的固定装置、登艇平台上的眼板(眼环)、卸扣以及连接用的模拟降放链条或钢索组成。模拟降放链条(钢索)的一端连接在救生艇艇尾的固定装置上,另一端连接在艇员集结的登艇平台的眼板上(如图1-6-25所示)。在使用挂艇装置进行演习训练时,可以进行正常的脱钩释放操作,脱钩后的救生艇沿坡道下滑一小段距离,由于有模拟降放链条(钢索)的作用,救生艇不会自由下滑入水。这样能够在不真正释放救生艇自由滑落的情况下,测试救生艇的脱钩释放是否正常。

挂艇装置仅在每个月的演习训练和对救生艇维护保养时使用,而在船舶正常航行时,挂艇装置的模拟降放链条(钢索)绝不可以与救生艇相连接。演习操作前,由专人负责连接好挂艇装置。演习完后则应脱开连接。

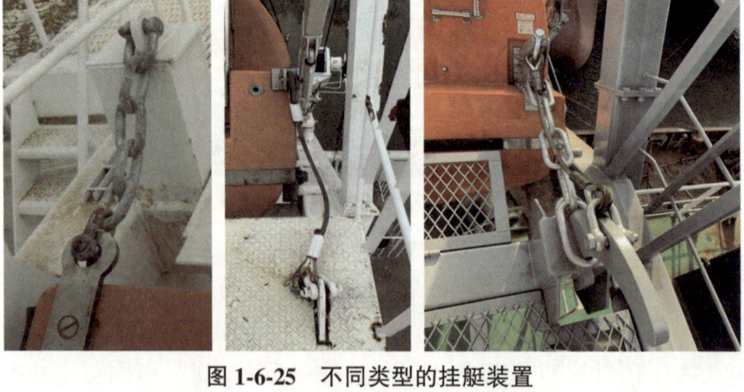

图1-6-25　不同类型的挂艇装置

2. 吊艇机及其附属设施

吊艇机及其附属设施是自由降落救生艇降放装置的动力部分,作为回收救生艇和使用吊艇臂吊放(次要降放)救生艇时的动力,其主要设备及属具是由电动机及液压泵站、绞车、控制面板及吊艇索等组成的,如图 1-6-26 所示。

(1)电动机、液压泵站、绞车

电动机是船用三相异步电动机,电源为 AC 380 V/50 Hz,根据吊艇装置和救生艇的大小,确定吊艇机的最大工作负荷和最大起升负荷。电动机可以驱动液压泵站,高压油泵通过管路作用于油缸,控制液压顶柱,负责顶出和收回吊臂;电动机还可以为绞车提供电力或液压动力,放出和收回吊艇索。

图 1-6-26　电动机及液压泵站、绞车、控制面板

(2)控制面板

控制面板上有两根操作手柄,操作人员使用其中一根手柄可以控制液压顶柱的放出和收进,另一根的作用是控制吊艇索的上升和下降。为防止丢失,操作手柄是可以拆卸的,使用的时候安装好,用后拆下妥善保存。

(3)吊艇索及其滚筒

吊艇索通常采用防旋转和耐腐蚀的钢丝绳,不同型号的救生艇降放装置采用的吊艇索的规格也不尽相同。如吊艇索的规格是 18×110-20-1 670,则表示该吊艇索是由 18 股钢丝组成,每股中有 19 丝,其直径为 20 mm,钢丝抗拉强力为 1 670 N/mm² 左右。

吊艇索应整齐排列在钢丝绳滚筒上不超过 3 层。

第二章 救助艇

根据《SOLAS 公约》和我国《海船救生设备规范》的要求,船舶必须配备救助艇。由于救助艇具有良好的操纵性和机动性,可以弥补救生艇降放不便和操纵迟缓等缺点,故常用于救助落水的遇险人员和集结海上救生艇筏,成为船舶救生、救助中不可缺少的一环,从而可以更好地保障海上人命安全。

第一节
救助艇的种类

一、按制造材料进行分类

目前在海船上配备使用的救助艇,从制造材料上来分类,大致分为三种:

(一)刚性救助艇

刚性救助艇主要是使用玻璃纤维增强塑料与不饱和聚酯树脂黏合而成的刚性材料制成的救助艇。坚固的艇体,使它具有较好的稳定性和操纵性。刚性救助艇(如图 2-1-1 所示)是目前船上使用比较普遍的一种救助艇。

(二)充气式救助艇

充气式救助艇,俗称橡皮艇,主要采用高强度尼龙织料和氯丁橡胶或彩色天然橡胶制成的夹网布料围成若干气室,形成了救助艇的浮胎,当其充满气后,可以使救助艇浮于水面,如图 2-1-2 所示。

图 2-1-1　刚性救助艇

图 2-1-2　充气式救助艇

由于充气式救助艇重量轻,可操作性强,因此在执行救援任务时,可以更快地投入使用,并且在海面上具有更大的灵活性和机动性。

(三)刚性充气混合式救助艇

刚性充气混合式救助艇是制造商在整合了刚性救助艇和充气式救助艇各自的特点后研发

的一种救助艇,就是在制造艇体的材料中既有刚性材料又有橡胶材料。

刚性充气混合式救助艇具有更好的稳定性,并具备更高的抗冲击性能;同时,刚性艇壳和橡胶浮胎使它具有较大的浮力,可以搭载更多的人员。

二、按推进器的配备进行分类

救助艇按其配备的推进器类型可以分为两类:舷内柴油机和舷外汽油机。舷内柴油机指的是在救助艇的舷内安装的推进机器,以柴油为燃料进行驱动;舷外汽油机指的是救助艇采用的推进机器为舷外发动机,通常是以汽油作燃料进行驱动。

三、按推进方式进行分类

救助艇按其推进方式也可以分为两种:使用螺旋桨推进的救助艇和使用喷水推进的救助艇。目前,大部分船舶上配备的救助艇采用的是传统的推进方式,即使用螺旋桨推动救助艇前进和后退;而随着科技的发展,喷水推进方式也逐渐被一些救助艇所采用。较之螺旋桨推进方式,喷水推进方式具有浅水效应小、噪声低、回旋半径小等优点,但同时推进效率稍低,易受水草、碎石等的影响是它的缺点。

四、按扶正的方式进行分类

尽管救助艇具有良好的操纵性和机动性,但是由于其尺度较小,受海浪的影响较大,因此在恶劣的天气使用救助艇时,随时都有翻覆的可能。

救助艇翻覆后,其扶正的方式有两种:人工扶正和自扶正。顾名思义,人工扶正就是救助艇只能依靠人工进行扶正,如图2-1-3所示;而自扶正则是在设计救助艇时已经考虑到了翻覆后需扶正的状况,从而设计为救助艇不需要人工扶正即可恢复到正浮状态,如图2-1-4所示。

图 2-1-3　人工扶正救助艇

图 2-1-4　救助艇自扶正过程

第二节

救助艇的结构和各部分名称

一、刚性救助艇的结构和各部分名称(如图 2-2-1 所示)

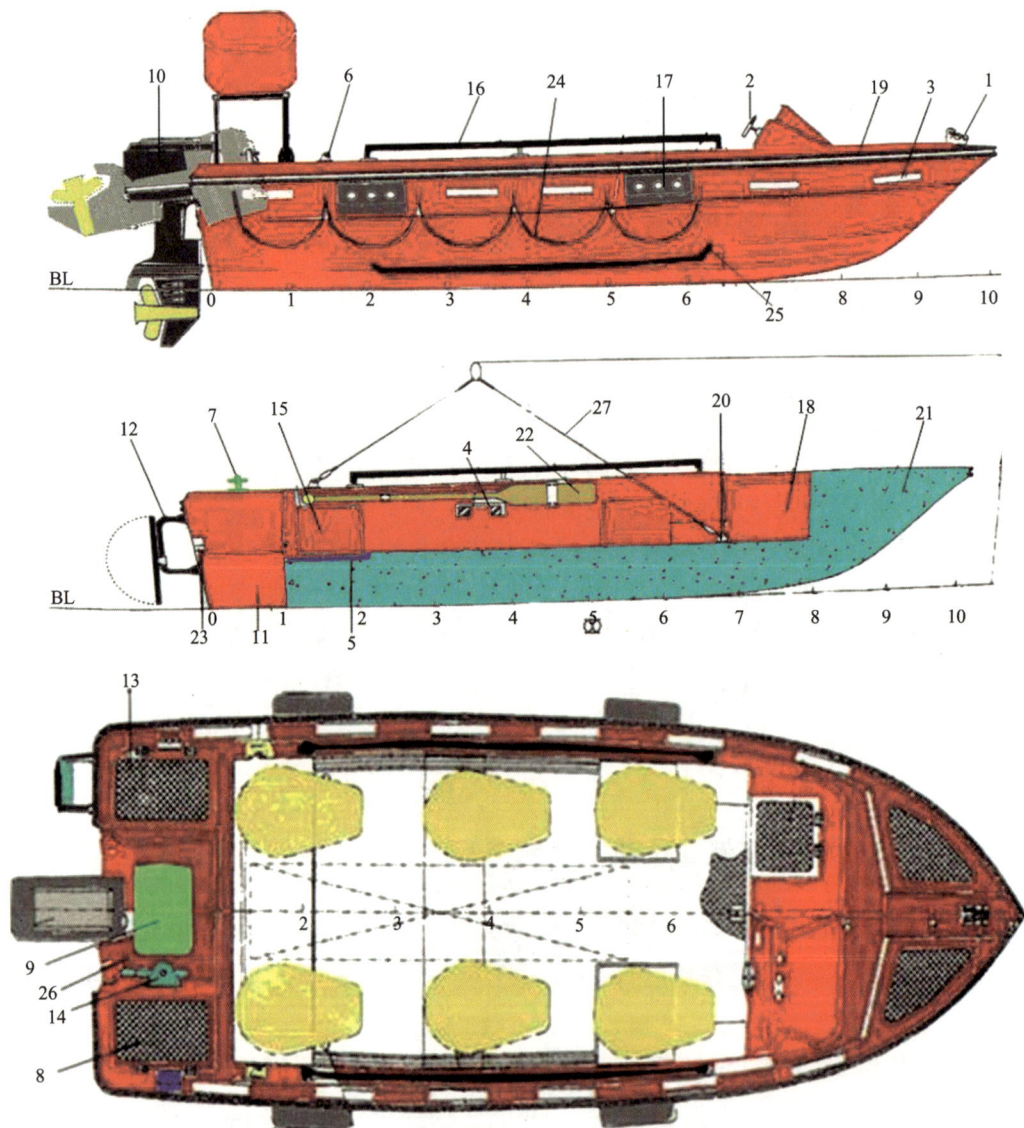

图 2-2-1　刚性救助艇的结构和各部分名称

1—艏缆释放器;2—操舵轮;3—艇舷反光带;4—座板;5—排污管;6—后吊座;7—带缆桩;8—属具备品箱;9—艇底塞;10—舷外机;11—尾井;12—登乘梯;13—油箱;14—手摇排水泵;15—电瓶箱;16—舷侧扶手;17—舷侧碰垫;18—艇首备品箱;19—护舷材;20—前吊艇钩;21—填充浮体;22—可浮桨;23—排水口;24—舷外救生浮索;25—艇底扶手;26—泄水口;27—吊艇索

二、充气式救助艇的结构和各部分名称（如图 2-2-2 所示）

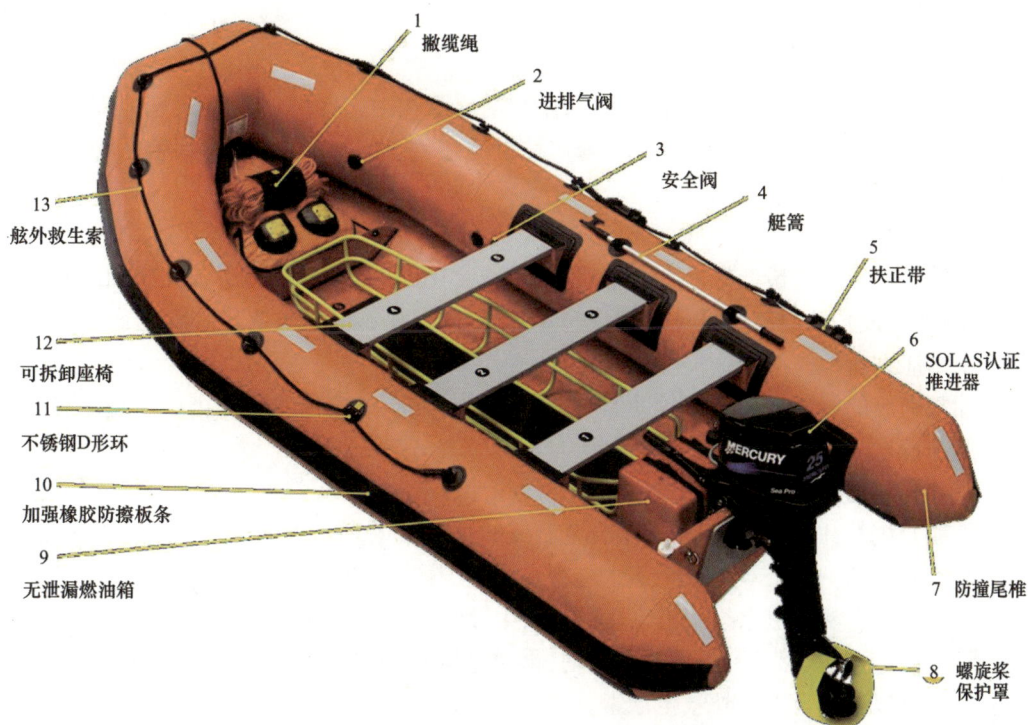

1 撇缆绳
2 进排气阀
3 安全阀
4 艇篷
5 扶正带
6 SOLAS认证推进器
7 防撞尾椎
8 螺旋桨保护罩
9 无泄漏燃油箱
10 加强橡胶防擦板条
11 不锈钢D形环
12 可拆卸座椅
13 舷外救生索

图 2-2-2　充气式救助艇的结构和各部分名称

三、救助艇的主要设施及其作用

(一) 刚性救助艇

刚性救助艇主要采用玻璃纤维增强塑料、手糊工艺成型建造。艇上所配有的舾装件采用不锈钢、铝、铜或钢质镀锌制成，以便于提高救助艇的防腐能力。艇体由内、外两层壳体制成，中间填充了大量的聚氨酯闭孔泡沫，为救助艇提供了足够的浮力，并保证了救助艇的抗沉性，使救助艇在满载额定乘员和属具备品的状态下破损入海后，仍然具有不沉的特性。救助艇艇体的特殊构造减缓了艇体所承受的撞击力，保证了救助艇的足够强度。另外，根据救助艇的作用和作业环境，艇上还设置了：

1. 碰垫和护舷材

为了减缓救助艇在离靠操纵时挤压、撞击对艇壳的破坏，在救助艇左右舷侧分别在靠近艇首、尾部位设有四块橡胶材料制成突出于舷侧的碰垫。另外，围绕着艇体四周舷边设置了橡胶材料制成的护舷材，其目的是保护救助艇舷边，防止挤压和碰撞对救助艇造成破坏。

2. 艉缆释放器与带缆桩

在救助艇艇首设有一个艉缆释放器，其主要构造是一个可控制的活钩装置，能使艉缆在受力的状况下安全释放。另外，在救助艇的艇尾应设有带缆桩，其主要作用是拖带和集结救生艇筏时使用。

3. 前、后吊艇座

在以单臂回转式降放设备进行释放与回收操作的救助艇结构中，设有一个艇首部吊艇座，两个艇尾部吊艇座,形成三点聚合成一点吊升,主要是因为在吊升时,艇尾相对重一些,便于最大限度地保证救助艇在升降操作过程中的稳定性。在救助艇进行升降操作时,吊艇索必须连接在三个吊艇座上,其他部位不可以作收、放救助艇操作时吊艇索的受力点。

4. 排水泵与排水口

在救助艇尾部设有一个手摇排水泵,排水泵的出水一端连接排水口,以便于及时地排出在艇内积存的污水。排水泵设在救助艇的艇尾挂机的左侧,通过排水泵的排水管系将积聚在艇内的污水排出艇外。

5. 泄水口与艇底塞

在救助艇尾部艇内最低处设一个泄水口,通常在排水泵连接的排水口下方,由于救助艇的构造布置,造成救助艇艇体处于艉倾状态,因此方便于在航行中或者其他情况下使艇内积水自然流淌排泄到艇外。

刚性救助艇的艇底塞设立在救助艇尾部最低处。在救助艇离水状态下将艇底塞打开,可以排除艇内积水。

6. 登乘梯与舷外救生浮索

在救助艇尾部,固定设有一个由铝合金制成的折叠式固定登乘梯以便于水中人员顺利登艇或者救助艇的救护人员顺梯安全下水进行水中救护作业。

在救助艇左右两舷侧水线附近设立链状救生浮索,其主要作用是方便水中人员攀附,等待救助,或抓住救生浮索移动到救助艇的尾端,再通过登乘梯登上救助艇。通常,刚性救助艇的艇首和艇尾可以不用设置舷外救生浮索。

7. 艇上舷侧扶手与艇底扶手

一些厂家生产的救助艇,在两舷侧紧贴舷边上方各设有一个自艇首至尾贯通的扶手栏杆,其主要作用是保护救助艇内人员安全,便于救助艇在风浪中操纵颠簸时或高速转向时艇内人员用手握住护栏避免发生意外。

艇底扶手是在救助艇两侧艇底舭部设立的扶手,对于不能自行扶正的救助艇,在其倾覆时,供水中人员扶正时攀附使用,其镶装结构应该使救助艇在碰撞时能将扶手打掉而不损坏救助艇。

8. 电气装置

救助艇配有蓄电池。蓄电池的电压为 12 V 直流电,每个蓄电池都配有一个自浮式充电器,充电电源来源于船舶,电压为 42 V 交流电。

(二)充气式救助艇

1. 进排气阀

充气式救助艇设有进排气阀,当救助艇的浮胎需要充气或补气时,使用充气设备通过进排气阀向浮胎内充气或补气,使充气式救助艇随时处于可用状态;而当救助艇的浮胎需要放气时,也可以通过该进排气阀进行放气操作。

2. 安全阀

充气式救助艇的浮胎上设有安全阀,在浮胎充气的过程中,如果充胀压力达到工作压力的 2 倍,这时由于浮胎压力过大,为防止充气过多,造成浮胎破损,安全阀就会自动开启,开始排气减压直到浮胎压力正常为止。有时候,由于天气原因,或者救助艇超载,造成浮胎的压力过大,也会造成安全阀开启,排气泄压。

3. 加强橡胶防擦板条

由于充气式救助艇的主要材质是橡胶,为防止浮胎被海面上尖锐的物体划破,因此,在艇底和侧边等容易破损的位置设置了加强橡胶防擦板条,以保障充气式救助艇的水上航行安全。

4. 舷外救生索

与刚性救助艇一样,充气式救助艇的浮胎靠近舷外一侧也设有舷外救生索,便于水中人员攀附。为避免搅缠螺旋桨和便于水中人员登上救助艇,在充气式救助艇的艇尾不设置舷外救生索。

5. 扶正带

如充气式救助艇在海中翻覆,在浮胎没有破损的情况下,可以利用设置在浮胎一侧的扶正带(或扶正把手)对救助艇进行扶正操作。

6. 推进器

充气式救助艇一般采用的是舷外挂机,以汽油作为驱动燃料,需要满足《SOLAS 公约》的相关要求。

7. 无泄漏燃油箱

由于舷外机采用汽油机驱动,因此燃油箱必须具有一定强度和防爆特性,通常是以高密度聚乙烯为基材,加入防静电添加剂制成,具有轻便、坚固、防爆等特性。燃油箱的组成包括油箱盖、通气阀门、输油管接口、油量显示和提手等。

8. 螺旋桨保护罩

在舷外挂机的螺旋桨外设置保护罩,可以防止螺旋桨被水中缠绕物搅缠,如绳索、水草等;也可以防止螺旋桨被水中硬物损坏;抑或防止水中漂浮人员被螺旋桨击伤。

第三节
救助艇的配备与属具备品

一、救助艇的配备

《SOLAS 公约》对船舶配备救助艇有如下要求:
(1)货船应该至少配备一艘救助艇。
(2)总吨 500 以下的客船至少配备一艘救助艇。
(3)总吨 500 及以上的客船每舷至少配备一艘救助艇。
(4)如果救生艇也符合救助艇的要求,可以将此救生艇作为救助艇。
(5)配备在客船上的每一艘救助艇,在弃船时需要承担集结的救生筏不超过 6 只;从事短程国际航行的客船,不超过 9 只。

二、救助艇的属具备品

除带钩艇篙应不加固定以供撑开救助艇外,各项救助艇属具应采用绑扎的方式储存在柜内或舱室内,或储存在托架内或类似的支架装置内或以其他适宜的方式系牢于救助艇内。属具的系缚方式应不致妨碍任何降落和收回操作。所有救助艇属具应尽可能小巧轻便,并应包装合适、紧凑。

(一) 每艘救助艇配备的属具(如表 2-3-1 所示)

表 2-3-1　救助艇属具表

1	2	3	4
5	6	7	8
9	10	11	12
13	14		

1. 足够数量的可浮桨或手划桨,可供船员在平静海面上划桨前进,每支桨应配齐桨架、桨叉或等效装置,桨架或桨叉应以短绳或链条系在艇上;

2. 可浮水瓢,1 只;

3. 罗经柜,1 具,内装涂有发光剂或具有适宜照明装置的有效罗经;

4. 海锚,1 只,配有收锚索或足够强度的绳索 1 根,其长度不少于 10 m;

5. 艏缆,1 根,具有足够长度和强度,附连符合要求的脱开装置,并设置在救助艇的前端;

6. 长度不少于 50 m 的可浮索,1 根,具有足够的强度,用以拖带要求的救生筏;

7. 适于摩氏通信的防水手电筒,1 只,连同备用电池 1 副及备用灯泡 1 只,装在水密容器内;

8. 哨笛或等效的音响号具,1 只;

9. 急救药包,1 套,置于用后可盖紧的水密箱内;

10. 可浮救生环,2 个,系有长度不小于 30 m 的浮索;

11. 探照灯,1 盏,其水平和垂直扇面至少为 6°,所测得的光强为 2 500 cd,可以连续工作不少于 3 h;

12. 有效的雷达反射器,1 具;

13. 足供 10% 救助艇额定乘员使用的符合要求的保温用具或 2 件,取其大者;

14. 适用于扑灭油火的经批准的可携式灭火器,1 具。

(二)除表 2-3-1 所配备的属具外,每艘刚性救助艇还应配备额外的属具(如表 2-3-2 所示)

1. 带钩艇篙,1 支;
2. 水桶,1 只;
3. 小刀或太平斧,1 把。

表 2-3-2　刚性救助艇还应配备的属具

(三)除表 2-3-1 所配备的属具外,每艘充气式救助艇还应配备额外的属具(如表 2-3-3 所示)

1. 可浮安全小刀,1 把;
2. 海绵,2 块;
3. 有效的手动充气器或充气泵,1 具;
4. 装在适当容器内的修补破洞的修补工具,1 套;
5. 安全艇篙,1 支。

表 2-3-3　充气式救助艇还应配备的属具

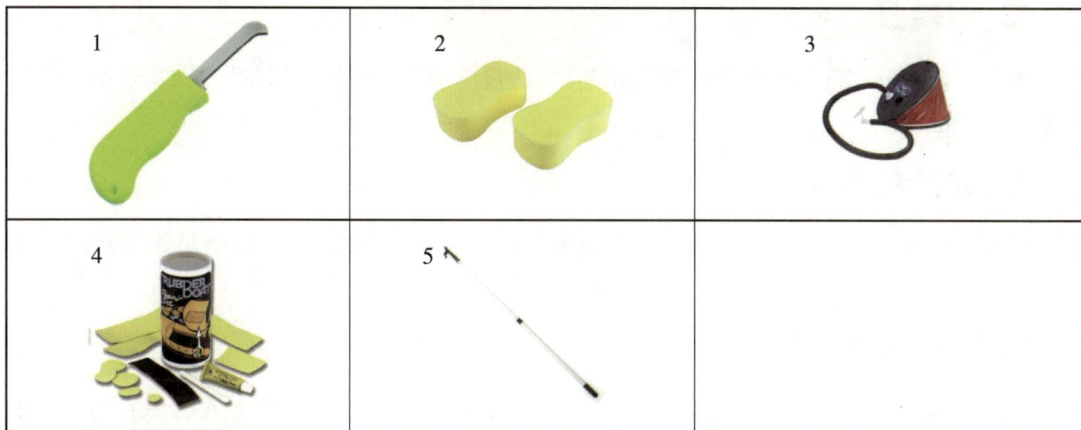

第四节

救助艇的降放装置

目前,船用救助艇主要采用的是单臂回转式降放装置。

救助艇配备的单臂回转式降放装置,是将救助艇吊起,旋转至船舷外侧,再通过吊索,依靠救助艇的重量将其降放至水面的一种降放装置。单臂回转式降放装置可通过人力、电力和蓄能器动力三种方式来完成救助艇的降放。

如图2-4-1所示,单臂回转式降放装置大致由如下几个部分组成:

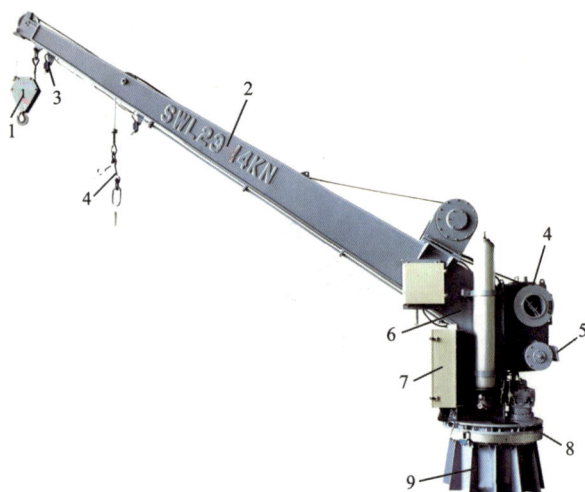

图2-4-1 单臂回转式降放装置的主要构件

1—滑车及吊钩;2—吊臂;3—限位装置;4—遥控降放装置;5—电动绞车;6—蓄能器;7—电源箱;8—回转盘;9—底座

一、吊臂

吊臂是单臂回转式降放装置主要负重的结构部件,吊臂的回转可以带动救助艇转出舷外或转入舷内。

二、回转盘

回转盘的支撑部件与起重臂的底座相连接,通过电动液压回转装置的驱动,实现吊臂的回转操作。

三、起升机构

起升机构由电动绞车、吊索滚筒、离合器和制动器等构件组成,用于控制吊索升降和制动操作。

四、限位装置

在吊臂靠近顶端的位置设置了限位装置,它是个安全保险装置,目的是在收艇时防止吊索绞升过多,造成载荷过大,产生不安全的隐患。当滑车及吊钩上升到接近吊臂顶端的位置上时,就会碰触限位装置而使电动绞车断电,起到限位的作用。

五、遥控装置

遥控装置的主要作用是供救助艇上的放艇人员操作救助艇向舷外转出和吊艇索下降的。它有两个功能:一是控制回转盘的旋转,即控制吊臂的转入和转出;二是控制绞车制动器重锤的抬起和放下,即控制制动器的打开和关闭,从而实现放艇和刹车的目的。遥控装置是通过连接到控制回转盘转动和控制制动器手柄上的钢丝绳来完成遥控操作的。

六、蓄能器和手动泵

当船舶失电时,依然可以通过使用蓄能器或手动泵旋转吊臂,将救助艇或救生筏旋转到舷外,并依靠救助艇或救生筏自身的重力,通过吊索降放至水面。

在船舶失电的情况下,利用蓄能器中储存的能量可以实现回转盘向舷外的旋转,使吊臂带动救助艇或救生筏转向舷外,从而完成救助艇的降放操作。因此,在日常工作中,应定期检查蓄能器的储能状态,发现蓄能器压力不够时,应进行有效的充压,以保证设备处于随时可用的状态;当然,船舶失电,蓄能器因为压力不够而不能有效工作时,则需要使用手动泵进行操作,通过液压系统连接回转盘,完成吊臂转向舷外的操作。

第三章
救生筏

第一节
救生筏的种类及特点

近些年来,随着人们对人命安全的不断重视,救生筏不仅在船舶上广泛使用,而且其种类也日渐增多,满足《SOLAS公约》要求的各式各样的救生筏被生产和装配在船舶上。了解救生筏的种类,掌握不同救生筏的特点,是应急时正确使用和操作船载救生筏的关键,这对于船员来讲至关重要。

一、根据浮体的不同进行分类

根据救生筏的浮体的制造材料、性质的不同,可以将救生筏分为两类:刚性救生筏和气胀式救生筏。

(一)刚性救生筏

刚性救生筏的四周采用镀锌铁皮、铝合金板、不锈钢板或塑料类材料制成若干个联体空气箱作为救生筏的主体浮力部分,然后外层覆盖阻燃材料。由于刚性救生筏特殊的防火性能,因此,其可装配在油船上使用。

刚性救生筏的浮力由经过主管机关认可的固有材料提供,主要是硬质的闭孔泡沫。浮力材料应该是阻燃的,或者在筏体表面加阻燃覆盖层进行保护。浮力材料尽可能放置于救生筏的四周,救生筏的筏底应该有效地支撑乘员身体离开水面,而且能够有效地防止水进入筏内并保证御寒的功效。刚性救生筏平时固定存放在船舷边斜面滑架上或驾驶台甲板处,施放时打开滑架固定钩,筏便由滑架自行滑落下水,或是用吊筏架施放入水。

刚性救生筏在其倾覆时,应能自行扶正,或者由一个人操作就可以进行扶正。其主要结构如图3-1-1所示。

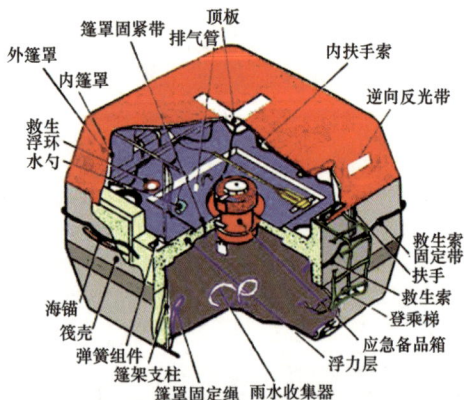

图 3-1-1　刚性救生筏的结构

(二)气胀式救生筏

目前,相对笨重的刚性救生筏已经极少配备在海船上,取而代之的是气胀式救生筏。这种救生筏体积小、重量轻、使用方便、性能稳定、安全可靠,因而被用于各类航行船舶上,不断通过完善和改进,在保护船上人员生命安全方面,发挥着越来越重要的作用。

气胀式救生筏的制造材料主要是尼龙橡胶布,可折叠存放在救生筏容器中,并装配在船舶上;在紧急情况需要使用时,通过装备的含有 CO_2 和 N_2 混合气体的充气钢瓶使气胀式救生筏的浮胎充胀,完全成型后达到要求的浮力,搭载必要的属具备品和额定乘员漂浮于水面,从而保障遇险者的生命安全。以下对救生筏的分类,指的都是气胀式救生筏。

二、按照操作特点的不同分类

救生筏按照操作特点的不同,可以分为人工扶正式救生筏、自扶正式救生筏、两面可用的救生筏、与海上撤离系统连用的救生筏和船首(尾)存放的救生筏。

(一)人工扶正式救生筏

气胀式救生筏在被投入水中充胀成型时,可能并不是处于正浮状态,而是翻覆在水面上;或者由于救生筏水上受风面积大、体积小,在大风浪天气和恶劣海况时,也可能发生翻覆。这时候就需要有人进入水中,将翻覆状态的救生筏进行人工扶正,如图 3-1-2 所示,然后遇险人员才能进入正浮状态的救生筏中,继续漂流待救。

图 3-1-2 人工扶正救生筏

(二)自扶正式救生筏

人工扶正式救生筏,需要扶正人员具备一定的身体条件和技能,恶劣的天气也会给救生筏扶正增加难度和危险性。因此,自扶正式救生筏被设计并开始装配于船舶,以保障船上人员的生命安全。《SOLAS 公约》规定,自扶正式救生筏可装配在客滚船上使用。

自扶正式救生筏篷柱比较粗大,形成一个类似自动扶正拱门式的构造。另外,自扶正式救生筏的篷顶比较圆滑,容易滚动,如图 3-1-3(a)所示。因此,自扶正式救生筏在充胀成型的过程中产生倾覆时,救生筏能够借助筏体自身构造中力的平衡特点而自行扶正,使救生筏正浮在水面,并且是稳定的。船上人员可以借助登乘工具登乘救生筏,避免了人员直接入水的不利因素,进一步保护了海上求生人员的安全。

(a)自扶正式救生筏的构造

（b）自扶正过程

图 3-1-3　自扶正式救生筏

(三) 两面可用的救生筏

《SOLAS 公约》在提出自扶正式救生筏的同时，也提出了可以配备带顶篷两面可用的救生筏，如图 3-1-4(a) 所示。即在客滚船上，既可以使用自扶正式救生筏，也可以使用带顶篷两面可用的救生筏。

带顶篷两面可用的救生筏是当救生筏充胀成型的时候，其在海上应处于稳定漂浮状态，无论哪一面朝上，救生筏都可以正常登乘并操作；且在救生筏充胀成型的过程中，都不必担心带有顶篷的两面可用的救生筏倾覆的问题，只要救生筏充胀成型，船上人员就可以立即采取登乘措施，而且无论正浮时使用哪一面，救生筏的顶篷都对进入救生筏的人员有遮蔽和保护的作用。因此，在客滚船上使用带顶篷两面可用的救生筏，也有利于保障船员和旅客的生命安全。

除带顶篷两面可用的救生筏外，还有一种两面可用、不带顶篷的救生筏，这种救生筏经《国际高速船安全规则》的认可，可用于国际 A 类高速船装配和使用，如图 3-1-4(b) 所示。

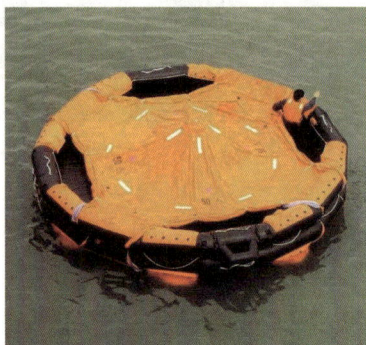

（a）带顶篷两面可用的救生筏　　　　　（b）不带顶篷两面可用的救生筏

图 3-1-4　两面可用的救生筏

(四) 与海上撤离系统连用的救生筏

《国际救生设备规则》中指出，与海上撤离系统连用的气胀式救生筏，应该符合规则中有关气胀式救生筏的要求，应该存放在海上撤离系统盛装容器的附近，但是能够脱离开降放装置和登乘平台投落；能从存放架每一次降放一只救生筏，并能使降放的救生筏停靠在登乘平台旁。该救生筏设有能和海上撤离系统登筏平台预先联结或易于联结的回收绳索或其他索具。

(五) 船首(尾)存放的救生筏

《SOLAS 公约》规定，对于从船首最前端或船尾最末端至最靠近的救生艇筏最近一端的水平距离超过 100 m 的货船，除了正常配备满足额定乘员要求的救生筏外，还应在合理可行的范围内配备额外的救生筏。这种在船首(尾)存放的救生筏，在船舶突发事故时，可以保证距离正常配备的救生艇筏超过 100 m 的人员，能有机会利用该种救生筏脱离难船，直至获救。

在船舶首(尾)配置的救生筏,在筏体的结构、属具备品的配备上,都与其他气胀式救生筏一样,仅仅是在救生筏存放的位置这个方面,可以不考虑正常的存放要求,只要存放在合理可行的范围内就被允许;另外,该救生筏系牢后,可以手动脱开;而且,该救生筏的降放,可以不必考虑适用认可的降放设备进行降放操作。在配备数量上可根据船舶实际需要,如配备 1 只救生筏,则应尽量靠近船首或靠近船尾存放;如配备 2 只救生筏,则 1 只尽量靠近船首,而另 1 只尽量靠近船尾存放。

三、按照降放方式的不同分类

气胀式救生筏按照降放方式的不同,可以分为抛投式、机械吊放式和自由漂浮式三种。不同的降放方式可以相互补充,以适应在各种不同情况下救生筏可以被顺利降放至水面。其中,每只救生筏都应该满足自由漂浮降放的要求(船首尾特殊存放的救生筏除外),而抛投式和机械吊放式会根据船舶种类的不同而相应配备。因此,同一个存放位置的救生筏,至少应具备两种降放方式,如何降放视当时船舶所处情况和紧迫程度而定。

(一)抛投式

救生筏在船舶发生紧急情况,需要使用抛投入水的方法降放救生筏时,可以依靠人力解脱救生筏的固定索具,接下来,一是借助人力抬起救生筏,并将其抛出舷外,再拉动充气绳索使落入水中的救生筏充胀成型;二是船上人员解脱救生筏的固定索具后,救生筏从存放装置滑落或滚落进入水中,再充胀成型。无论人力的抛投,还是存放装置的"抛投",最终救生筏都是以"抛投"的方式进入水中,充胀成型后漂浮于水面,等待船上求生人员的登乘,进行海上求生活动。船上习惯将利用这种方式降放的救生筏称为抛投式救生筏。刚性救生筏和气胀式救生筏都可以利用这种方式进行降放。

(二)机械吊放式

在弃船求生时,对船上人员来说最好的方法莫过于"干身"离船,即身体干燥登上救生艇筏。如图 3-1-5 所示,使用机械吊放的方式降放救生筏,就是使救生筏在登乘甲板舷外充胀成型并靠在船舷旁边,船上人员可以直接从甲板登上救生筏,再降放救生筏至水面。

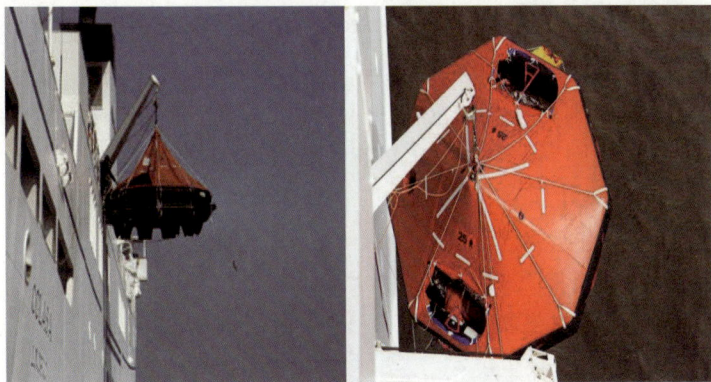

图 3-1-5　机械吊放式救生筏

如需要机械吊放救生筏,需要先打开救生筏或组合存放救生筏的系固索具,将其抬到吊放设备的吊钩下,挂好吊钩利用吊放装置吊臂的转动,将救生筏转到登乘甲板的舷外(如果是气胀式救生筏,先打开气瓶使其充胀成型),并利用靠索将救生筏固定在舷侧,船上人员迅速登乘救生筏完毕后,解开靠索,松开制动,利用吊索将救生筏降放至水面,解脱吊钩后,救生筏离开难船进行海上求生。

(三)自由漂浮式

除在船舶首(尾)配备的特殊救生筏外,每只救生筏或救生筏组的存放都应该设有符合要求的自由漂浮装置,以使每只救生筏可以自由漂浮。当船舶沉没时,自由漂浮设备开始工作,使救生筏不会随船舶沉入深海,而是得以脱离难船,自由漂浮于水面。如有落水人员未能及时登上救生艇筏,则可以登入此自由漂浮式救生筏,进行海上求生活动。

四、按照《LSA 规则》要求的分类

按照《LSA 规则》规定,不同航区航行的船舶,其救生筏配备的属具、备品的种类和数量也有不同,在救生筏的筏体等应该标明型号的位置上,应明显地标出"A"或"B"标志。

(一)"SOLAS A PACK"标志的救生筏

依据《LSA 规则》规定,配备全部属具备品的救生筏,在救生筏体、救生筏的容器及救生筏内应急袋型号标志上都应该明显地标明"SOLAS A PACK"。

(二)"SOLAS B PACK"标志的救生筏

短程国际航行的客船,在考虑到航程性质与时间后,经主管机关认可,可以配备"SOLAS B PACK"的救生筏。短程国际航行的客船是指船舶在航行中,距能够安全安置乘客和船员的港口或地点,不超过 200 n mile 的国际航行客船;或航行船舶的最后起航港到最终目的港的航程不超过 600 n mile 的客船。

"SOLAS B PACK"标志的救生筏,在《LSA 规则》规定的属具备品中可以不配备钓鱼用具、每个额定乘员的口粮、淡水和不锈饮料量杯;火焰和烟雾救生信号的配备量减半(火箭降落伞信号 2 支、手持火焰信号 3 支、漂浮的烟雾信号 1 支)。按以上要求配备属具备品和数量要求的救生筏,在其筏体、容器及救生筏内应急袋型号标志上都应该明显地标明"SOLAS B PACK"。

五、国内常用救生筏种类的代码

我国生产单位及检验机关,在救生筏购买、销售、维修、检验上经常使用一些代码代表某种类救生筏。表示具有一定性质的救生筏的常用代码主要有:

A 型——符合《LSA 规则》规定的"SOLAS A PACK"救生筏;

B 型——符合《LSA 规则》规定的"SOLAS B PACK"救生筏;

D 型——机械吊放式救生筏;

CR 型——两面可用、有遮篷式的救生筏;

FJ 型——浮具型救生筏;

HSC 型——两面可用无遮篷救生筏;

Y 型——在渔船上配备的救生筏;

YJ 型——在渔船上配备的简易救生筏;

Z 型——具有自动扶正功能的救生筏。

第二节
气胀式救生筏的基本构造

气胀式救生筏采用尼龙橡胶布作为主要制作材料。使用时,由专门的充气钢瓶向筏体充气,使其充胀成圆形、椭圆形或多边形的带有顶篷的救生筏。气胀式救生筏主要由筏体、篷柱、篷帐、筏底以及附属设施、器材组成。

一、气胀式救生筏的结构部位名称

气胀式救生筏的结构部位名称,如图 3-2-1 所示。

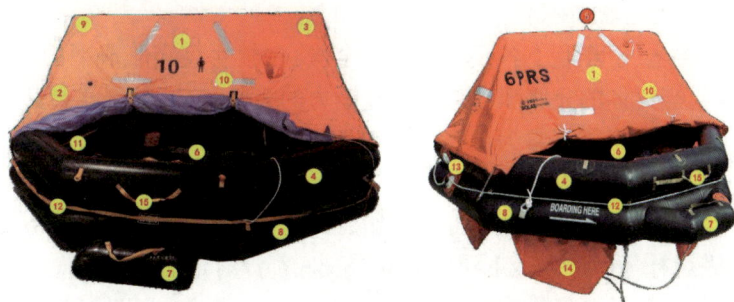

图 3-2-1 气胀式救生筏的结构部位名称
1—篷帐;2—雨水沟;3—瞭望窗;4—上浮胎;5—示位灯;6—筏底;7—登乘平台;8—下浮胎;
9—篷柱;10—反光带;11—内扶手绳;12—救生索;13—安全阀;14—平衡水袋;15—登筏拉索

二、气胀式救生筏各部位设施及作用

1. 筏体

筏体是指气胀式救生筏的上、下两个浮力胎,是救生筏的主要浮力来源。上、下两个浮力胎是两个相互独立的隔舱,为救生筏在载足全部额定乘员和属具后浮于水上提供了足够的浮力。上浮胎的气室通过单向止回阀与支撑篷帐的篷柱相通。当上浮胎充气达到了单向止回阀能够通过的压力后,即可使篷柱充胀成型。由于单向止回阀的作用,即使上浮胎损坏破漏,篷柱仍然能够保持支撑状态。下浮胎同样也是单独的浮力胎,在结构上与筏底相连,保持筏体在整体结构上的密闭。

2. 篷帐

救生筏的篷帐撑起后,与上浮胎形成密闭的筏内空间,从而可以避免筏内的求生人员直接暴露在自然环境中,能够起到遮风、避雨、防浪、防晒等作用。篷帐是由尼龙橡胶布制成的,其外表颜色为橙黄色,内部为让筏内人员感觉舒服的颜色。

3. 篷柱

篷柱与上浮胎相连,在救生筏充气时,由上浮胎对其供气。气体经上浮胎上装配的单向止回阀进入篷柱,形成直立式圆柱形,或者圆柱形拱门状的充气柱,它的主要作用是支撑篷帐。

4. 筏底

筏底与下浮胎密闭相连,以保证筏体的水密。筏底应是双层的,中间形成一个气室,当天气寒冷时,进行海上求生,筏内人员可以用手动充气器向筏底充气,使得筏内人员与水面相隔一个气垫层,减少了筏内热量的散失,起到防寒保温的作用。当天气炎热时,可以把筏底的气体放掉,筏底和海水直接接触可以起到降低筏内温度的作用。目前,也有一些生产厂家采用单层橡胶筏底,搭配魔术贴和保暖毡形成双层筏底,天热的时候取下保暖毡,达到散热的目的;天冷的时候再安装上保暖毡,隔绝海水的冰冷。

5. 充气钢瓶

救生筏内配有 1~2 个高压钢瓶,压缩气体经释放后,负责上、下浮胎和篷柱的充胀成型。钢瓶内装二氧化碳和小部分氮气,瓶口附有瓶头阀,在操作使用时,由充气拉绳(筏的艏缆)控制,将瓶头阀打开,钢瓶气体自动向筏体、篷柱充气并使其充胀成型。钢瓶内配有部分氮气,主要是为了保障在低温环境下,防止液态二氧化碳汽化时大量吸热形成干冰堵塞钢瓶的瓶头阀,满足快速充胀成型的要求。

6. 安全阀,进、排气阀

(1)安全阀(如图 3-2-2 所示)

气胀式救生筏在上、下浮胎上各设有一个安全阀,在救生筏充胀成型的过程中,或者由于天气和载重等原因,当气体的充胀压力超过工作压力的 2 倍时,安全阀就会自动开启进行排气减压,直到浮胎内的压力恢复正常为止。

(2)进、排气阀(如图 3-2-3 所示)

在救生筏的使用过程中,如果发现上下浮胎、篷柱及双层筏底内的气压不足,可以利用进、排气阀对救生筏进行补气操作。上下浮胎和双层筏底都设有进、排气阀,而在篷柱上仅设有排气阀,以防止篷柱的气压过高造成损坏。

图 3-2-2　救生筏的安全阀

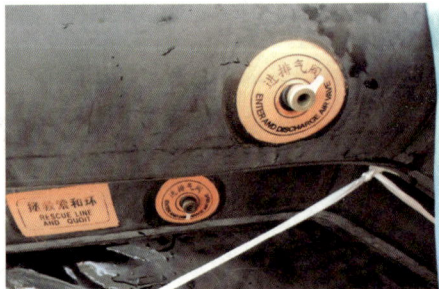

图 3-2-3　救生筏的进、排气阀

7. 扶正带

在救生筏的筏底设置了扶正带,其主要作用是当筏处于倾覆状态时,可以用来扶正救生筏。扶正带装配在筏底的外部,从有钢瓶一侧的筏底垂直向另一侧延伸并固定好。根据救生筏的大小和筏底的形状,扶正带有"∣""∣∣",或者"V"和"Y"等不同的样式。

8. 平衡水袋

由于救生筏体积小,水上受风面积大,重心高,所以在救生筏的筏底装配了平衡水袋,其主要作用是增加气胀式救生筏的稳性,使之在风浪天气中尽可能保持平衡,不被风浪作用而翻覆;同时,进水后,平衡水袋也能增大救生筏漂流时的阻力,减缓救生筏随风流漂移的速度。平衡水袋的容积是根据额定乘员的人数来确定的,乘员 10 人以下的救生筏,其水袋的总容积至少为 220 L;乘员 10 人以上的救生筏,其水袋的总容积不少于 $20 \times N$ L(其中 N 为所载乘员人数)。平衡水袋上设有进水口(或者称漏水孔),进水量要能够达到《SOLAS 公约》的要求,在救生筏布放 25 s 内,平衡水袋的充装至少为其容积的 60%。平衡水袋在救生筏的筏底应对称设置,内设重物,使水袋更容易浸入水中,并方便水袋内的气体能很快排出,加快水袋的进水。

9. 示位灯和照明灯

气胀式救生筏的篷帐顶上内、外各设有一盏人工控制灯,施放救生筏时,当顶篷撑起,则筏外和筏内的控制灯应同时点亮。如图 3-2-4 所示,安装在救生筏顶篷或结构外部最上部位置的灯为示位灯,用于夜间指示救生筏的位置,便于被搜救力量发现;安装在救生筏内部的人工控制灯是筏内照明灯,用于检查筏内状况、阅读救生须知、查阅海图等操作。示位灯和筏内照明灯如由电池供电,则不应因存放位置的潮气或湿度而变质,且能保证照明 12 h。

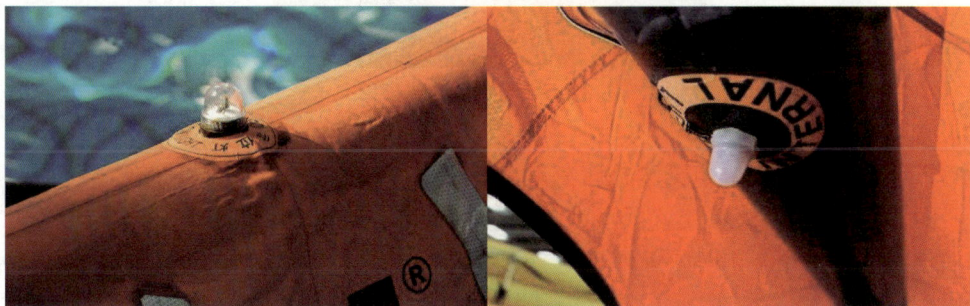

图 3-2-4 救生筏示位灯和筏内照明灯

10. 进出口和门帘

按照《LSA 规则》规定,如额定乘员 ≥8 人,则救生筏至少应该设有两个对称的进出口。在进出口上装有内、外双层门帘,外层门帘与篷帐外部相连,开启时由下向上卷起,关闭时从上向下松放垂下;里层门帘关闭时由下向上拉起,打开时由上向下松放下来。这样的结构可以防止风、雨、海浪进入救生筏内,同时双层门帘在寒冷天气,也能起到保温的作用。

11. 内、外扶手绳

救生筏的外扶手绳,设在救生筏外部上下浮胎之间,成链状分段固定,可供水中人员攀扶移动至救生筏的入口,再进入救生筏内。在恶劣的天气和海况下,外扶手绳对落水人员最终登上救生筏至关重要,所以又被称作救生索。

在救生筏内部上下浮胎之间,也设置了扶手绳,同样也是链状分段固定,供筏内乘员在救生筏大幅度摇摆时,稳定个人位置,防止随着筏的摇摆和颠簸导致人员滑动等安全事故发生。如果用手抓内扶手绳,时间长了会抓不住,更好的方法是用两个臂弯夹住内扶手绳,以便更好地稳定自己。

12. 登筏踏板、登筏梯和登筏拉索

登筏踏板又称为登筏平台。《LSA 规则》规定,具有两个以上对称入口的救生筏,至少要在一个进口处设有半刚性登筏踏板,以方便在水中的求生人员能从海面登入救生筏内。

另外,在没有设立登筏踏板的进出口应该设有登筏梯。一般情况下,气胀式救生筏的登筏梯都是用布带制成的绳梯(软梯),其最下一级阶梯外套橡胶管,便于登筏人员辨认。登筏梯的最下一级阶梯,应该位于救生筏的最轻载水线以下不小于 0.4 m 处。

无论从登筏踏板一侧,还是登筏梯一侧登筏,救生筏在登筏位置都设置了登筏拉索,便于登筏人员攀拉,防止身体重心过低而无法登上救生筏。

13. 瞭望口或瞭望窗

救生筏在篷帐上,设立了一个可以使人员从筏内向外探出脑袋进行瞭望的开口,如图 3-2-5 所示。这个开口的设计还要对筏内的气温散失、防雨、上浪有所保护;也有的救生筏在篷帐的边侧设有有机塑料制成的瞭望窗,便于筏内人员向外瞭望。

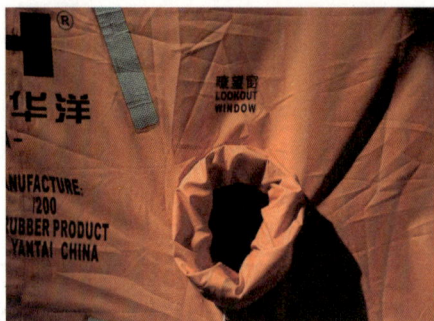

图 3-2-5　救生筏瞭望窗口

14. 雨水沟

如图 3-2-6 所示,在救生筏的篷帐外两侧,分别设立了一个大"V"字形的雨水沟(集雨沟)。下雨时,雨水顺着篷帐流入雨水沟,在雨水沟的 V 形口的底部设有一根橡皮管,雨水直通筏内的集雨袋,用于下雨时收集雨水。不需要接水时,可以将其弯折并扎紧橡皮管的末端,防止雨水或海水进入救生筏。

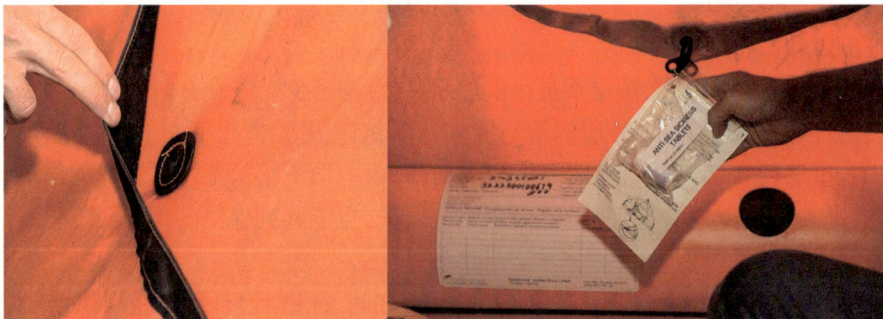

图 3-2-6　雨水沟和集雨袋

第三节
救生筏的配备及属具备品

一、救生筏的配备

《SOLAS 公约》对救生筏的配备有明确的要求。船舶在投入航运前,一定要按照要求配备具有良好技术状态的救生筏。虽然救生艇是船舶配备的主要的大型救生设备,但是由于救生艇在存放和使用上存在一些局限性,因此,船舶还需要配备一定数量的救生筏。而且,只有当配备的救生筏也满足相关的要求时,才能最大限度地保证在船人员的生命安全。

1. 国际航行的客船,每船配备的救生筏应至少能够容纳船上总人数的 25%,该救生筏为机械吊放式救生筏,可以使用每舷至少设立一台的吊架进行降放。

2. 总吨 500 以下的客船,并且船上总人数不超过 200 人的,每舷配备救生筏的总容量能容纳船上人员总数的 100%;如果所配备的救生筏不能从一舷转移到另一舷使用,那么,每舷所配备的救生筏应该能容纳船上总人数的 150%。

3. 客滚船上配备的救生筏,应该使用海上撤离系统,或者使用均等地分布在两舷侧的救生筏的降放设备。

4. 客滚船上使用的救生筏,应该是自行扶正或带顶篷两面可用的救生筏;或者,除了配备正常额定乘员的救生筏外,还应该配备超过救生艇额定乘员 50% 的数量的救生筏;其中至少每 4 个救生筏要配有 1 个雷达应答器。

5. 船长≥85 m 的货船配备的救生筏,每船配备救生筏的总容量能容纳船上总人数的 100%。如果救生筏不能从一舷转移到另一舷使用,每舷配备的救生筏应该能容纳船上总人数的 100%。

6. 船长<85 m 的货船(油船、液体化学品船和气体运输船除外),每舷配备救生筏的容量为船上总人数的 100%。如果不能够舷对舷地转移使用,则每舷应该配备救生筏的容量为船上总人数的 150%。

7. 对于从船首最前端或船尾最末端至最靠近的救生艇筏最近一端的水平距离超过 100 m 的货船,应该在船首(尾)附近,额外配备一只救生筏。

二、救生筏的属具备品

按照《LSA 规则》的规定,救生筏应该配备一定的属具和备品,如果大小合适,这些属具和备品都应存放在容器内保管,如果容器不是救生筏的组成部分,或者并不是永久地固定在救生筏上,则该容器应存放并固定在救生筏内,并且能在水面漂浮至少 30 min,而不会损坏其内部的属具,如图 3-3-1 所示。

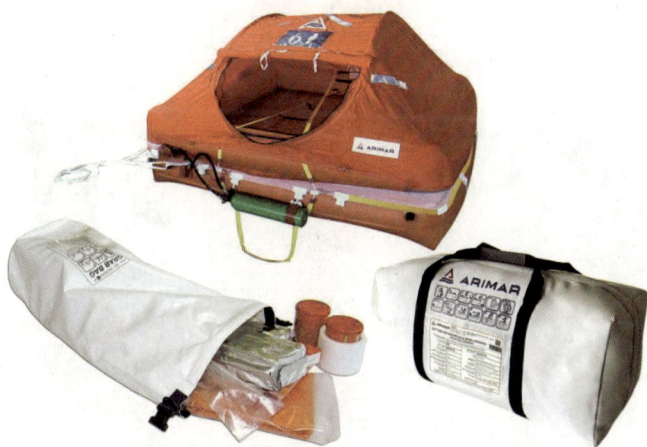

图 3-3-1 救生筏属具备品容器

救生筏配备的属具备品,有一些与救生艇、救助艇类似,也有一些专属的配备,如表 3-3-1 所示。

1. 系有不少于 30 m 长浮索的可浮救生环,1 个。

2. 装有可浮柄的非折叠式小刀,1 把,存放在顶篷外面靠近艏缆与救生筏系连处的袋子内。另外,乘员定额为 13 人及以上的救生筏应加配 1 把不必是非折叠式的小刀。

3. 乘员定额不超过 12 人的救生筏配有可浮水瓢,1 只;乘员定额为 13 人及以上的救生筏配有可浮水瓢,2 只。

4. 海绵,2 块。

5. 海锚,2 只,每只配有耐震锚索及收锚索各 1 根,一只备用,另一只固定地系于救生筏上,其系固方法应使海锚在救生筏充气或在水面时,总是使救生筏以非常稳定的方式顶风。每只海锚及其锚索和收锚索应具有足以适用于一切海况的强度。海锚应有防止绳索旋转的设施,并应是不能在其支索之间外转的一种类型。永久地固定在吊架降放式救生筏上和安装在客船的救生筏上的海锚只供人工布放。所有其他的救生筏上应配备充气时能自动布放的海锚。

6. 可浮手划桨,2 支。

7. 开罐头刀,3 把。带特殊开罐头叶片的安全小刀可满足要求。

8. 急救药包,1 套,置于使用后能紧密关闭的防水箱内。

9. 哨笛或等效的音响号具,1 只。

10. 符合要求的火箭降落伞火焰信号,4 支。

11. 符合要求的手持火焰信号,6 支。

12. 符合要求的漂浮烟雾信号,2 支。

13. 适于摩氏通信的防水手电筒,1 只,连同备用电池 1 副及备用灯泡 1 只,装在同一防水容器内。

表 3-3-1　救生筏属具备品表

1	2	3	4	5
6	7	8	9	10
11	12	13	14	15
16	17	18	19	20
21	22	23		

14. 有效的雷达反射器,1 具,除非救生筏内存放有 1 只救生艇筏雷达应答器。

15. 日光信号镜,1 面,连同与船舶和飞机通信用法须知。

16. 印在防水硬纸上,或装在防水容器内的救生信号图解说明表 1 份。

17. 钓鱼用具,1 套。

18. 救生筏额定乘员每人的食物配额为不少于 10 000 kJ。配额食物在保质期内应可口并可食用。食物的包装应易于用戴上救生服手套的手拆分。配额食物应置于牢固密封的金属容器内,或采用柔软型包装材料真空包装;必要时,应在软包装材料外再套外包装,以保护食物免受锐角挤压而损坏。外包装上应清晰标明包装日期和失效日期、生产批号、包装内容和使用须知。经国际海事组织认可的符合国际标准的食物,可视为符合上述要求,可以接受。

19. 救生筏额定乘员每人 1.5 L 淡水,其中的每人 0.5 L 可由一台 2 天内能产出相等淡水量的海水淡化装置替代,或每人 1 L 淡水可由手动反向渗透海水淡化装置替代,该装置 2 天内能产出相等量的淡水。每一盛水容器均应有防止溢水的重新关紧装置,但 125 mL 以下的单独包装除外。每一容器应清晰地标明包装日期和失效日期、生产批号、内装淡水的容量和饮用须知。容器应易于用戴上救生服手套的手打开。经国际海事组织认可的符合国际标准的应急饮用水,可视为符合上述要求,可以接受。

20. 不锈饮料量杯,1 个。

21. 救生筏额定乘员每人配足够用 48 h 的防晕船药以及清洁袋,1 只。

22. 救生须知。

23. 紧急行动须知。

24. 符合要求的足供 10% 的救生筏额定乘员使用的保温用具或 2 件,取其大者。

25. 除以上要求配备的属具外,气胀式救生筏还应额外配备:

(1)修补浮力舱破洞的修补工具 1 套;

(2)充气泵或充气器 1 具;

(3)上述属具配备要求中的小刀、开罐头刀和剪刀应为安全型。

表 3-3-2　气胀式救生筏应额外配备的属具

1	2	3

第四节

救生筏的存放与降放装置

目前海船上配置的救生筏绝大多数是气胀式救生筏,气胀式救生筏的筏体、属具备品和充气钢瓶等均是盛装在容器里存放的。由于气胀式救生筏的容器大都呈圆筒形,因此,救生筏存放及降放装置的设计主要应保证救生筏在存放时的稳固以及在降放时的方便、快捷和安全。

一、抛投式救生筏的存放架

按照存放架的结构不同,抛投式救生筏的存放装置有三种:水平式、滚动式和翻架式。

1. 水平式存放架

水平式存放架的底座直接固定在甲板上,救生筏的容器安装在存放架上。根据救生筏容器的固定方式,可将存放架分为支托固定型水平式存放架和 C 形水平式存放架两种。

(1)支托固定型水平式存放架

支托固定型水平式存放架,如图 3-4-1 所示,筏架的支脚与船舶甲板焊接在一起,焊接应牢固可靠,焊缝充实,表面平滑无焊渣。筏架上安装的 4 个橡胶衬垫的支托与筏存放筒之间应为面接触,支托的弧度可以很好地贴合救生筏存放容器的筒状表面。在安装救生筏时,支托与救生筏存放容器的接触面应尽量靠近存放容器的加强筋,确保救生筏存放牢固。

图 3-4-1 支托固定型水平式存放架

(2)C 形水平式存放架

C 形水平式存放架(如图 3-4-2 所示)的底部与船舶甲板焊接在一起,同样,焊接应牢固可靠,焊缝充实,表面平滑无焊渣。其上半部是两个平行的半圆类似字母"C"形的托架,其弧度刚好用于托举救生筏的存放容器。有的 C 形存放架的两个托架其弧形均朝上,平行于甲板;有的 C 形存放架的两个托架一端高,而另一端低,更有利于人工施放和操作。

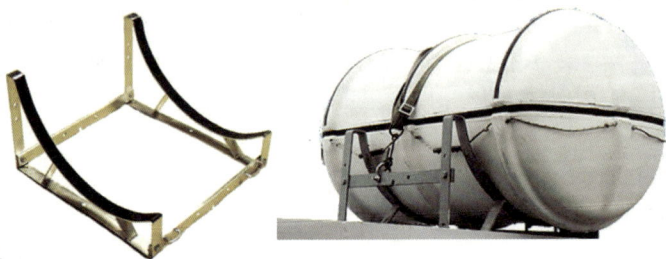

图 3-4-2 C 形水平式存放架

在水平式存放架上应设有底座和固定装置,可用于静水压力释放器和救生筏容器的系固索具的安装和固定。救生筏的艏缆(充气拉索),从救生筏容器的绳塞孔引出,通过静水压力释放器与船舶甲板系牢。

气胀式救生筏存放在水平式存放架上,无论人工、自由漂浮和机械吊放的施放方式都可以完成救生筏的施放。在人工操作时,需手动解开固定救生筏容器的系固索具,将盛装筏的容器抬到舷边,抛投救生筏入水后,再拉动充气拉索使之充胀成型;而当船舶沉没时,可利用连接在筏架上的静水压力释放器实现救生筏的自由漂浮,供水中的求生人员使用。

2. 滚动式存放架

救生筏的滚动式存放架是一个坡形的存放架,由高至低,从船舷内倾斜向船舷外,存放架低端一侧尽可能靠近舷边,如图3-4-3所示。其底座的四个支脚牢固地焊接在船舶甲板上,在存放架的倾斜面靠下的适当位置上铰接了挡架,当救生筏容器横担在存放架的倾斜面上时,挡架抬起,挡架的顶端连接了救生筏的系固索具,系固索具从救生筏存放容器上方越过后,向下通过静水压力释放器连接船舶甲板,将救生筏系牢,即使是在恶劣天气下,也不会被大风浪冲掉。气胀式救生筏的艏缆(充气拉索)从救生筏容器的绳塞孔引出,通过静水压力释放器与船舶甲板系牢,在人工施放救生筏时,只需脱开与静水压力释放器相连的系固索具,挡架在救生筏重量的作用下向舷外翻出,与倾斜面平齐并延长,从而形成了救生筏滚动释放的滑道,救生筏向舷外滚动落入水中,充气拉索也随着救生筏的滚动落下从救生筏容器中拉出,救生筏最终充胀成型。

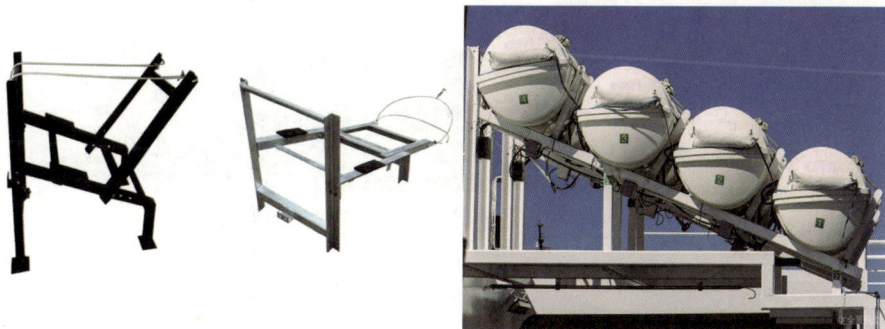

图 3-4-3　滚动式存放架

滚动式存放架不仅可用于单一的救生筏的抛投施放,也可以用于多个救生筏的排抛施放,同时也满足救生筏自由漂浮释放的要求,操作简单,可靠性高,因此,在船舶上普遍采用。

3. 翻架式存放架

翻架式存放架的安放位置尽可能接近船舷边,存放架的底座焊接在甲板上。在靠近舷边的底座上,铰接安装一个可以向舷外倾倒的翻架。固定救生筏容器的索具一端系接在翻架上,另一端从救生筏的容器越过,并连接到静水压力释放器上收紧固定。气胀式救生筏的艏缆(充气拉索)从救生筏容器的绳塞孔引出,通过静水压力释放器与船舶甲板系牢。在人工降放时,解开固定索具,抬起翻架,向舷外倾倒大约120°,形成一个使救生筏容器向舷外滚动的滑道,救生筏顺着滑道降放到水面,充气拉索也随着救生筏的滚动落下从救生筏容器中拉出,最终使救生筏充胀成型,如图3-4-4所示。

图 3-4-4　翻架式存放架

二、机械吊放式救生筏的存放

机械吊放式救生筏通常采用组合堆放的方式进行存放,如图3-4-5所示。其存放装置通常采用的是水平式存放架。但是,与抛投式救生筏的单一存放方式不同,机械吊放式救生筏的水平式存放架可以是单一存放的,也可以是多个组合堆放的方式进行存放。这是因为机械吊放式救生筏多用于客船上,而客船上配备的机械吊放式救生筏数量较多,为节省空间,故采用组合堆放的方式。

机械吊放式救生筏可采用单臂旋转式吊架进行降放操作,该吊架既可以用于救助艇的降放,也可以用于机械吊放式救生筏的降放。

图 3-4-5　机械吊放式救生筏的组合堆放方式

第五节
静水压力释放器

一、静水压力释放器的概述

当船舶沉没时,具有自由漂浮功能的自由降落救生艇、救生筏和紧急无线电示位标(EPIRB)可以自动从其存放或降放设备上脱开,从而摆脱难船,漂浮于水面。这一自由漂浮的功能,是通过静水压力释放器来实现的。

要实现这些设备的自由漂浮,就需要正确地安装静水压力释放器。如果静水压力释放器安装错误,那么这些本应该具有自由漂浮功能的设备就会失去作用。而静水压力释放器的正确安装主要有三个环节:

第一,静水压力释放器与船舶的相连;

第二,静水压力释放器与可自由漂浮设备容器的相连;

第三,可自由漂浮设备与静水压力释放器易断构件的相连。

由于救生筏是船舶配备的重要的救生设备,也是使用静水压力释放器最多的救生设备,因此,本节内容都将以救生筏为例,进行讲解。

接下来,先简单地介绍一下当船舶沉没时,救生筏是如何实现自由漂浮的,如图 3-5-1 所示。

(1)如图 3-5-1(a)所示,救生筏被正确地安装在筏架上,静水压力释放器与船舶甲板固定在一起,救生筏的捆绑带实现了对救生筏的捆绑,并与静水压力释放器相连,同时,从救生筏内部引出的艏缆(即充气拉索)也与静水压力释放器正确地连接在一起;

(2)如图 3-5-1(b)所示,船舶失事,救生筏连同静水压力释放器随船舶一起沉入水中,当静水压力释放器沉入水下一定深度后开始动作,使救生筏的捆绑带松脱,没有束缚的救生筏开始上浮;

(3)如图 3-5-1(c)所示,救生筏向上浮,船舶也继续下沉,就使救生筏的艏缆被不断地拉

扯伸长,在拉伸达到可充气的长度后,救生筏开始充胀成型;

(4)如图3-5-1(d)所示,救生筏在水面充胀成型,浮力增大,最终断开与静水压力释放器的连接,实现了水面上的自由漂浮。

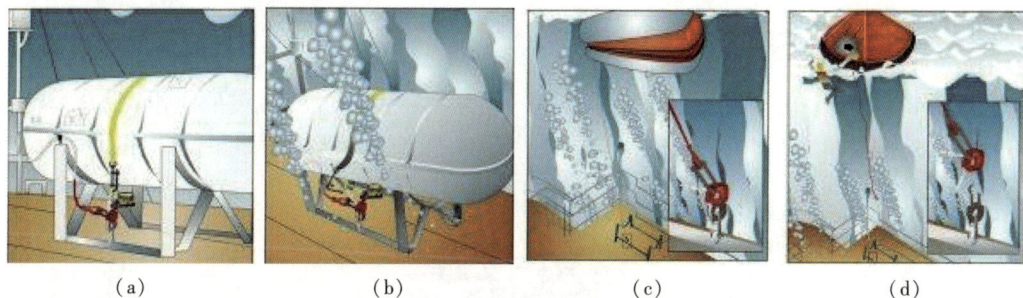

(a)　　　　　　　(b)　　　　　　　(c)　　　　　　　(d)

图3-5-1　使用静水压力释放器实现救生筏自由漂浮

二、静水压力释放器的种类

目前,在船舶上使用的静水压力释放器按照其可自由漂浮设备与静水压力释放器相连的类型分为两大类:可重复使用的静水压力释放器和一次性静水压力释放器。

(一)可重复使用的静水压力释放器

现阶段在船上使用的可重复使用的静水压力释放器,多为手揿式静水压力释放器。这一类静水压力释放器除了在船舶沉没时可自动实现可浮设备的自由漂浮外,也可以手动脱开并复位,由于采用易断绳连接救生设备和静水压力释放器,因此,更换易断绳就可以重复使用静水压力释放器。

1. 手揿式静水压力释放器的组成(如图3-5-2所示)

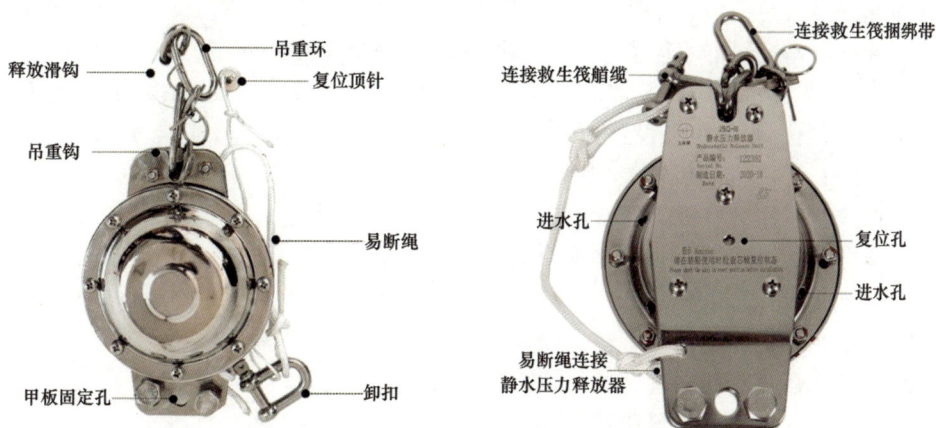

图3-5-2　手揿式静水压力释放器的组成

(1)甲板固定孔

在手揿式静水压力释放器的底端设有甲板固定孔,使用卸扣穿过甲板固定孔与救生筏存放架相连,从而将静水压力释放器牢固地固定在甲板上。根据生产厂家的设计,甲板固定孔有单孔、双孔及三孔的设计。

(2)吊重环

救生筏的捆绑带通过一个小型的松紧螺丝与吊重环相连,再通过吊重钩与静水压力释放器连接在一起,收紧松紧螺丝后,可以达到固定救生筏的目的。

（3）吊重钩

手揿式静水压力释放器的顶端设置了吊重钩。吊重钩用于连接吊重环、释放滑钩及连接易断绳的卸扣。当吊重钩锁住时，救生筏被捆绑带牢固地束缚并连接到静水压力释放器上；而当吊重钩打开时，救生筏的捆绑带松脱，救生筏将不受束缚。

（4）释放滑钩

释放滑钩，用于手动释放救生筏的捆绑带。当需要手动施放救生筏的时候，脱开滑钩，在不打开吊重钩的条件下，即可松脱救生筏的捆绑带以及连接易断绳的卸扣，救生筏即可被抬至船舷进行施放。

图 3-5-3　吊重钩与吊重环、释放滑钩、卸扣的连接

（5）易断绳与连接卸扣

对于可重复使用的静水压力释放器来说，最终连接救生筏和静水压力释放器的一段小绳，就是易断绳，它的破断强度为 2.2 ± 0.4 kN，远低于艏缆的破断强度，最终会在船舶下沉和救生筏充气上浮的拉扯力的作用下破断。因此，易断绳的设置及正确连接直接关系到救生筏能够实现自由漂浮。

易断绳的一端穿过静水压力释放器靠近底部的一个小孔并固定，另一端连接到一个小的连接卸扣上，且与静水压力释放器的吊重钩相连接。若连接卸扣尺寸大，无法穿过静水压力释放器的吊重钩锁孔，则也可以设置另外的吊重环，用于连接卸扣与吊重钩的衔接。

（6）进水孔

在手揿式静水压力释放器的背面设置了多个进水孔，当浸入水下时，海水从进水口进入静水压力释放器，在水压的作用下，实现静水压力释放器的自动动作，完成救生筏的自由漂浮。

（7）复位顶针和复位孔

手揿式静水压力释放器设有复位顶针，可以将解锁的吊重钩重新复位锁住。使用时，将复位顶针插入静水压力释放器背面的复位孔，用力顶住，即可复位吊重钩。

2. 手揿式静水压力释放器动作原理

手揿式静水压力释放器的设计是将释放器内部空间分为两个部分，中间用膜片隔开，如图 3-5-4 所示，我们将图中膜片的左侧部分称为内部空间，而膜片右侧的部分称为外部空间。当静水压力释放器浸没至水下一定深度的时候，由于海水浸入外部空间，水压会压迫膜片向内部空间方向移动，从而带动柱塞也向内部空间的方向移动，使吊重钩解锁，吊重环脱离，救生筏实现自由漂浮，这就是手揿式静水压力释放器的自动模式。而当需要使用手动方式脱开吊重钩进行复位的时候，可以将复位顶针插入复位孔，使用人力的方式将柱塞顶入，使其向内部空间方向移动，这时需要在吊重钩复位后，再松开复位顶针，即可实现吊重钩的锁牢。人工复位吊重钩是个非常重要的步骤，复位后，应仔细检查吊重钩是否锁牢，避免出现安全隐患。

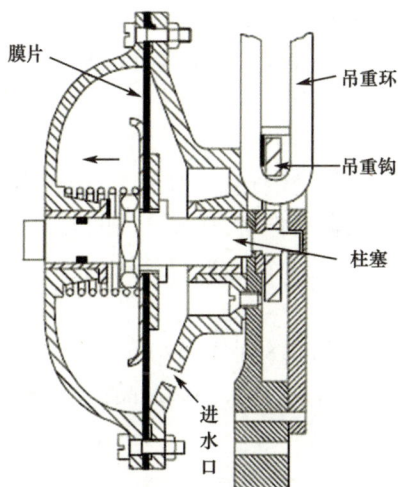

图 3-5-4　手揿式静水压力释放器动作原理图

（二）一次性静水压力释放器

除了可重复使用的静水压力释放器外，一次性静水压力释放器也是一种常见的静水压力释放器。这种静水压力释放器采用薄弱环作为救生设备与静水压力释放器连接的配件，静水压力释放器正常使用后薄弱环破断，静水压力释放器无法重复使用，为一次性设备。目前在船舶上装配比较多的是瑞典 Hammar 公司生产的 H20 型静水压力释放器，而 H20 R 型专用于救生筏。

1. 静水压力释放器的各组成部分

（1）白色强力绳环

H20 R 型静水压力释放器采用高强度白色绳环作为静水压力释放器的连接主体，在其底部设置黑色底环，通过卸扣与船甲板相连，在其顶部设置黄色顶箍可通过滑钩与救生筏的捆绑带相连。

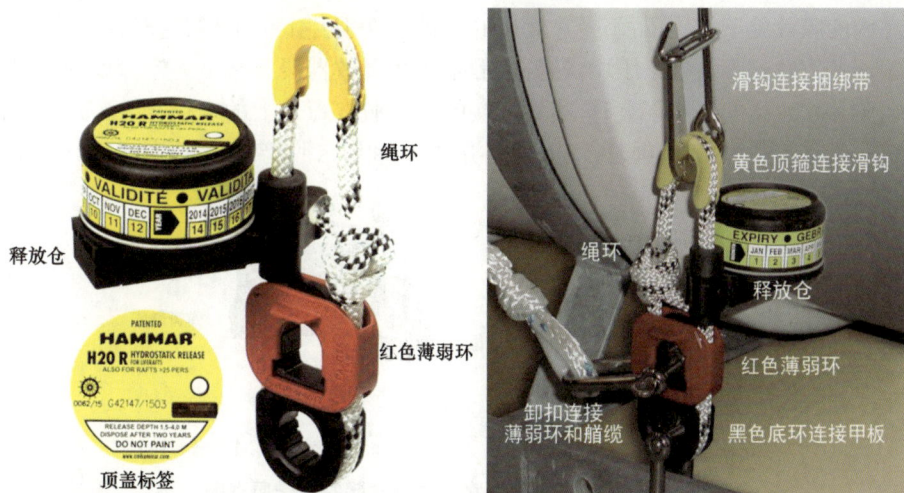

图 3-5-5　一次性静水压力释放器

（2）薄弱环

在白色强力绳环的中间位置设有红色的薄弱环，它的破断强度同样是 2.2±0.4 kN，远低于救生筏艄缆的破断强度。救生筏的艄缆通过卸扣与红色的薄弱环相连。当静水压力释放器浸没水下动作后，救生筏的捆绑带松脱，救生筏上浮充胀成型，最终会扯断连接静水压力释放器的薄弱环，完成自由漂浮。

（3）释放仓

H20 R 型静水压力释放器的释放仓由仓盒、刀片、弹簧和膜片等部分组成，是静水压力释放器工作的主体。当静水压力释放器动作时，释放仓内的刀片会割断白色强力绳环，释放连接滑钩的救生筏捆绑带，解脱对救生筏的束缚，救生筏得以上浮。

（4）顶盖标签

如图 3-5-6 所示，Hammar 公司于 2018 年对 H20 顶盖上的标签重新进行了设计，我们可以从中了解使用的静水压力释放器的相关说明，例如产品型号、有效期设置、产品编号、认证机构和制造年份等。

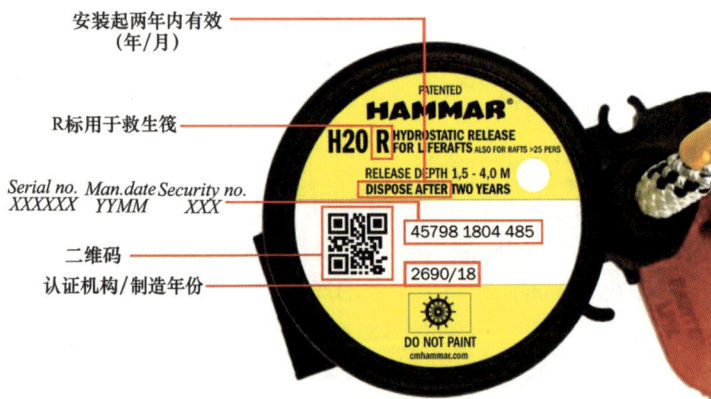

图 3-5-6　H20 R 型静水压力释放器的顶盖标签

2. H20 R 型静水压力释放器的动作原理

（1）自动模式

H20 R 型的释放仓是静水压力释放器动作的关键，在它处于正常安装状态时，竖向的弹簧舒张，使仓室内的膜片处于复位位置，膜片连接的卡针卡在刀片上的卡槽，这时的刀片同样也处于复位位置，连接刀片的弹簧处于压缩状态；当静水压力释放器浸没水下一定深度的时候，由于海水的进入，膜片在水压的作用下上升，膜片连接的卡针脱离刀片上的卡槽，连接刀片的弹簧这时候得到释放，带动刀片弹出，将绳环割断，释放滑钩，使捆绑带脱离，救生筏实现自由漂浮。

图 3-5-7　H20 R 型静水压力释放器的动作原理图

（2）手动模式

如需手动脱开静水压力释放器与救生筏的连接，只需要解脱连接在静水压力释放器黄色顶箍上的滑钩，即可使捆绑带脱离，再解开连接薄弱环的卸扣，即可使救生筏与静水压力释放器彻底脱离。

三、静水压力释放器的一般要求

静水压力释放器应满足《LSA 规则》的相关要求:

(1)为了防止静水压力释放器发生故障,制造时应该采用兼容材料。不得在静水压力释放器的部件上镀锌或其他形式的金属镀层。

(2)静水压力释放器在水深不超过 4 m 处,应该能自动脱开。

(3)静水压力释放器处于正常安装位置时,静水压力室内应该设有泄水设施,以防止水分的积聚。

(4)静水压力释放器的结构设计,应能接受海浪的拍击,而不致脱开。

(5)在静水压力释放器的外部应耐久性地标示出其型号与出厂号。

(6)在静水压力释放器上应永久地标明或附有产品铭牌,说明其制造日期、型号与出厂号以及该装置是否能适用于容量 25 人以上的救生筏。

(7)每件连接艏缆系统的部件的强度应不小于对艏缆所要求的强度。

(8)如静水压力释放器是一次性的,则标注的方式应能够确定其有效(失效)日期。

四、静水压力释放器的维护与保养

静水压力释放器的使用状态直接关系到船上人员的生命安全,因此,对静水压力释放器的维护与保养也是船上重要的一项工作:

(1)除一次性静水压力释放器外,静水压力释放器的定期维修间隔不应超过 12 个月,若情况不允许,则主管机关可将此期限延长至 17 个月。

(2)静水压力释放器应在有能力提供服务的检修站进行检修,备有适当的检修设施,并仅由受过适当培训的人员使用。

静水压力释放器在正确安装后,除特殊情形,日常不得随意进行手动释放操作。

(3)应定期检查确保静水压力释放器的进水孔畅通,且其外表不得涂漆,以防止堵塞进水孔。

(4)应定期检查静水压力释放器的连接状态,确保安装状态完好。

(5)若静水压力释放器因非使用原因动作后,应该立即进行各设施的复位操作,以保持释放器处于随时可用的状况。

(6)对于使用顶针进行释放和复位的静水压力释放器,应经常检查顶针是否遗失,如有遗失,尽快补充。

(7)正确安装静水压力释放器后,人员应能在不使用工具的条件下,可以释放具有自由漂浮功能的救生设备。

(8)不得用强力的水流冲击静水压力释放器。

(9)静水压力释放器不应永久性地固定在甲板上,应可拆除以便维修和更换。

第四章
救生艇筏和救助艇的技术性能要求及维护保养与检查

救生艇的技术特性要求

一、救生艇的一般要求

为了确保海上人命安全,在海船上配备的救生艇从设计、制造,到配备上船,必须经过主管机关的审核、批准、监造、验视合格后,才可以配给海船使用。

《SOLAS 公约》和《LSA 规则》中详细地规定了救生艇的技术性能要求,当救生艇经过试验合格后,在配给海船使用时,主管机关必须为每一艘救生艇签发必要的认可证书,认可证书至少包括:制造厂名和地址、救生艇型号和出厂号码、制造年月、救生艇额定的乘员人数,以及清晰地标示出批准的资料、批准的文号和任何操作限制。

另外,证书颁发机构还应该为救生艇提供一份批准证书,批准证书上至少应该标有如下内容:批准证书的号码,艇体结构材料应该详细到确保在修理中不发生兼容性的问题,属具和配备足够的额定乘员时的总重量,如果配备使用的是部分封闭、全封闭、自由降落、具有自供气体系统或者是耐火救生艇,则应有相应的批准声明。

在《LSA 规则》中,对救生艇的特性要求,主要有下列技术事项:

(一)稳性和干舷

救生艇应当合理地建造,其形状及尺度比例应该使其在海浪中具有充裕的稳性;并在载足全部乘员及属具后,仍具有足够的干舷。

1. 所有救生艇应该具有刚性艇体,当在平静水面处于正浮位置并且载足全部乘员及属具时,虽在水线下任何部位有破孔,但并没有掉失浮力材料及没有其他损伤时,仍能保持正稳性。

2. 当50%的载荷或定额的乘员从其正常位置移至艇中心线一侧时,救生艇应当是稳定的,并且具有正的初稳心高度。在这种情况下,救生艇应具有足够的干舷:

(1)在救生艇舷墙附近设有舷侧开口的每艘救生艇的干舷应至少为救生艇长度的1.5%,或100 mm,取其大者。干舷是从水线量至救生艇可能浸水的最低开口处。

(2)在舷墙附近没有舷侧开口的每艘救生艇的横倾角不应超过20°,而且干舷应至少为救生艇长度的 1.5%,或 100 mm,取其大者。干舷是从水线量至救生艇可能浸水的最低开口处。

(二)浮力

所有救生艇均应具有固有浮力,或应配备不受海水、石油或石油产品的不利影响的固有浮力材料提供浮力。当艇内浸水和破漏通海时,救生艇具有的浮力仍然足以将满载一切属具的救生艇浮起。此外,还应为救生艇的每个额定乘员额外配备相当于 280 N 浮力的固有浮力材料。除上述要求外,该浮力材料不得设置在救生艇艇体的外面。

(三)强度

所有救生艇应具有足够的强度:

1. 载足全部乘员及属具后,救生艇能安全降落水中;

2. 当船舶在平静水中以 5 kn 航速前进时,救生艇能降落水中并被拖带;

3. 除自由降落救生艇外,每只用吊艇索降落的救生艇应具有足够的强度承受下列负荷,负荷卸去后艇体无残余变形:

(1)对于金属艇体的救生艇,救生艇载足全部乘员及属具后的总质量的 1.25 倍;

(2)对于其他救生艇,救生艇载足全部乘员及属具后的总质量的 2 倍;

(3)除自由降落救生艇外,每艘用吊艇索降落的救生艇应具有足够的强度,使其在载足全部乘员和属具,以及在适当位置设置滑橇或护舷材(如适用)时,能经受碰撞速度至少 3.5 m/s 碰撞船舷的侧向撞击力,并能经受至少从 3 m 高度处投落下水。

(四)耐火性能

救生艇的艇体及刚性顶盖应是阻燃或不燃的。

(五)座位

救生艇的横坐板、长凳或固定椅应该设有座位,其构造应能支承:

1. 一个相当于乘员人数的静负荷,每个人体重以 100 kg 计;

2. 对于拟用吊艇索降落的救生艇是该艇从至少 3 m 高度处投入水中时,每一座位 100 kg 的负荷;

3. 对于自由降落救生艇是该艇从至少相当于其自由降落核准高度的 1.3 倍处降落时,每一座位 100 kg 的负荷。

(六)艇内空间

从艇底表面到超过 50% 艇底面积的封闭盖或顶篷内面的垂直距离应:

1. 成员定额为 9 人或 9 人以下的救生艇,不少于 1.3 m;

2. 成员定额为 24 人或 24 人以下的救生艇,不少于 1.7 m;

3. 成员定额为 9~24 人的救生艇,不少于以线形内插法确定的介于 1.3~1.7 m 的距离。

(七)乘员定额

1. 救生艇容纳人数不得超过 150 人。

2. 用吊艇索降落的救生艇的乘员定额应等于下列各数中的较小者:

(1)以正常姿势坐着时,不妨碍推进装置或任何救生艇属具操作的人数,客船每个人的平均体重以 75 kg 计算,货船为 82.5 kg,全部穿着救生衣。

(2)按照图 4-1-1 要求的座位设置所能提供的座位数目,且各座位形状可以重叠。假设已安装了搁脚板,腿部也有足够的活动空间,而且上下座位的垂直间距不少于 350 mm。

3. 应在救生艇内明确地标出每个座位的位置。

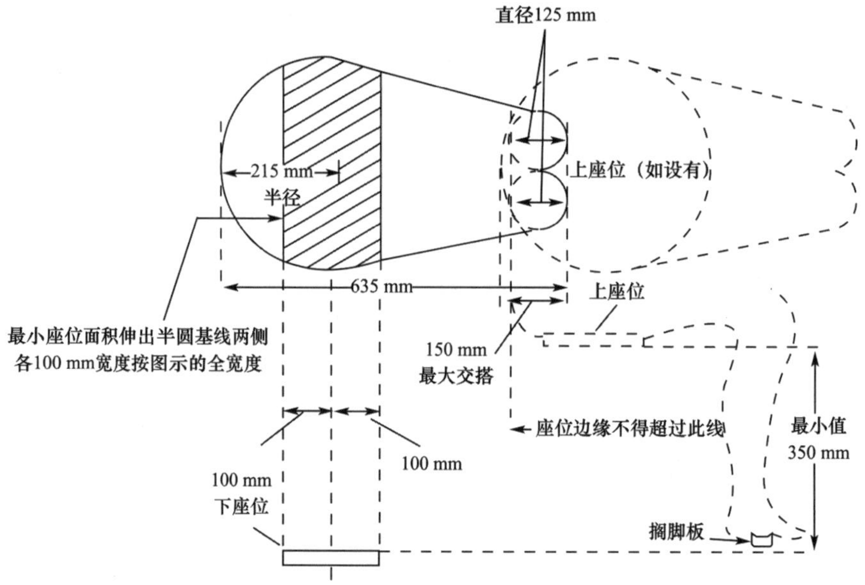

图 4-1-1　救生艇座位图示

(八)进入救生艇的通道

1. 每艘客船救生艇的布置,应使其全部乘员能在 10 min 内登艇完毕;

2. 每艘货船救生艇的布置,应使其全部乘员在发出登艇指示时间起不超过 3 min 登艇完毕,并且能迅速离艇;

3. 救生艇应备有在救生艇任何一舷均可使用的登乘梯,以便水中人员能够登艇,该梯子的最下一级踏板应在救生艇轻载水线以下不小于 0.4 m 处;

4. 救生艇的布置,应能把失去自主能力的人员从海上或从所躺担架上抬进救生艇;

5. 人员可能行走的所有表面应有防滑层。

(九)救生艇的舾装件

1. 所有救生艇(除自由降落救生艇外)应在靠近艇体内最低点处装设至少 1 只排水阀,该排水阀在救生艇不在水面时自动开启,使水从艇体内排出,并且当救生艇在水中时能自动关闭,以防止海水浸入。每个排水阀应配有 1 只关闭排水阀的盖子或塞子,以短绳、链条或其他适宜方法系于救生艇上。排水阀应位于救生艇内容易到达之处,并且其位置应明显标示。

2. 所有救生艇应装有舵和舵柄。当设有操舵轮或其他遥控操舵机械装置时,舵柄应在万一操舵机械发生故障时仍能控制舵。舵应固定地附连在救生艇上。舵柄应固定地安装或连接在舵杆上,但如救生艇设有遥控操舵机械装置,其舵柄可以是可拆的,并可靠地存放在舵杆附近。舵和舵柄的布置,应不致因脱开机械装置的操作或螺旋桨的运转而遭到损坏。

3. 除在舵和螺旋桨附近部位外,应在水线以上、水中人员可到达范围内,沿救生艇外部装设扶手或链环状可浮救生索。

4. 翻覆时不能自行扶正的救生艇,应在艇体底部装设供人员攀附救生艇的适宜扶手。扶手应固定在救生艇上,当受到足以把扶手从救生艇上打掉的冲击力时,打掉扶手而不损坏救生艇。

5.所有救生艇应该设置水密柜或舱室,供储存细小属具、水和口粮。救生艇应备有收集雨水的设施;另外如果有要求,应该配有能用人工驱动的除盐器,把海水生产成饮用水。该除盐器不能依靠太阳能,也不能依靠海水以外的化学品。应该备有储存所收集到水的设施。

(十)救生艇的脱开装置

每艘拟用单根或多根艇索降落的救生艇(除自由降落救生艇外)应设置符合下列要求的脱开机械装置:

1.该装置的布置应能同时脱开所有吊艇钩;

2.该装置应具有下列两种脱开能力:

(1)正常脱开能力,当救生艇浮在水面或吊艇钩无负荷时,不用手动操作就会把救生艇脱开;

(2)负载脱开能力,吊艇钩受负荷时,会把救生艇脱开。

此脱开布置应使救生艇在任何负荷的情况下,从漂浮在水面上救生艇无负荷的情况,到等于救生艇载足全部乘员及属具总质量的 1.1 倍的负荷情况下都能脱开。此种脱开能力应有适当的保护,以防意外或过早脱开(适当的保护应包括不属于一般卸载脱开要求的特殊机械保护,另外还有一个危险标志)。

在回收救生艇时,能防止意外脱钩,除非吊钩完全复位,否则吊钩不能承受任何负载,安全销也不能恢复到锁死位置。吊钩位置应该贴出额外的危险说明,以警戒进行挂钩操作的船员必须采用正确的复位方法操作。

脱开装置的吊钩设计和安装,应能在准备回收救生艇操作时,使救生艇内的人员能够确认、直接观察到每个吊钩可动部分和吊钩的锁定装置是否复位;可以轻轻扳动表示复位的指针来确认吊钩可动部分复位;同时可以观察到指针的动作。如果同时配有颜色说明操作,那么绿色指示吊钩复位,红色指示吊钩危险。在脱开装置附近应该张贴释放吊钩的操作说明。

为了防止救生艇在回收过程中的意外脱开,脱开装置的负载操作应该力求操作者有一个有意的和持续的动作。脱开装置的设计,应该使救生艇内的船员在脱开装置完全、正确复位后和准备起吊时,能清楚地看到。应提供清楚的操作须知,并有适当的文字警告。

(1)脱开控制手柄应有明显标志,其颜色与手柄周围颜色有明显的差异;

(2)救生艇脱开装置固定结构连接件的设计应取安全系数等于6,按所选用材料的极限强度计算,假设救生艇的质量是均匀分布在两艇索之间。

(十一)救生艇艏缆的固定装置

每艘救生艇应在艇首设一装置以固定艏缆。当救生艇在静水中以 5 kn 航速被船拖航前进时,该装置应该能够确保救生艇的安全性和稳定性。除了自由降落救生艇以外,艏缆固定装置应包括一脱开装置,以使船在静水中以 5 kn 速度向前航行时,艏缆能从救生艇内部脱开。

(十二)救生艇的天线

装有一固定双向甚高频无线电话设备和单独安装天线的救生艇应配备使天线有效地安装和制牢在操作位置上的装置。

(十三)救生艇的防护装置

沿船舷降落的救生艇应设置便于救生艇降落和防止损坏所必不可少的滑橇和护舷材。

(十四)救生艇的灯

救生艇外部应装设一盏人工控制灯,作为示位灯。该灯应为白色,在上半球体的所有方向上的光强不少于4.3 cd,并能够连续工作不少于12 h。如该示位灯为闪光灯,则闪光频率为每分钟不少于50闪,也不多于70闪,且在其工作期间,应保持均匀的有效光强。

救生艇内也应装设一盏人工控制灯或一个光源,其发光强度不少于0.5 cd,并能够连续工作不少于12 h,以便于艇内人员能够阅读救生须知和属具用法须知等;但是,该艇内照明灯不允许使用油灯。

(十五)救生艇的标志

1. 救生艇上应以经久的明显字迹标明所批准的救生艇的乘员定额;
2. 救生艇所从属的船舶名称及船籍港应以粗体罗马字母标明于艇首两侧;
3. 救生艇所从属船舶的名称和救生艇的编号,应能从空中识别。

二、救生艇的附加要求

(一)部分封闭式救生艇的附加要求

部分封闭救生艇除应满足救生艇的一般要求外,还应满足:

1. 部分封闭救生艇应装设固定附连的刚性顶盖,该顶盖从艇首延伸不少于该救生艇长度的20%,并从该救生艇最后端延伸不少于该救生艇长度的20%。该救生艇应设固定附连的可折式顶篷,可折式顶篷连同刚性顶盖形成一个能挡风雨的遮蔽,把该艇乘员完全罩住。救生艇在两端和每一侧都应有进口。当关闭时,刚性顶盖的进口应该是风雨密的。顶篷的布置应该:

(1)设有合适的刚性型材或条板,以撑起顶篷。

(2)由不多于2个人即能容易地撑起顶篷。

(3)顶篷应采用空气间隙隔开的不少于两层的材料或其他等效设施来隔热,以保护乘员不受寒热的侵害,且应设有防止水分聚集在空气间隙内的设施。

(4)顶篷外面应是鲜明易见的颜色,顶篷内面的颜色要不致使乘员感到不舒服。

(5)顶篷的进口处应设有有效的可调整的关闭装置,在内外两面均能容易而迅速地开启和关闭该装置,既可通气又可防止海水、风和冷气的侵入;应设有使进口处牢固地固定在开启和关闭位置的设施。

(6)进口关闭后,一直仍有足够供乘员所需的空气进入。

(7)顶篷应有收集雨水的设施。

(8)万一救生艇翻覆时,乘员应能逃出。

2. 救生艇内部的灯光颜色应不致使乘员感到不适。

3. 如果固定的双向甚高频无线电话设备装设在救生艇内,它应该安装在足以容纳该项设备和操作人员的舱室内。如救生艇的构造满足主管机关的遮蔽空间要求,则不要求安装在独立舱室。

(二)全封闭救生艇的附加要求

1. 围蔽

每一艘全封闭救生艇都应设置完全围蔽救生艇的刚性水密围蔽(封闭顶盖)。围蔽的布

置应该:

(1)为乘员提供遮蔽;

(2)由舱口提供进入救生艇的通道,舱口可关闭以使救生艇水密;

(3)除自由降落救生艇外,舱口的位置应设在无任一乘员离开该封闭盖的情况下能完成降落和回收操作的地方;

(4)通道舱口在内外两面应均能开启和关闭,并设有使其牢固地固定在开启位置的设施;

(5)除了自由降落救生艇外,能划动救生艇;

(6)当救生艇处于翻覆位置,舱口关闭且无明显漏水时能支持救生艇的全部质量,包括全部属具、机械和全部乘员;

(7)封闭盖的两舷应设有窗口或半透明板,使足够的日光射进舱口关闭的救生艇内部而不必采用人工光;

(8)封闭盖外面应是鲜明易见的颜色,而内部的灯光颜色不致使乘员感到不舒服;

(9)应设有扶手供在救生艇外部活动的人员安全扶手用,并帮助登艇和离艇;

(10)人员从进口处无须跨过横座板或其他障碍物而到达他们的座位;

(11)围蔽关闭时机器操作期间,救生艇内的大气压力不应低于或高于外界大气压力 20 hPa。

2. 翻覆与扶正

(1)非自由降落式救生艇,每个标明的座位处应设有 1 根安全带,安全带的设计应在救生艇处于翻覆位置时,能将体重为 100 kg 的人员牢固地缚在原处。座位上每 1 套安全带的颜色应和紧挨座位上带子的颜色有明显区别;自由降落式救生艇,应在每个座位上配备 1 个具有鲜明颜色的安全装置,在救生艇处于自由降落式翻覆状态下,安全装置能将体重 100 kg 的人员牢固地缚在原处。

(2)救生艇的稳性应是在装载全部或部分乘员及属具,所有进口和开口都是水密关闭而且所有乘员都用安全带缚牢时,能自然或自动地自行扶正。

(3)救生艇在水线下任何部位破孔,假设没有缺失浮力材料及没有其他损伤时,能支持其全部乘员及属具;如救生艇翻覆,应使救生艇自动地处于为乘员提供在水面上逃出的位置。当救生艇处于稳定的浸没状态下,救生艇内的水平面沿着椅背测得不应超出在任何乘员所坐位置的座板以上 500 mm。

(4)所有发动机排气管、空气管和其他开口,在设计上应做到在救生艇翻覆和扶正时,使海水不会进入发动机。

3. 推进装置

(1)在舵工位置应可以控制发动机和传动装置。

(2)发动机及其装置应能在翻覆过程中任何位置运转,并在救生艇转回至正浮状态后仍能继续运转,或在翻覆后能自动停车并在救生艇转回到正浮时易于再起动。燃油及润滑油系统的设计应能在翻覆过程中,防止流失燃油和从发动机中流失超过 250 mL 的润滑油。

(3)空气冷却发动机应设有从救生艇外面吸进冷空气,并把它排至救生艇外面的管道系统。应设有手动调节风门,使救生艇可从内部吸进冷气并向内部排放。

4. 加速度保护

全封闭救生艇,除自由降落救生艇外,其结构与防碰设置应保证救生艇在载足全部乘员及属具后,以不少于3.5 m/s的碰撞速度碰撞船舷时,可使救生艇免受因碰撞而产生的有害加速度的影响。

(三)自由降落救生艇的附加要求

自由降落救生艇除应符合全封闭救生艇的要求外,还应满足如下要求:

1. 自由降落救生艇的承载能力

(1)自由降落救生艇的承载能力,是指配有平均体重为82.5 kg的乘员数量的座位而不致影响推进装置或任何救生艇属具操作。座位表面应光滑,在所有接触面上设有至少10 mm的软垫,为背部和骨盆提供支持并为头部提供柔韧的侧面支持。座位应为不可折叠式,永久固定于救生艇,并布置成在艇降落时,艇体或顶盖的任何变形不会造成乘员受伤。如果座位比乘员的肩膀窄,其位置和结构的布置应能避免在艇降落时乘员受伤。座位间的通道应从甲板至座位顶部有至少480 mm的净宽,无障碍物并设有防滑表面及适当立足点,能在准备降落的位置安全登艇。每一座位应设有在拉紧状态下能快速释放的适当锁闭安全带,以控制在降落时乘员的身体。

(2)座板和座位靠背间的角度应至少为90°。座板的宽度应至少为480 mm。座位靠背前部的空当(臀部至膝盖的长度)应至少为650 mm(与座位靠背成90°角量取)。座位靠背应至少延伸至高出座板1 075 mm。座位应能容纳至少760 mm的肩高(沿座位靠背量取)。搁足板的角度应不少于座板角度的二分之一,其搁足长度应至少为330 mm。

2. 性能要求

(1)每艘自由降落救生艇应该在进水后立即朝正前方向前进,并且当载足全部设备和下列负载状态下,从核准高度上自由降落,船舶纵倾至10°并向任一舷横倾20°时,应不碰到船舶:

①载足全部乘员;

②载有乘员以使重心移至最前方位置;

③载有乘员以使重心移至最后方位置;

④只有操作船员。

(2)最后横倾角大于20°的油船、液体化学品船和气体运输船,救生艇应能在最终横倾角内自由降落,并且这种计算以最后水线为依据。

3. 结构

每一艘自由降落救生艇应有足够的强度以承受当自由降落救生艇载足全部乘员和属具时,从自由降落核准高度至少1.3倍的高度处自由降落。

4. 有害加速度的保护

每一艘自由降落救生艇的结构,应确保救生艇能提供免受在下列负载状态下,从核准的高度,且船舶在静水中不利的纵倾达10°并向任一舷横倾达20°降落所产生的有害加速度影响的保护。

(1)载足全部乘员;

(2)载有乘员以使重心移至最前方位置;

(3)载有乘员以使重心移至最后方位置;

(4)只有操作船员。

5. 救生艇舷装件

每艘自由降落救生艇应装设一个脱开系统,它应:

(1)具有 2 个独立的,只能从救生艇内部操作的脱开装置的独立激活系统,并且标明明显的与周围颜色不同的颜色;

(2)其布置应在任何装载状态下,能脱开艇从无装载状态到至少 200% 的救生艇正常负载,它是载足全部设备及被批准的乘员定额;

(3)足以保护意外的或过早的使用;

(4)它的设计应使其在试验脱开系统时不用降放救生艇;

(5)其设计应取安全系统等于 6,按所选用材料的极限强度计算。

6. 批准证书

除满足救生艇的相关要求之外,自由降落救生艇的批准证书应该写明:

(1)自由降落核准高度;

(2)要求的降落滑道长度;

(3)自由降落核准高度的降落滑道角度。

(四)具有自供气体系统救生艇的附加要求

具有自供气体系统的救生艇除应符合全封闭救生艇或自由降落救生艇的适用要求外,在布置上还应做到当救生艇全部进口和开口均关闭的情况下航行时,救生艇内空气保持安全并适宜于呼吸,而且发动机正常运转时间不少于 10 min。在此期间,救生艇内大气压应不得降到艇外大气压力,也不得超过艇外大气压 20 hPa。该系统应有视觉指示器,无论何时均可指示送风压力。

(五)耐火救生艇的附加要求

除应符合具有自供气体系统救生艇的要求外,耐火救生艇在水面经受持续油火包围时,应能保护其额定乘员该救生艇不少于 8 min。装有喷水系统的救生艇,应符合下列要求:

(1)用自吸式电动泵从海里抽水为该系统供水,该系统应能"开启"和"关闭"洒到救生艇外面的水流;

(2)海水吸入口的布置应防止从海面吸入易燃液体;

(3)该系统布置应能用淡水冲洗,并应能完全排除积水。

第二节
救生筏的技术特性要求

为了确保海上人命安全,使救生筏在应急时能安全顺利地操作使用,《SOLAS 公约》及《LSA 规则》对救生筏提出了详细的技术性能要求。

一、救生筏的一般要求

(一)救生筏的构造

1. 救生筏在构造上,应该能够经受在一切海况下暴露漂浮 30 天。

2.若从 18 m 高处投放入水,救生筏及其属具能符合正常使用的要求;如救生筏必须存放在最轻载航行水线以上超过 18 m 高度处,则该救生筏应进行从至少为此高度处的满意投落试验。

3.救生筏及其舾装件的构造应使救生筏在载足全部乘员及属具并放下 1 只海锚后,在平静水中,能被拖带,航速达 3 kn。

4.救生筏应设有保护乘员免受暴露的顶篷,该顶篷在救生筏降落中和到水面时能自动撑起,且应符合下列要求:

(1)采用以空气间隙隔开的双层材料或其他等效设施来隔热和御寒,并应设有防止水分聚集在空气间隙内的设施。

(2)其内部的颜色应不致使乘员感到不舒服。

(3)每个进口处应有鲜明的标志,并设有有效的可调整关闭的装置,该关闭装置应能使穿着救生服的人员从内外两面均能容易而迅速地开启,并可以从内部关闭。救生筏应便于通气且防止海水、风和冷气的侵入。额定乘员在 8 人以上的救生筏应设有不少于 2 个对称的进口处。

(4)即使当进口处关闭时,顶篷无论何时都应能通入足够乘员需要的空气。

(5)顶篷应设有不少于 1 扇的瞭望窗,并设有收集雨水的设施。

(6)应提供能在离海面 1 m 以上的位置安装救生艇筏雷达应答器的设施。

(7)坐在顶篷下面各处的乘员,应有足够的头顶空间。

5.在顶篷撑起和未撑起的情况下,漂浮的救生筏应能经受从筏底以上至少 4.5 m 的高度重复多次蹬跳。

(二)救生筏的乘员定额与质量

1.救生筏的定额乘员不得少于 6 人。

2.除必须使用要求的认可降放设备降落的救生筏,或不用于舷对舷转移的救生筏外,救生筏及其容器和属具的总质量不得超过 185 kg。

(三)救生筏的舾装件

1.救生筏应沿筏体外围及内侧牢固地装设救生索。

2.救生筏应设 1 根有效的艏缆,其长度应不少于 10 m 加上从存放处到最轻载航行水线距离或 15 m,两者取大者。艏缆系统的破断强度,包括和救生筏的连接,额定乘员 25 人以上的救生筏,为不少于 15 kN;额定乘员 9~25 人的救生筏,不少于 10 kN,其他任何救生筏,不少于 7.5 kN,救生筏自由漂浮装置要求的薄弱环除外。

3.人工控制的外灯(示位灯)应安装在救生筏顶篷或结构外部的最上部。该灯光应为白色且能连续运作 12 h,其光强在上半球体方向上不少于 4.3 cd。但是,如果该灯为闪光灯,则在 12 h 运作期间内,闪光灯每分钟的闪光率为不少于 50 闪,也不多于 70 闪,且为等效的光强。当顶篷竖好以后,该灯自动点亮。如采用电池型灯,则不应因存放位置的潮气或湿度而变质。

4.人工控制的内照明灯应安装在救生筏的内部,它能连续工作至少 12 h。当顶篷支起时,它应能自动点亮,并产生不小于 0.5 cd 的算术平均发光强度(从整个上半球测定),以确保能阅读救生和属具须知。如采用电池型灯,则不应因存放位置的潮气或湿度而变质。

(四)吊架降放式救生筏

除符合上述要求外,使用认可设备降放的救生筏应满足:

1. 当救生筏载足全部乘员及属具后,能承受碰撞速度不少于 3.5 m/s 碰撞船舷的侧向撞击力,并还要从不小于 3 m 高度处投落水中,不得有影响其性能的损坏;

2. 应设置在登乘期间能可靠地将救生筏贴紧并系留在登乘甲板的装置;

3. 每艘客船的吊架降放式救生筏的布置,应使救生筏的全部乘员能迅速地登上救生筏;

4. 每艘货船的吊架降放式救生筏的布置,应使救生筏的全部乘员能在发出登筏指示的时间起不超过 3 min 内登上救生筏。

(五)救生筏的自由漂浮装置

1. 艏缆系统

救生筏艏缆系统应在船舶与救生筏之间起建立连接,其布置应确使救生筏在脱开时,如为气胀式救生筏,则在充气时,不致被下沉中的船舶拖沉。

2. 易断连接

如救生筏的自由漂浮装置中设置了易断连接,则该易断连接:

(1)不会被从救生筏容器拉艏缆所需的力拉断;

(2)如适用时,有足够强度使救生筏充气;

(3)在张力为 2.2±0.4 kN 时断开。

3. 静水压力释放器

如救生筏的自由漂浮装置中设置了静水压力释放器,则应:

(1)采用兼容的材料制成,以防止该装置发生故障。不得在静水压力释放器的部件上镀锌或其他形式的金属镀层。

(2)在水深不超过 4 m 处,能够自动脱开救生筏。

(3)设有防止水分聚积在静水压力室内的泄水器。

(4)当海浪拍击时,其结构应不致脱开。

(5)在其外部应耐久性地标明出其型号与出厂号。

(6)该装置上应永久地标明或附有产品铭牌,说明其制造日期、型号与出厂号以及该装置是否能适用于容量 25 人以上的救生筏;如为一次性设备,则应标注其失效日期。

(7)每件连接艏缆系统的部件的强度应不小于对艏缆所要求的强度。

二、气胀式救生筏的要求

(一)气胀式救生筏的构造

1. 气胀式救生筏的主浮力舱应分成不少于 2 个独立隔舱,每个隔舱可以通过各自的止回充气阀充气。浮力舱的任一隔舱损坏或充气失效时,剩下的另一完整的隔舱应能足够供该救生筏的额定乘员使用,而且救生筏整个周围都是正干舷。每个乘员的体重以 82.5 kg 计算,并且都坐在规定的座位上。

2. 救生筏的筏底应为水密,并应充分隔热以防冷御寒,其构造可以是:

(1)采用一个或几个隔舱,可由乘员充气或自动充气,并能由乘员放气和再充气的设施;

(2)也可采用不依靠充气的其他等效设施达到隔热、御寒的目的。

3. 救生筏充气应采用无毒气体,由 1 个人就可完成。环境温度为 18~20 ℃时,充气可在 1 min 内完成;环境温度为-30 ℃时,充气可在 3 min 内完成。充气后,救生筏载足全部乘员和属具应保持其形状不变。

4. 每个充气隔舱应能承受至少等于 3 倍工作压力的超压,并可以使用安全阀或限制供气的方法,以防止隔舱的压力超过其 2 倍工作压力。压力不足时,也可以使用救生筏配备的充气泵或充气器,以保持其正常的工作压力。

(二)气胀式救生筏的乘员定额

气胀式救生筏的乘员定额应等于下列各数中较小者:

(1)充气后,其主浮胎(不包括篷柱以及横座位在内,如设有时)的容量以 m³ 计除以 0.096 后所得的最大整数;或

(2)救生筏的内水平横剖面面积(或包括 1 个或多个横座位在内,如设有时)量至浮胎的最内边以 m² 计除以 0.372 后所得的最大整数;或

(3)可足够舒适地坐下,并有足够的头顶空间,而且不致妨碍任何救生筏属具操作的人数,这些人全部穿着救生服和救生衣或在吊架降落救生筏时,每个人的体重以 82.5 kg 计算。

(三)进入气胀式救生筏的通道

1. 至少应在救生筏的一个入口处设置登筏踏板,它能支撑体重达 100 kg 的人员,在不抓住救生筏任何其他的部位时,人员能从水中通过踏板登上救生筏。踏板一旦损坏,不应导致救生筏产生明显的泄气。若吊架降放式救生筏有多个入口,则应在靠索与登乘设施对面的进口处设有登筏踏板。

2. 未设登筏踏板的入口处应备有登筏梯,其最下一级梯板应位于救生筏的轻载水线以下不小于 0.4 m 处。

3. 救生筏内部应有有助于水中的人员将自己从登筏梯拉进救生筏的设施。

(四)气胀式救生筏的稳性

1. 气胀式救生筏在其充气胀满并且顶篷撑到最高位置时,在风浪中应保持稳定。

2. 气胀式救生筏处于翻覆位置的稳性应为在风浪中及在平静水面上,均能由 1 个人扶正。

3. 气胀式救生筏在载足全部乘员和属具后,应能在平静水面以 3 kn 的航速被拖带。

4. 气胀式救生筏应配备符合下列要求的平衡水袋:

(1)平衡水袋的颜色应是显明易见的;

(2)平衡水袋布放入水后,25 s 内的充装至少为其容积的 60%;

(3)乘员 10 人以下的救生筏,其平衡水袋的总容积至少为 220 L;

(4)乘员 10 人以上的救生筏,其平衡水袋的总容积不少于 20×N L,其中 N 为所载乘员人数;

(5)平衡水袋在救生筏底周围对称地布置,并应能够从筏底迅速地排出空气。

(五)气胀式救生筏的容器

1. 气胀式救生筏应装在容器内,该容器应满足:

(1)其结构在所遇到的海上各种条件下,能经久耐用;

(2)当装有救生筏及其属具时,应具有足够的固有浮力,如船舶沉没,能从容器内部拉出

舾缆并起动充气装置;

(3)应尽可能水密,容器底部泄水孔除外。

2.救生筏在其容器内的包装方式应确保救生筏从容器破裂脱开并在水面充气时,尽可能处于正浮位置。

3.容器上应标明:

(1)制造厂名或商标;

(2)出厂号码;

(3)认可机关名称和乘员定额;

(4)SOLAS 字样;

(5)内装应急袋型号;

(6)最近 1 次检修日期;

(7)舾缆长度;

(8)包装的救生筏质量,如大于 185 kg;

(9)水线以上最大许可存放高度(根据投落试验高度和舾缆长度);

(10)降放须知。

(六)气胀式救生筏上的标志

1.救生筏上应标明:

(1)制造商名称或商标;

(2)出厂序列号;

(3)制造日期(年月);

(4)批准机构名称;

(5)最近 1 次维修站的名称和地点;

(6)每个进口处应写明乘员定额,字高不少于 100 mm,字的颜色与救生筏颜色应形成对比。

2.每一只救生筏上应具有其所从属船舶的船名及船籍港的标志,即使不打开容器,也能随时更改船舶标志。

(七)吊架降放气胀式救生筏

1.除上述的要求外,使用认可吊架设备降放的救生筏,当其悬挂在吊钩或吊索上时,应能经受下列负荷:

(1)在环境温度及救生筏稳定温度在 20±3 ℃,且所有安全阀不工作时,全部乘员和属具质量的 4 倍;

(2)在环境温度及救生筏稳定温度在-30 ℃,且所有安全阀工作时,全部乘员和属具质量的 1.1 倍。

2.必须使用吊架设备降放的刚性容器,应加以系固,以防止该容器或其部件在救生筏充气时、充气后及降放过程中坠落入海。

三、刚性救生筏的要求

（一）刚性救生筏的构造

1. 救生筏的浮力应由认可的固有浮力材料提供,置于尽可能靠近救生筏的周围。浮力材料应是阻燃的或用阻燃的覆盖加以保护;

2. 救生筏的筏底应能防止水进入,并应有效地支持乘员离开水面并可以防冷御寒。

（二）刚性救生筏的乘员定额

每只刚性救生筏的乘员定额应等于下列各数中较小者:

1. 浮力材料以 m³ 的体积计乘以系数 1 减去浮力材料相对密度除以 0.096 所得的最大整数;或

2. 救生筏筏底的水平横剖面面积以 m² 计除以 0.372 所得到的最大整数;或

3. 可足够舒适地坐下,并有足够的头顶空间,而且不致妨碍救生筏任何属具操作的人数,这些穿着救生服或救生衣的人员每个人的体重以 82.5 kg 计算。

（三）进入刚性救生筏的通道

1. 至少应在救生筏的一个入口处设置登筏踏板,它能支撑体重达 100 kg 的人员,在不抓住救生筏任何其他的部位时,人员能从水中通过踏板登上救生筏。若吊架降放式救生筏有多个入口,则应在靠索与登乘设施对面的进口处设有登筏踏板。

2. 未设登筏踏板的进口处应设有登筏梯,其最下一级踏板应在救生筏的轻载水线以下不小于 0.4 m 处。

3. 救生筏内应有有助于水中的人员将自己从登筏梯拉进救生筏设施。

（四）刚性救生筏的稳性

1. 除救生筏以任何一面漂浮时都应能安全使用;救生筏的强度与稳性应能自行扶正,或在风浪中及平静水面上,均能由一人扶正。

2. 救生筏载足全部乘员和属具后,应能在平静水面以 3 kn 的航速被拖带。

（五）刚性救生筏上的标志

救生筏上应标明:

（1）所从属的船舶名称和船籍港;

（2）制造厂名或商标;

（3）出厂号码;

（4）批准机构名称;

（5）每个进口处应标明救生筏的乘员定额,字高不小于 100 mm,字的颜色与救生筏颜色应形成对比;

（6）SOLAS 字样;

（7）内装应急袋的型号;

（8）艏缆长度;

（9）水线以上最大许可存放高度（投落试验高度）;

（10）降放说明。

（六）吊架降落刚性救生筏

除上述的要求外，使用认可吊架设备降放的刚性救生筏，当其悬挂在吊钩或吊索上时，应能承受全部乘员和属具总质量的 4 倍。

第三节

救助艇的技术特性要求

救助艇须符合救生艇相关的一些技术特性上的要求，如构造、乘员定额、进入的通道、浮力、干舷和稳性、推进装置、艇底塞和排水阀等舾装件；而在航速、燃油储量、联动脱钩、天线安装、艇外示位灯和艇内照明灯、救生艇标记等一些方面与救生艇的要求有所不同。另外，如果救生艇符合救助艇的所有要求，成功地完成救助艇相关试验，在船上的存放、降放和回收均符合救助艇的相关要求，则救生艇可以作为救助艇。

一、一般要求

1. 救生艇的浮力材料按要求是不应设置在艇体之外的，而救助艇的浮力材料是可以装设于艇体的外部的，前提是该浮力材料具有足够的防损坏保护并且它能经受一定条件的环境暴露。

2. 救助艇可以是刚性或充气结构，或两者的混合结构，并且：

（1）长度应不少于 3.8 m，不大于 8.5 m；及

（2）应至少能乘载 5 个坐着的人员和 1 个躺在担架上的人员。所有人都穿着救生服，如有必要还应穿着救生衣。尽管救生艇的座位安排有一定的要求，但救助艇的座板间距可调整为 1 190 mm，以能伸展腿部。座位位置的任何部分都不能设在护舷材、艇尾横挡和两舷侧的充气浮力胎上。

3. 采用刚性充气混合结构的救助艇应符合对救助艇的一般要求，使主管机关满意。

4. 除非具有足够舷弧，否则救助艇应设有延伸不少于 15%艇长的艇首盖。

5. 每艘救助艇均应配备能适用于船舶预期营运海域的所有气温变化，并能在救助艇满载乘员和属具时，以 6 kn 的航速保持航行至少 4 h 的充足的燃油。

6. 救助艇应在海浪中具有充分的机动性和操作性，以能从水中拯救人员，集结救生筏并能以至少 2 kn 航速拖带船舶所配备的载足全部乘员及属具或相当重量的最大救生筏。

7. 救助艇应装设舷内或舷外发动机。如装设舷外发动机，舵和舵柄可以是发动机的组成部分。不同于救生艇，救助艇可以装设具有认可燃油系统的舷外汽油机，但燃油柜应有特殊的防火和防爆保护。

8. 拖带装置应永久地安装在救助艇上，其强度应足够集结或拖带上述要求的船载最大的救生筏。

9. 除另有明文规定的之外，每艘救助艇都应提供有效的舀水或自动舀水设施。

10. 救助艇应设有细小属具的风雨密储存处。

11. 每艘救助艇的布置，应确保为控制和操舵位置提供足够的向前后方及两舷的开阔视

野,以进行安全的降放和操纵,尤其是在拯救落水人员和集结救生艇筏时应保持可见性。

二、充气式救助艇的附加要求

1. 当充气式救助艇被悬挂在吊钩或吊索上时,充气式救助艇在构造上应做到:

(1)其强度和刚性应足够降放及回收载足全部乘员和属具后的救助艇;

(2)其强度在环境温度为20±3 ℃,安全阀不工作的情况下,应足以经受其全部乘员及属具总质量4倍的负荷;

(3)其强度在环境温度为-30 ℃,所有安全阀工作的情况下,应足以经受其全部乘员及属具总质量1.1倍的负荷。

2. 充气式救助艇的构造,应能经受下列暴露:

(1)在海上,存放在船舶开敞甲板时;

(2)在一切海况下漂浮30天。

3. 除应满足救生艇标记的要求外,充气式救助艇还应标明其出厂序列号、制造商名称或商标和制造日期。

4. 充气式救助艇的浮力,应由至少5个约为等体积的独立隔舱分隔的单独浮力胎,或由2个均不超过60%总体积的独立浮力胎提供。浮力胎的布置在任一隔舱万一损坏时,未损伤的隔舱应仍能支持该救助艇的额定乘员,每个乘员体重以82.5 kg计,坐在正常的位置上,并且在下列条件下救助艇整个周围的干舷为正值:

(1)前部浮力舱放气;

(2)救助艇一舷的全部浮力舱放气;以及

(3)一舷的全部浮力舱和艏舱放气。

5. 形成充气式救助艇边界的浮力胎充气后应为每个救助艇额定乘员提供不少于0.17 m^3 的体积。

6. 每个浮力隔舱应设有一个止回阀,用于手动充气和放气;并应设有1个安全阀,除非主管机关认为此阀不必要。

7. 充气式救助艇的艇底下方和外侧易受伤害的脆弱位置,应加设主管机关认可的防擦板条。

8. 如充气式救助艇在艇尾设置了横挡,则该艇尾横挡嵌入位置应不超过救助艇总长的20%。

9. 应设有合适的加强片,用于固定艇艏缆和艇艉缆,以及艇内外两面的链环状把手索。

第四节

救生艇筏和救助艇降放装置的技术特性要求

一、一般要求

1.除自由降放救生艇的次要降放设备以外,每具降放设备的布置应在纵倾达到10°并向

任何一舷横倾达到20°的不良情况及下列条件下,应能够安全降放它所配属的装备齐全的救生艇:

(1)满载全部乘员时;

(2)仅载有操作所需的人员时。

2.油船、液体化学品船和气体运输船按照《MARPOL 73/78 公约》和国际海事组织建议计算的最终横倾角超过 20°时,其救生艇的降放设备应该能够在船舶处于最后横倾角的情况下,在船舶的较低舷侧进行操作。

3.降放设备只应依靠救生艇自身的重力或独立于船舶电源的储存机械动力来降放其所配属的处于满载、装备齐全状态和轻载状态的救生艇。

4.每具降放设备的构造,应仅需要最少的日常维护量。所有需要船员进行定期维护的部件,应便于接近和易于维护。

5.除绞车制动器外,降放设备及其附属设备的强度应足以经受不少于2.2倍最大工作负荷的工厂静负荷试验。

6.构件和一切滑车、吊艇索、眼板、链环、坚固件和其他一切用作连接降放设备的配件应用一个安全系数来设计,该安全系数根据规定的最大工作负荷和结构所选用材料的极限强度来决定。所有构件的最小安全系数为 4.5,吊艇索、吊艇链、链环和滑车的最小安全系数应为 6。

7.每具降放设备应尽可能在结冰情况下保持有效。

8.救生艇降放设备应能收回载有艇员的救生艇。

9.降放设备的布置应能使人员安全地登上救生艇和吊架降放式救生筏。客船上的布置应保证全部乘员从发出登艇指示起不超过 10 min 的时间内登艇,并可以迅速地离艇;货船上的布置应保证全部乘员从发出登艇指示起不超过 3 min 的时间内登艇,并可以迅速地离艇。

10.每艘救助艇降放设备都应装设一台动力绞车电机,该电机能以不少于 0.3 m/s 的速率把载足全部乘员和属具的救助艇从水面升起。

11.如果天气恶劣,可能会对重型动索滑车构成危险,救助艇降放设备应配备用以收回救助艇的环索。

二、使用吊索和绞车的降放设备的要求

使用吊索和绞车的降放设备,自由降放救生艇的次要降放设备除外,除应符合以上的一般要求外,还应符合以下要求:

1.除了自由降放救生艇的次要降放设备以外,降放机械装置的布置应可由个人从船舶甲板上某一位置,或自救生艇筏或救助艇内某一位置操纵;当降放机械装置的人员在甲板上操作时,应能看到救生艇筏或救助艇。

2.吊索应是抗旋转及耐腐蚀的钢丝索。

3.对于多卷筒绞车,除非安装了有效的补偿装置,否则吊索的布置应能满足在降放和回收设备时,吊索从各卷筒上卷出和卷回应该是匀速的。

4.降放设备的绞车制动器应有足够的强度经受:

(1)试验负荷不少于 1.5 倍最大工作负荷的静负荷试验;及

(2)试验负荷不少于 1.1 倍最大工作负荷在最大下降速度时的动负荷试验。

5. 应该设有有效的手动回收艇装置,在使用动力吊起救生艇筏或救助艇时,绞车的转动应不会带动手动装置的手柄或手轮旋转。

6. 该降放装置如使用动力收回吊臂,为防止吊索或吊架受到过度应力,则应装设安全限位装置。在吊臂复位之前,安全限位装置应该能够自动地切断动力,除非绞车马达的设计能防止此过度应力的产生。

7. 满载救生艇筏或救助艇降放下水的速度,应不小于由下列公式得出的速度:

$$S = 0.4 + 0.02H$$

S——下降速度,m/s;

H——从吊艇架顶部到最轻载航行水线的距离,m。

8. 配备全部属具但不载人员的救生筏降放速度应使主管机关满意;配备全部属具但不载人员的其他救生艇、救助艇的降放速度应不少于上述要求的70%。

9. 最大下降速度是主管机关在考虑救生艇筏或救助艇的设计、保护乘员免受过度力以及计入急刹车过程中的惯性力的降放装置强度后确定的。在降放设备上应采取某些措施,以确保在降放时不超过该速度。

10. 每具降放设备须安装制动器,使载足全部乘员及属具的救生艇筏或救助艇在降放中能刹住并可靠地系留住;必要时,须保护制动片不受水和油的伤害。

11. 手动制动器的布置应始终处于制动状态,除非操作者在甲板上、救生艇筏或救助艇内使制动控制器保持在"脱开"的位置上。

12. 为便对救生艇进行维护保养,救生艇降放设备上应配备能够悬挂救生艇的装置,以使救生艇能够脱开承载释放系统。

三、自由降放救生艇降放设备的要求

自由降放救生艇的降放设备除了应当符合对降放装置的一般要求外,还应符合以下要求:

1. 降放设备的设计和安装,应该使降放设备及其服务的救生艇作为一个系统运作,以保护乘员免受有害加速度的伤害,并确保救生艇能够有效地离开船舶。

2. 降放设备的构造,应使其在救生艇降放过程中防止产生火花或摩擦燃烧。

3. 降放设备的设计和布置,应使其处于准备降放的位置,在考虑了自由降放救生艇的性能要求后,从其所服务的救生艇的最低一点至最轻载航行水面的距离,不得超过救生艇的自由降放核准高度。

4. 降放设备的布置,应能防止救生艇在无人看管的存放位置意外地脱开。如果用于固定救生艇的设施无法从救生艇内部脱开,那么降放设备的布置不能采用先登艇而后脱开的设计。

5. 脱开机械的布置,在救生艇内应需要完成至少两个独立的动作,才能释放救生艇。

6. 每个自由降放救生艇的降放设备都应提供次要降放方式,可以用吊索降放救生艇。该方式应该符合一般降放设备的要求;它必须能在船舶纵倾达到2°及向任一舷横倾达到5°的不利条件下降放救生艇,并且不必满足降放设备对降放速度的相关要求。如果次要的降放方式不依靠重力、储备机械动力或其他人工方法,则该设备应同时连接到船舶的主电源和应急电源。

7. 次要降放方式应至少配备一个单独的卸载方式以脱开救生艇。

四、自由漂浮下水的要求

若救生艇筏需配备降放设备,并且该救生艇筏被设计为可以进行自由漂浮释放,则该救生艇筏从其存放地点自由脱开应是自动的。

五、救生筏降放设备的要求

除了在进行存放地点登乘,收回满载的救生筏,人工操作旋出降放设备等操作时,每具救生筏的降放设备应符合降放设备的一般要求和使用吊索和绞车的降放设备的要求。降放设备应配备一个自动释放钩,其布置应能防止在降放过程中过早脱开,只有在救生筏降放至水面时才能自动脱开。同时,该释放钩也应具有在有负载状态下脱开的能力,并满足:

(1)与在水面没有负载时的自动释放的激活功能控制要有明显的差别;

(2)需要至少两个单独的动作来操作;

(3)若吊钩上具有 150 kg 的载荷,那么要求至少有 600 N 但不多于 700 N 的力才能负载脱开,或提供同等的充分保护措施以防止吊钩意外地脱开;

(4)脱开装置适当并完全地布置时,在甲板上的船员应能清楚地观察。

第五节
救生艇筏和救助艇的存放及降放与回收的布置

一、救生艇筏和救助艇的存放

(一)救生艇筏的存放要求

1. 救生艇筏的一般存放要求

(1)在存放时,该救生艇筏或其存放装置不会妨碍存放在任何其他降放站的任何其他救生艇筏或救助艇的操作;

(2)在安全和可行的情况下,救生艇筏的存放尽可能靠近水面,并且对除需抛出船外降放的救生筏外的救生艇筏,在船舶满载时纵倾至 10° 和任何一舷横倾至 20° 或横倾至船舶露天甲板的边缘浸入水中的角度(取较小者)的不利情况下,其存放处应使其登乘位置在水线以上不少于 2 m;

(3)在存放时,救生艇筏应持续处于准备使用状态,使 2 名船员能在不到 5 min 内完成登乘和降放的准备工作;

(4)救生艇筏在存放时应配齐所要求的属具;

(5)救生艇筏应存放于安全并有遮蔽的地方,并加以保护以免火灾和爆炸造成损坏。特别是,油船上的救生艇筏,除船首尾配备的额外的救生筏外,不应存放在货油舱、污油舱或其他含有爆炸性或危险性货物舱的舱上或其上方。

2. 救生艇的附加存放要求

(1)顺船舷降放的救生艇应存放在船舶推进器前方尽量远的地方;

①在船长为 80 m 及以上但小于 120 m 的货船上,每艘救生艇应存放在使该救生艇尾端在推进器前方不少于该救生艇长度的地方;

②在船长为 120 m 及以上的货船与船长为 80 m 及以上的客船上,每艘救生艇应存放在使该救生艇尾端在推进器前方不小于该救生艇一倍半长度的地方。

(2)如适合,船舶的布置应对在存放位置的救生艇加以保护,以免大浪造成损坏。

(3)救生艇应附连于其降放装置上存放。

3. 救生筏的附加存放要求

(1)每只救生筏在存放时,应将其艏缆牢固地系牢在船舶上。船首尾配备的额外的救生筏除外。

(2)每只救生筏或救生筏组的存放应设有一个符合国际救生设备规则要求的自由漂浮装置,以使每只救生筏都能自由漂浮,如救生筏为气胀式,则在船舶下沉时救生筏可以自动充气。船首尾配备的额外的救生筏除外。

(3)救生筏的存放方式,应使施放人员能用手动的方式逐一将救生筏或容器从其所系固的装置上脱开。

(4)采用吊架降放的救生筏应存放在吊架上的吊钩可到达的范围内,除非提供了一些在规定的纵倾和横倾范围内或由于船舶运动或电力故障而无法操作的转移方式。

(5)除非船舶每一舷所配备救生筏的总容量均满足《SOLAS 公约》的要求,否则拟用于抛投式降放的救生筏,其存放方式须使其可随时做舷对舷的转移,以便在船舶的任何一舷可以抛投降放。

(二)救助艇的存放要求

救助艇的存放应满足要求:

(1)救助艇应存放在适宜于降放和回收的位置。

(2)在存放时,救助艇应持续处于准备使用状态,不超过 5 min 即可降放至水面。如果配备的是充气式救助艇,则该救助艇应随时处于充足气状态。

(3)在存放时,该救助艇及其存放装置均不会妨碍存放在任何其他降放站的任何救生艇筏的操作。

(4)如救助艇兼作救生艇,须符合对救生艇存放的要求。

二、救生艇筏和救助艇降放和回收的布置

(一)救生艇筏降放与回收的布置

1.除另有明文规定外,所有救生艇筏应配备符合《LSA 规则》相关要求的降放和登乘设备,但下列情况除外:

(1)从最轻载航行水线以上少于 4.5 m 高度的甲板上登乘的救生艇筏,且其质量不大于 185 kg;或

(2)从最轻载航行水线以上少于 4.5 m 高度的甲板上登乘的救生艇筏,且存放方式为可在纵倾至 10°和任何一舷横倾至 20°的不利情况下直接从存放地点降放下水;或

(3)装载超过船上总人数 200%所配备的救生艇筏范围的救生艇筏,且其质量不大于 185 kg;或

（4）装载超过船上总人数200%所配备的救生艇筏范围的救生艇筏,且存放方式为可在纵倾至10°和任何一舷横倾至20°的不利情况下直接从存放地点降放下水;或

（5）供连同海上撤离系统一起使用并符合《LSA规则》第6.2节要求的救生艇筏,且存放方式为可在纵倾至10°和任何一舷横倾至20°的不利情况下直接从存放地点降放下水。

2. 每艘救生艇应设有1台能降放和回收该救生艇的设备。此外,还应配备能悬挂起救生艇的装置,以使救生艇能够脱开承载释放装置,便于进行维护保养。

3. 救生艇筏降放与回收的布置应使该设备的操作人员在救生艇筏降放期间以及救生艇回收期间,能随时在船上观察到救生艇筏。

4. 类似的救生艇筏在船上应使用同一种类型的释放机械装置。

5. 在任一降放站准备和操作的救生艇筏,不应妨碍其他降放站的任何其他救生艇筏或救助艇的迅速准备和操作。

6. 救生艇筏的吊索(如使用)应有足够的长度,在船舶最轻载航行时纵倾至10°和任何一舷横倾至20°的不利情况下,可以降放救生艇筏到达水面。

7. 在准备和降放过程中,救生艇筏和其降放设备以及降放的水域,应根据情况使用《SOLAS公约》第二章要求的应急电源供电的照明系统提供足够的照明。

8. 在弃船过程中,应有能防止船舶的任何排水排放到救生艇筏内的设施。

9. 如救生艇筏有被船舶减摇翼损坏的风险,则应配备由应急电源驱动的、能将减摇翼收回船内的设施;驾驶台应配备由应急能源驱动而操作的指示器,以显示减摇翼的位置。

10. 如配备《LSA规则》所要求的部分封闭式救生艇,应装设吊艇架横张索,在其上设置不少于2根救生索,其长度应满足船舶处于最轻载航行水线并在纵倾至10°和任何一舷横倾至20°的不利情况下,可到达水面。

（二）救助艇登乘、降放与回收的布置

1. 救助艇的登乘与降放的布置,应使救助艇能在尽可能短的时间内登乘和降放。

2. 如救助艇是船舶救生艇筏中的一艘,其登乘的布置与降放站应满足《SOLAS公约》第三章第11条"救生艇筏的集合与登乘布置"和第12条"降放站"的要求。

3. 救助艇的降放布置应符合救生艇筏相关的要求。但是,所有救助艇均应能在船舶于平静水面上前进航速达到5 kn时降放,如必要可借助艇艏缆。

4. 在中等海况的条件下,救助艇载足额定乘员及属具,回收的时间应不超过5 min。如果救助艇也是一艘救生艇,那么,在此5 min时间内,应能回收载有救生艇属具及救助艇要求的至少6名乘员的艇。

5. 救助艇的登乘和回收布置应能做到安全而有效地搬运担架病人。如果恶劣天气会对重型动索滑车构成危险,则为安全起见,应设有回收环索。

三、操作须知

所有船舶均应在救生艇筏及其操纵装置上或其附近设置告示或标志,并满足:
（1）有示意图说明操纵装置的用途及此项设备的操作程序,并告知有关须知或注意事项;
（2）告示或标志在应急照明条件下容易被看清;
（3）应使用符合国际海事组织建议的标识。

四、救生艇筏的集合与登乘布置

(一)存放位置

救生艇和救生筏须配有经认可的降放设备,其存放位置应尽可能地靠近起居处所和服务处所。

(二)集合站与登乘站

1. 集合站应设在紧靠登乘站的地方。每个集合站应在甲板上有足够的无障碍场地,以容纳指定在该站集合的所有人员,但人均面积至少为 0.35 m²。

2. 集合站与登乘站均应设在起居处所和工作区域容易到达的地方。

3. 集合站与登乘站应具有足够的照明,由《SOLAS 公约》所要求的应急电源照明系统提供。

4. 通往集合站与登乘站的通道、梯道和出口应予照明。该照明系统应能根据情况由《SOLAS 公约》所要求的应急电源供电。此外,通往集合站的路线应按国际海事组织的要求张贴相应的标志。

5. 吊架降放式和自由降落的救生艇筏集合站与登乘站的布置,应能使担架病人被抬进救生艇筏。

6. 在船舷降放的救生艇筏的每处登乘站或每两处相邻的登乘站均应设置一个符合《LSA 规则》所要求的登乘梯。其单根长度在船舶纵倾至 10° 和任何一舷横倾至 20° 的所有情况下可从甲板延伸至最轻载航行水线。然而,主管机关准许使用可以在水面上进入救生艇筏的认可装置来代替这些梯子,但船舶的两舷均应设有至少一个登乘梯。配备在船首尾的特殊要求的救生筏可准许用能以受控方式下降至水面的其他登乘设施。

7. 客船的集合站

除用于船员的集合站外,每艘客船也应设有乘客集合站,其应:

(1)设在登乘站附近,并可使乘客易于到达登乘站,除非其与登乘站设在同一处;和

(2)有集结和指挥乘客用的宽敞场地,每位乘客所占面积至少为 0.35 m²。

(三)降放站

降放站的位置应确保救生艇筏安全降放,并特别注意避开螺旋桨及船体陡斜悬空部分,除专门设计为自由降落的救生艇筏外,应尽可能使救生艇筏能从船舷侧平直部分降放下水。

如降放站设置在船舶的前部,则应位于防撞舱壁后方有遮蔽的位置,对此,主管机关应对降放设备的强度予以特别考虑。

(四)安全登乘

如有必要,应设有将采用吊架降放的救生艇筏贴靠并系留在船舷的装置,以使人员能安全登乘。

第六节

救生艇筏和救助艇的使用准备状态、维护保养与检查

救生艇筏和救助艇是船上重要的救生设备,它们的使用状态直接关系到船上人员的生命安全。因此,救生艇筏和救助艇应通过周期性的维护保养与检查维持良好的使用准备状态。同时,船长也应保证救生艇筏的人员合理分配,并对此进行良好的监督,确保救生艇筏和救助艇的正确操作和使用。

一、使用准备状态、配员与监督

(一)使用准备状态

在船舶离港前以及在航行期间的任何时候,所有救生设备均应处于工作状态,并立即可用。

(二)救生艇筏的配员与监督

1. 船上应有足够数量受过训练的人员来召集和协助未受训练的人员。

2. 船上应有足够数量的船员(他们可以是驾驶员或持证人员),对船上全体人员弃船所需要的救生艇筏及其降落装置进行操作。

3. 每艘要使用的救生艇筏,均应设置 1 名驾驶员或持证人员负责指挥。但主管机关经适当考虑到航程的性质、船上人数和船舶的特点后,可以准许精通救生筏操纵和操作的人员代替具有上述资格的人员负责指挥救生筏。如为救生艇,还应指派 1 名副指挥。

4. 救生艇筏负责人应有 1 份该救生艇筏船员的名单,并应确保在其指挥下的船员是熟悉他们的各项任务的。救生艇的副指挥亦应有一份该救生艇船员的名单。

5. 应为每艘机动救生艇筏指派 1 名能操作发动机并能进行相应调整的人员。

6. 船长应确保在船舶的救生艇筏之间合理分配本条 1、2 和 3 中所述的人员。

二、维护保养

(一)船舶对救生设备的维护保养、试验和检查应按国际海事组织制定的指南(《救生艇事故防止措施》)进行,并应充分注意确保这类设备的可靠性。

(二)船舶应备有符合《SOLAS 公约》要求的救生设备的船上维护保养须知,并应按此须知进行相应的维护保养。

(三)主管机关可根据船上维护保养须知的要求,接受满足《SOLAS 公约》要求的船上维护保养计划。

三、吊索的保养

降放所用的吊索应定期检查,要特别注意穿过滑轮的区域,并在由于吊索磨损而需要换新时或按不超过 5 年的间隔期(取早者)予以换新。

四、备件与修理设备

救生设备及其易损或易耗而需要定期更换的部件,应配有备件与修理设备。

五、每周检查

应每周进行下列试验和检查,并把检查报告写入航海日志:

(一)外观目视检查

对所有救生艇筏和救助艇及降放装置应进行目视检查,以确保其立即可用。检查应包括但不限于吊钩的状态、吊钩与救生艇的连接以及适当和完全复位的承载释放装置的状况。

(二)发动机运转测试

只要环境温度在起动和运转发动机所要求的最低温度以上,所有救生艇和救助艇的发动机应进行运转试验,总时间不少于 3 min。在这段时间内,应证实齿轮箱和齿轮箱传动系统运行正常。若救助艇采用的舷外发动机由于其特殊性而不得在螺旋桨没有浸没的情况下运转3 min,则可提供适当的供水。在特殊情况下,主管机关对于 1986 年 7 月 1 日以前建造的船舶,可不坚持此项要求。

(三)降放装置有效性测试

如果天气和海况允许,救生艇应在不载人的情况下,从其存放位置做必要的移动,以证实降放装置的可操作性。自由降落式救生艇除外。

(四)船舶应急报警系统测试

通用应急报警系统应能发出通用报警信号,该信号由船舶号笛或汽笛以及附加电铃或小型振膜电警笛或其他等效报警系统发出的 7 个或以上的短声继以 1 长声组成。除了船舶号笛外,该系统应能自船舶驾驶室和其他要害位置进行操作。全船所有起居处所及正常船员工作处所均应能听到该系统的报警。该报警系统在起动后应能连续发出直至人工关闭或被公共广播系统的信息所暂时打断。

六、月度检查

(一)救生艇扬出舷外测试

如果天气和海况允许,救生艇应在不载人的情况下,从其存放位置做扬出舷外的移动,以证实降放装置的可操作性。自由降落式救生艇除外。

(二)月度检查清单

每个月应根据月度检查清单对救生设备(包括救生艇属具)进行检查,以确保其完整无缺并处于良好状态。检查报告应载入航海日志。

七、气胀式救生筏的检修及充气式救助艇的维修保养

(一)气胀式救生筏应按下列规定进行检修:

1.检修间隔期不超过 12 个月,但在任何情况下都不切实可行时,主管机关可将此期限延

展至 17 个月;

2. 须在经认可的检修站进行检修,该检修站应备有适当的检修设施并仅使用受过适当培训且胜任检修的人员。

(二)充气式救助艇的维修保养

充气式救助艇的所有修理和维护保养应按制造商的说明书要求进行。应急修理可在船上进行;但是永久性修理应在经认可的检修站进行。

八、存放位置的标记

救生设备的容器、支架、搁架及其他类似装置的存放位置,应根据国际海事组织建议采用的标志加以标记,表明该位置存放的设备及用途。如这个位置存放有一个以上的设备,则应表明其数量。

九、降放装置与承载释放装置的定期检查与维护保养

(一)降放装置的定期检修

1. 降放装置应按照船上的维护保养须知进行检查与维护保养。

2. 如适用,应按要求年度检验时进行彻底检查。

3. 在进行完以上的年度检查后,以最大降放速度对绞车制动器进行动力试验。所加负荷应为救生艇筏或救助艇无乘员时的质量;还应在不超过 5 年的间隔期内,取等于救生艇筏或救助艇载足额定乘员和属具时的重量 1.1 倍的验证负荷进行试验。

(二)救生艇或救助艇的承载释放装置(包括自由降放救生艇释放系统)的定期检修

1. 承载释放装置应按照船上的维护保养须知进行检查与维护保养。

2. 按要求在年度检验的期限内,由受过适当培训且熟悉该系统的人员进行彻底检查和操作试验。

3. 在承载释放装置检修后均应进行操作试验,其负荷应取救生艇或救助艇载足额定乘员和属具时总质量的 1.1 倍。该检修和试验应至少 5 年进行一次。

(三)吊架降放式救生筏的自动释放钩的定期检修

1. 吊架降放式救生筏的自动释放钩应按照船上的维护保养须知进行检查与维护保养;

2. 按要求在年度检验的期限内,由受过适当培训且熟悉该系统的人员进行彻底检查和操作试验;

3. 在自动释放钩检修后应进行操作试验,其负荷应取救生筏载足额定乘员和属具时总质量的 1.1 倍。该检修和试验应至少 5 年进行一次。

第五章
救生艇的操作

第一节
救生艇的降放与回收操作

降放与回收救生艇操作是每一个船员必须学习和掌握的一种操作技能。无论是在周期性的演习中,还是在船舶应急操作时,救生艇的降放与回收操作都关系到船员、旅客的生命安全。尤其是当船舶发生海难时,在危急情况下,船员如能临危不乱,迅速、正确地将载有额定乘员的救生艇降放至水面,从而离开难船,对于保障海上人命安全,完成海上求生任务,将起到至关重要的作用。

一、救生艇的降放与回收操作

救生艇的降放与回收操作可分为在船舶两舷进行降放与回收操作的重力式救生艇和在船尾进行降放与回收操作的自由降落救生艇。在船舶两舷操作的重力式救生艇又分为开敞式救生艇和全封闭式救生艇。

(一)开敞式救生艇的降放与回收操作

1. 开敞式救生艇的降放操作

在船上,当全体船员听到警报信号后,立即确认警报性质(弃船求生警报信号是七短一长),做好海上求生的必要准备,执行应变部署中各自的任务,迅速地到集结场所集合,根据艇长的指挥做好放艇前的准备工作。船长应该操纵船舶将放艇一舷为下风舷。

(1)放艇前的主要准备工作

①由一人将吊艇机手摇柄插入吊艇机专门的"起升"孔内,按着收回吊艇索的方向指示,顺时针(或逆时针)摇动手摇柄,使救生艇重量集中在吊艇索上(注意事后将手摇柄从艇机上取下);

②打开登乘梯的防水罩,将登乘梯送至水面并调整好长度,以备登艇时使用;

③操作人员登入艇内(包括部分封闭式艇),分别将吊艇架横张索上的救生索松放下来,并按一定的方向从外到内盘好;

④操作人员需将艇底塞塞上,固定并旋紧;

⑤操作人员送出艏缆(艉缆,如设有);

⑥正确安装止荡索(定位索);

⑦打开固定救生艇的稳索；

⑧打开固定吊艇架的安全栓。

指挥人员在确认放艇准备工作完毕后，方可发出降放救生艇的命令。

（2）放艇的主要工作

①放艇人员在艇长的指挥下，缓缓抬起吊艇机上的制动器手柄，救生艇靠自身的重力带动吊臂扬出舷外，直到止荡索（定位索）完全受力，将艇拉向舷边位置，这时，按下制动器手柄，停止放艇。

②操作放艇人员分别将收紧索系在艇甲板或吊艇架上与艇的首、尾相关部位连接（收紧绳端留在艇内）拉紧收紧索，使艇与登艇甲板靠近，直至止荡索（定位索）松弛不受力，挽牢收紧索。

③人员依次登艇，按座位坐好后，操作人员解脱止荡索（定位索），慢慢松放收紧索，使艇悬空。

④艇长最后登艇，使用遥控降放装置抬起制动器继续放艇，艇内人员检查并起动艇机。

⑤放艇入水后，拉动艇中的联动脱钩装置的脱钩拉环，将救生艇的首、尾吊钩同时解脱。如果吊钩不能及时解脱，可以使用配备在艇首、尾的太平斧配合脱钩。

⑥首、尾吊艇钩脱钩后（如设有艉缆也应解掉），艇长指挥救生艇进车，舵手操外舷舵，在救生艇偏离难船一定角度、艉缆绷紧时，采用艉缆脱开装置解掉艉缆绳，救生艇航行脱离难船一定的距离后，在难船附近的水面漂流，等待救援。

2. 开敞式救生艇的回收操作

（1）收艇前的主要准备工作

①操艇至船舶舷侧，带好艉缆并调整好缆绳的长度，使救生艇刚好位于吊艇架下后，关闭艇机。

②船上收艇人员将吊艇钩松放至艇上方，其高度应便于艇内人员进行吊钩复位操作。

（2）收艇的主要工作

①艇内人员争取同时将艇首、尾吊艇钩挂好后，向船上人员发出收艇信号。

②船上收艇人员立即操作吊艇机将艇吊离水面，艇离水后，在 1 m 以内，应再次检查吊艇钩是否挂牢，无误后，继续收艇。

③当艇收到距合适位置大约 300 mm 时，限位开关起动，吊艇机自动断电，这时需使用手摇柄将艇绞收回到其正常存放位置，使安全栓复位，系牢稳索。

④系好止荡索（定位索）。

⑤轻轻抬起制动器手柄，使吊艇索不受力，但也不要太松弛。将艇置于吊架的保险栓上。

⑥将艇上属具收拾归位。

（二）全封闭式救生艇的降放与回收操作

由于都是舷侧依靠重力降放的救生艇，全封闭式救生艇的降放与回收操作的基本步骤与开敞式救生艇相似，其主要操作要点如下：

1. 全封闭式救生艇的降放操作

（1）放艇前的主要准备工作

①放艇操作人员应确认艉缆系结在船舶正确的位置上（其长度满足降放的要求），并安放好登乘梯。

②放艇操作人员应确认吊艇钩是否连接正常，吊艇钩防脱挡板是否在位，并应进入艇内检

查联动脱钩装置和静水压力联锁装置是否正常。

③做好艇机起动的准备和检查工作。

④放艇操作人员应松脱稳索,拔下充电电源的插头等。

⑤检查遥控降放艇的钢丝绳连接和系固情况,确认正常。

(2)放艇的主要工作

①操作人员将手摇柄插入吊艇机的"起升"孔内,按着收回吊艇索的方向指示,顺时针(或逆时针)摇动手摇柄,使救生艇重量集中在吊艇索上(注意事后将手摇柄从艇机上取下),直至安全栓不受力后,脱开安全栓。

②全体人员依次登艇,并用座位上的安全带将自己固定在座位上。

③艇长在确认降艇操作准备工作无误时,最后一个登艇,关闭艇门,坐好后,起动艇机。

④艇长在艇内直接拉动艇的遥控降放钢丝绳(或由甲板上的放艇人员直接),抬起制动器,使艇降放入水。

⑤当艇入水后,艇长拔下联动脱钩装置的保险销,扳动手柄,艇首尾吊艇钩同时脱开。

⑥首、尾吊艇钩脱钩后,艇长指挥救生艇进车,舵手操外舷舵,在救生艇偏离难船一定角度、艏缆绷紧时,采用脱开装置解掉艏缆,救生艇航行脱离难船一定的距离后,在难船附近的水面漂流,等待救援。

2. 全封闭式救生艇的回收操作

(1)收艇时的主要准备工作

①操艇至船舶舷侧,带好艏缆并调整好缆绳的长度,使救生艇刚好位于吊艇架下后,关闭艇机。

②船上收艇人员将吊艇钩松放至艇上方,其高度应便于艇内人员进行吊钩复位操作。

③艇内人员打开艇首、尾处的舱门,做好收艇、吊钩复位等准备工作。

④人员攀爬登乘梯返回船舶,艇内仅留三名操作人员,包括艇长。

(2)收艇的主要工作

①首先,艇长与吊钩复位操作的两名人员协调好,复位吊艇钩,使联动脱钩手柄复位。

②操作人员复位吊环,连接吊艇钩,并检查防脱挡板是否在位(如有必要须安装防坠落装置)。

③船上收艇人员立即操作吊艇机将艇吊离水面,艇离水面 1 m 以内时,停止收艇,艇上人员应再次检查吊艇钩是否挂牢,无误后,继续收艇。

④当艇收到距合适位置大约 300 mm 时,限位开关动作,吊艇机自动断电,这时需使用手摇柄将艇绞收回到其正常存放位置,使安全栓复位,系牢稳索。

⑤艇上人员整理好艇内属具物品,再次检查救生艇的脱钩装置等无误后,关闭舱门离艇。

⑥轻轻抬起制动器手柄,使救生艇的重量回到安全栓和挂角上,而吊艇索不受力,再次清点人数,收艇操作结束。

3. 联动脱钩装置的操作

联动脱钩装置是降放救生艇承载释放系统中非常重要的环节,使用联动脱钩装置,可以保证救生艇的首、尾吊艇钩在有负载和无负载的条件下都能够同时脱开。目前船舶常用的联动脱钩装置主要分为两种:一种是通过单手柄控制的联动脱钩装置,即只需要一只手柄就可以完成吊艇钩的脱钩操作;另一种是通过双手柄控制的联动脱钩装置,即操作时,需要操作两只手柄来完成联动脱钩的动作。

（1）单手柄联动脱钩装置的操作

单手柄联动脱钩装置的基本工作原理主要是依靠在脱钩操作手柄下端设立一个止动拉杆［如图5-1-1(a)所示］,止动拉杆由一个静水压力释放器控制,另外设立一个安全销［如图5-1-1(b)所示］,以防止意外或过早操作时艇的吊钩脱开,救生艇在吊艇架正常固定存放时,脱钩手柄、止动拉杆、保险销保持原位,救生艇安全存放,如图5-1-1所示。

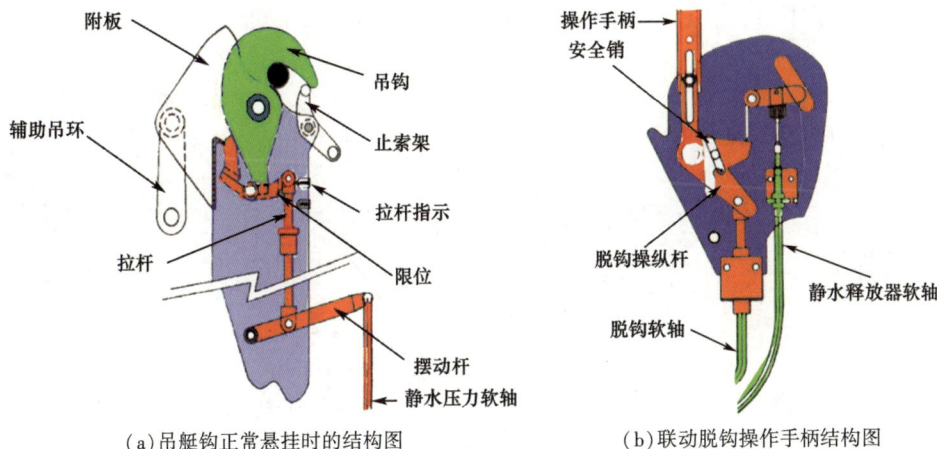

（a）吊艇钩正常悬挂时的结构图　　　　　（b）联动脱钩操作手柄结构图

图 5-1-1　救生艇在正常存放时的状态

当降放救生艇入水,吊钩在无负载时,艇底的入水口进水,将一个回复弹簧顶起,推动控制操作手柄止动拉杆的软轴上升,打开止动拉杆,拔出保险销,向下拉联动脱钩的操作手柄,手柄底端连接着一个脱钩软轴形成一个向上的拉力,通过一个摆动杆带动,解脱与艇吊钩底端相连的吊钩限位器,吊钩向后倾倒,解脱吊艇钩,如图5-1-2所示。在吊钩有负载时的脱钩操作,打开(或打碎)保护控制脱钩手柄操作止动拉杆的护罩,靠人力向上搬动止动拉杆,以形成求得操作者有一个有意的和连续的动作的规定,拔出保险销,向下拉动脱钩操作手柄,解脱吊钩。

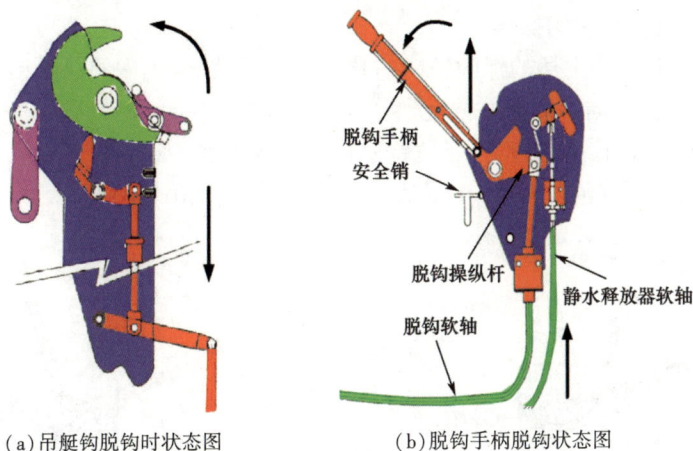

（a）吊艇钩脱钩时状态图　　　　　　（b）脱钩手柄脱钩状态图

图 5-1-2　进行脱钩操作的工作原理图

具体的操作方法如下：

①正常脱钩操作(无负载脱钩操作)

a.拔出安全销 A(图5-1-3脱钩操作手柄中 A)；

b.艇落入水中,大约20 s,依靠静水压力向上推起止动拉杆 B(图5-1-3脱钩操作手柄中B),打开止动拉杆,解脱对操作手柄的控制；

c. 向下拉动操作手柄 C(图 5-1-3 脱钩操作手柄中 C),吊钩解脱。

②紧急脱钩(有负载脱钩操作)

a. 打破控制操作手柄止动拉杆的护罩 D(图 5-1-4 脱钩操作位置中 D);

b. 拔出安全销 A(图 5-1-4 脱钩操作位置中 A);

c. 向上抬起止动拉杆 B(图 5-1-4 脱钩操作位置中 B);

d. 向下拉动操作手柄 C(图 5-1-4 脱钩操作位置中 C),吊钩解脱。

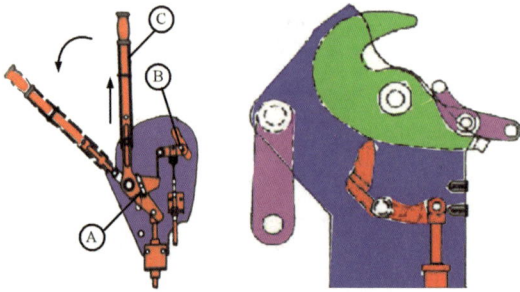

(a)脱钩操作时手柄示意图　(b)脱钩操作后吊钩示意图

图 5-1-3　正常脱钩操作脱钩与吊钩手柄示意图

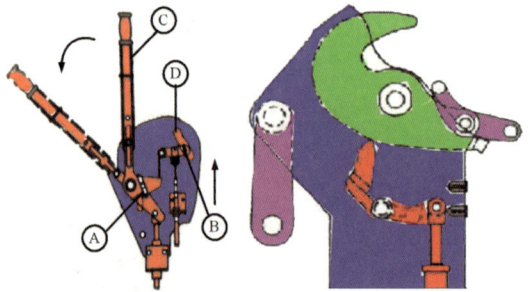

脱钩手柄位置图示　　　吊钩位置图示

图 5-1-4　有负载脱钩示意图

(2)双手柄联动脱钩装置的操作

①正常脱钩操作(无负载脱钩操作)

a. 在救生艇即将入水时,负责操作脱钩的艇员,将预备脱钩手柄(图示中手柄 B)的保险锁旋钮拧动至与手柄相一致的位置(如图 5-1-5 所示)。

b. 向下扳动预备脱钩手柄(图 5-1-5 中手柄 B 的扳动方向)约 90°。

c. 救生艇降落至水中后,水的浮力将联动脱钩装置中设立的推杆向上推动,将脱钩手柄的保险锁钮(图 5-1-5 中止动杆 A)打开。

d. 向下扳动脱钩手柄(图 5-1-5 中手柄 A 的扳动方向)约 90°,救生艇首、尾吊钩脱开。

②紧急脱钩(有负载脱钩操作)

a. 向上翻转打开脱钩手柄的保险锁钮的盒盖,人工将脱钩手柄的保险锁钮打开,将脱钩手柄的保险锁钮(止动杆)向上提起并固定。

b. 在救生艇降落过程中,扳动预备脱钩手柄向下扳动 90°。

c. 向下扳动脱钩手柄(图 5-1-6 中手柄 A),救生艇首、尾吊钩脱开。

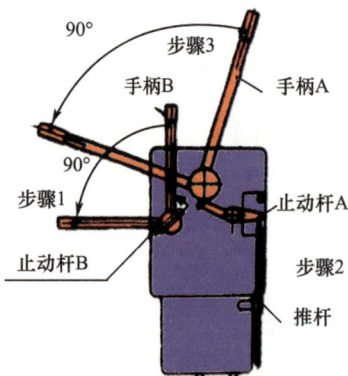

图 5-1-5　联动脱钩操作手柄正常脱钩操作示意图　　**图 5-1-6　联动脱钩操作手柄紧急脱钩操作示意图**

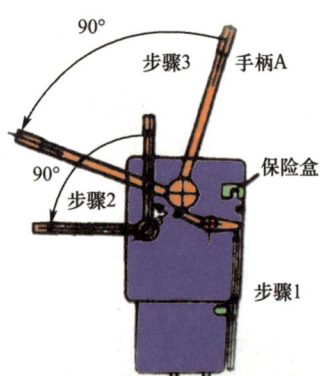

(三)自由降落式救生艇的降放与回收操作

1. 自由降落救生艇的降放

人工降放自由降落救生艇的方法共有两种:

(1)自由降落降放救生艇入水(如图5-1-7所示)

自由降落是指载足全部乘员和属具的救生艇,在艇上脱开艇尾吊钩,并在没有任何制约装置的情况下,任其下降到海面的操作方式。

①首先要检查吊艇装置中救生艇吊艇索的吊环与吊艇索的吊钩,确认其不相连;

②救生艇吊艇索吊环固定在艇左右两侧的吊座上;

③外接充电器电源线已脱开;

④艇长确认所有艇员在座位上坐好,系紧安全带;

⑤确认救生艇所有开启的门、窗、艇尾门的通气阀等孔盖完全封闭;

⑥检查确认艇内(外)无活动物体;

⑦起动救生艇机器;

⑧艇长操纵艇内释放钩装置,打开释放钩;

⑨救生艇沿艇架滑道自由降落入水。

在艇长打开释放钩后,自由降落救生艇靠自身重力沿下倾滑道下滑,以11~20 kn 的速度自由降落入水,进入水中后再浮起。救生艇浮起后,舰长操纵机器迅速离开难船。

(2)吊放救生艇入水(如图5-1-8所示)

吊放救生艇入水是救生艇借助于降放设备的门字形吊臂,将救生艇从其存放位置安全地转移到水上的操作方式。

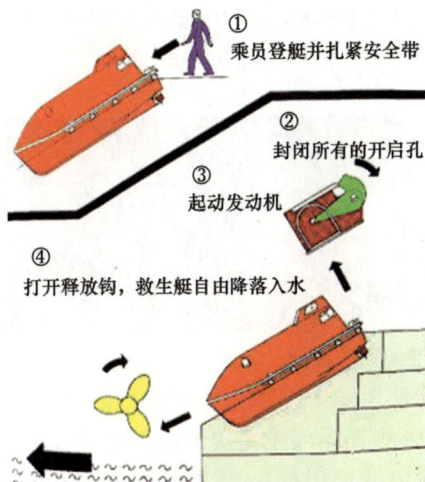

图 5-1-7 自由降落救生艇降放示意图

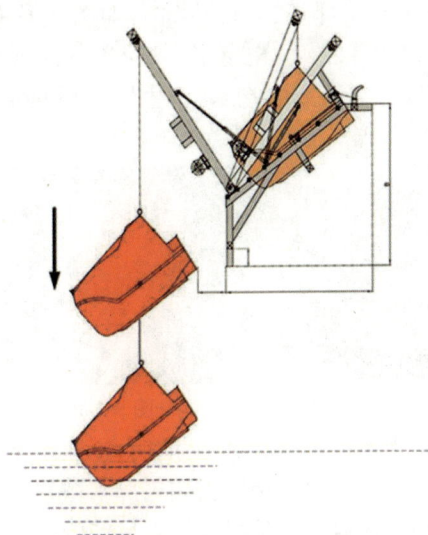

图 5-1-8 吊臂降放救生艇示意图

①打开吊艇机电源,起动液压泵;

②扳动控制吊艇索的液压操纵手柄,慢慢松放与吊艇横担连接的吊艇钩;

③在救生艇两侧吊座上取出吊环并与吊艇钩相连;

④打开压艇装置的快速脱钩,使压艇板转动,脱离救生艇;

⑤艇员登艇并在其座位上坐好,并系紧安全带,艇长确认人员无误;

⑥艇长操纵艇内释放钩操作手柄,解脱释放钩;

⑦放艇人员操作控制吊臂的液压手柄,使吊艇臂慢慢被顶推至舷外,救生艇随吊艇的移动也被缓缓送出舷外一定距离;

⑧操作控制吊艇索的液压手柄,慢慢松放吊艇索使救生艇下降入水;

⑨艇内人员打开救生艇艇门并固定好;

⑩在艇尾座位上的两名艇员,穿好救生衣,走出艇外,将救生艇左右两侧吊环从吊钩上脱下,并存放在吊环座盒内固定好;

⑪艇长起动机器并操纵救生艇靠近大船,放艇人员借助软梯登艇;

⑫全部人员登艇后操纵救生艇离开船舶进行海上求生。

有的吊臂降放救生艇设备配有遥控装置,这样可以保证船员脱离难船的时间,提高安全保障。

2. 自由降落救生艇的回收

无论是自由降落释放,还是使用门字形吊臂吊放,自由降落救生艇的回收只有一种方式,那就是门字形吊臂配合吊艇索,将自由降落救生艇从海面拉起,并回收的过程,如图 5-1-9 所示。自由降落救生艇回收的整个过程与利用吊臂降放的过程正好相反,但是,回收的难度要远远大于降放时。因此,在自由降落救生艇回收时,应特别注意安全。

自由降落救生艇的降放装置设在船舶尾部,因此自由降落式救生艇在进行回收操作时,必须使用吊臂在船舶尾部进行收艇操作,如图 5-1-10 所示。整个过程,不仅要考虑船舶所处位置的天气和海况,同时还要考虑船舶的吃水、救生艇与船尾船壳的距离等。

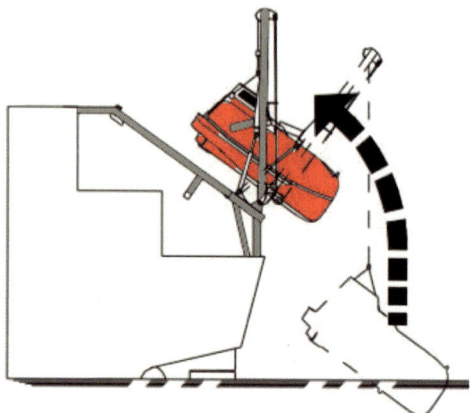

图 5-1-9　自由降落救生艇回收示意图

图 5-1-10　自由降落救生艇回收操作

(1)大船顶流、顶风保持航向,减速停车,尽可能使船舶尾部水流相对平稳。

(2)操纵救生艇接近船舶尾部水域并操纵救生艇使其尾部慢慢接近船舶尾部。

(3)收艇操作人员扳动控制吊臂的液压手柄,将吊臂抛出船舶尾部的舷外合适位置,不可以距离船尾太近。

(4)收艇人员扳动控制吊艇索手柄,松放吊艇索,使横担及两吊钩慢慢接近救生艇尾部。

(5)艇内两协助收艇操作的人员,必须身穿救生衣,打开艇尾门并固定好,分别将左右两侧吊座内的吊艇吊环取出。

(6)船上进行收艇的操作人员,调整吊艇索位置合适,艇内协助操作的两人抓住时机,争取同时将左右两吊环挂上吊钩。

（7）如果不能将左右两钩同时挂好，没有挂上钩的人员一定要特别注意安全，防止横担在一边钩定点时，因救生艇旋转而发生意外或引起操作的不方便。

（8）救生艇内两侧吊环挂好后，人员进入艇内，船上收艇人员慢慢操纵手柄，使吊艇索逐渐受力，避免救生艇在绞收时大幅度晃动。

（9）绞收救生艇离开水面后，艇长关闭救生艇机器，关闭电源。

（10）船舶上收艇人员应该注意检查固艇装置的压艇板位置是否合适，救生艇滑道左右两侧是否有妨碍物件。

（11）当救生艇绞收位置合适时，松开吊艇索控制手柄，救生艇停止上升，扳动吊艇臂控制手柄，使吊艇臂向舷内回转，救生艇进入滑道。

（12）艇长注意在回收时，将艇内释放钩释放操作手柄操作复位。

（13）当吊艇臂回落至舷内支架上后，操纵吊艇索控制手柄，调整救生艇落入滑道位置合适，将救生艇尾挂钩用链环与释放钩固定装置相连并固定好。

（14）将吊艇钩与艇侧的吊环脱开，分别放入左右两吊座盒内并插上保险横销固定好。

（15）操作吊艇索控制手柄，将吊艇横担及吊钩位置调整好。

（16）将压艇装置的压艇板调整位置合适、压牢救生艇，并将连接静水压力释放器的快速脱钩固定好。

第二节
大风浪中降放与回收救生艇

在大风浪等恶劣的条件下，进行降放与回收救生艇（包括救助艇）的操作是一项十分困难的特殊操作，操作不当则会造成事故的发生，因此，船上应严格遵照演习规定，不断提高船员的操作技能，确保安全。掌握在大风浪中降放与回收救生艇的操作，对于保证船舶海上人命安全具有十分重要的意义。

一、在大风浪降放救生艇的操作

1. 船长操纵船舶使风舷角大约在 $30° ~ 40°$，减速以能够维持舵效的航速为宜；把定航向，在下风舷放艇。必要时，使用镇浪油。

2. 减少救生艇晃荡与船体的碰撞，可以在艇舷与船舷之间安装碰垫，同时在两端吊艇索上加围止荡索，以减轻晃荡的幅度。艇员也可以使用艇篙抵撑。

3. 人员登艇时，可以在艇与船之间拉两根绳索，作临时扶手绳用，以保证艇员登艇时安全。人员登艇后，将艏、艉缆绳带好。

4. 放艇操作时，以稳为主，确保安全，选择大浪过后，海面相对平稳，船体摇摆相对减轻的时机，将艇降放入水，艇入水前应该将艇机起动，艇入水时应该将艇降落在波峰上。

5. 吊钩解脱后，进车，用外舷舵，解脱缆绳，驶离大船。驶离时注意安全，避免艇上人员与吊艇钩、艇与船体发生碰撞。

二、在大风浪中回收救生艇的操作

1. 在船舶的下风舷侧回收救生艇，减速以维持舵效的速度为适宜。备好碰垫以减缓艇体与船体的碰撞。

2. 收艇的船舶把定航向,将吊艇索降放到水面适当高度,再从艇首、尾方向送出两根缆绳。

3. 艇上人员操艇到艏缆位置,带好艏、艉缆,借助缆绳将艇慢慢操纵到两吊艇钩下方。

4. 松放吊艇钩,艇内人员应该争取同时挂好首尾吊钩,最好选择在大船由倾斜一舷回复至正浮时迅速挂钩,尽快在大船向另一舷横倾时起动吊艇机将艇吊离水面,直至将艇完全归位并固定好。

三、在船舶不利纵倾、横倾时降放救生艇的操作

在船舶不利纵倾10°并向任一舷横倾20°时,救生艇也能安全降放。但是,在这种困难的条件下,进行降放操作是不容易的。尤其是在船舶空载时,就更困难了。为此,我们必须在正常操作的基础上再采取一些措施,以保证安全降放。

1. 在船舶倾斜一舷降放救生艇的操作

在这种情况下降放救生艇后,艇与船舶的登艇甲板之间将产生较远的距离,艇员登艇将会非常困难。因此,在放艇前,先安排两人登艇,在艇首、尾、中的合适位置上系好收紧索(拉索),当艇降放接近艇甲板时,船上人员用力拉收紧索(拉索),使艇靠近船舷,系牢收紧索(拉索),船上人员依次登艇后,将收紧索(拉索)解开,慢慢松放至吊艇钩的铅垂线下,再将艇降放至水面。

2. 在船舶倾斜的另一舷降放救生艇的操作

在这种情况下降放救生艇,艇体在降放过程中始终与船体接触摩擦,如果降放操作不当,或者船上有伸出物件,将会使救生艇发生倾覆的危险。因此,在救生艇靠近船舷的一侧,距救生艇的首、尾约1/4艇长处,预先设置好艇滑板,借助救生艇滑板沿着大船舷侧进行降放。在降放操作时,一定要控制救生艇的下降速度,慢慢地降放,使吊艇索始终处于受力的状况,直至将救生艇松放入水。

第三节

救生艇的推进装置及操作

救生艇的推进装置是救生艇能发挥作用的重要设施。了解救生艇推进装置的技术特性要求,掌握其正确的操作方法,对船上的相关人员来说至关重要。

一、救生艇推进装置的技术特性要求

1. 艇机应该是压燃式发动机驱动,其燃料的闪点温度必须高于43 ℃(闭杯试验)。

2. 艇机应该设动力起动系统和手起动系统,如果不设手起动系统,应该设两个独立的可充电的动力起动系统。

3. 艇机应能在-15 ℃的环境温度中,正确操作起动程序后2 min内将发动机起动。

4. 艇机应该能在救生艇离水冷起动后运转不少于5 min。

5. 当救生艇浸水到曲轴中心线处时,发动机应仍能运转。

6. 螺旋桨轴系的布置应可使螺旋桨从发动机脱开,并应设有推进救生艇的正车和倒车装置。

7.艇机排气管的布置应该能够防止水进入正在运转的机器内。

8.推进系统的布置应该能够保护水中人员的安全,同时能够防止损坏推进设施。

9.当载足全部乘员和属具,并且发动机驱动的所有辅助装置均运转时,救生艇在平静水中前进速度应至少为 6 kn,当拖带 1 只载足全部乘员与属具的船上所载的最大型救生艇或其相等负载时,救生艇在平静水中前进的速度应至少为 2 kn。

10.应配备适用于船舶营运航区预期温度范围内的燃料,而且应足够供满载的救生艇以 6 kn 的速度运转不少于 24 h。

11.救生艇发动机、传动装置和发动机的附件,应采取阻燃罩壳或提供其他类似保护的适当装置加以围蔽。这些装置尚应保护人员不至于意外地接触到发热和转运的部件,并保护发动机免于暴露在风雨和海浪中。应装设降低发动机噪声的适宜装置以至于能够听到叫喊声。起动电池应设有电池底部和各侧面围绕形成水密围蔽的箱子。电池箱应有紧密的并装有必要通气孔的顶盖。

12.救生艇发动机和附件的设计,应限制电磁波的辐射,防止发动机运转时干扰在救生艇内使用的无线电救生设备的操作。

13.所有起动发动机、无线电和探照灯用的电池都应配备能再充电的设备。无线电用的电池不得用作起动发动机的动力。应装有从船舶电源供电的救生艇电池再充电设施,电源电压不超过 50 V,并可在救生艇登乘位置脱开,或采用太阳能电池充电器。

14.应备有起动和操作发动机的防水须知,并张贴在发动机起动控制器附件明显处。

二、救生艇的推进装置的组成

救生艇的推进装置通常是由压燃式四冲程柴油机来为机动艇提供原动力的柴油机通过齿轮减速箱来控制艇的进车、倒车、停车;经过艉轴传递到螺旋桨,使其正、反旋转;达到使艇前进、后退或减速。

救生艇的驱动设备——柴油机主要是通过五个系统的构造来达到起动和持续运转功效的。其中五个系统的简单构造和工作原理是:

1.进、排气系统

进气系统将新鲜空气通过空气滤清器后,送到进气管、经过进气门进入气缸起到助燃的效果。排气将燃烧后的废气通过排气门、排气(烟)管排出机体外的大气中。

2.冷却系统

救生艇用柴油机的冷却系统有两种:一种是开式冷却,通过冷却水泵将海水由海底阀吸入进冷却水管,进入冷却水泵,转入滑油冷却器,然后进入缸套,转入气缸盖冷却,最后由排水管(与排气管共用)排出艇体外;还有一种是闭式冷却,强制循环闭式冷却系统是由机油冷却器、膨胀水箱、龙骨冷却器、水泵及连接橡皮管等组成的。冷却水从龙骨冷却器进入机油冷却器然后经水泵将冷却水压送至机体水腔,然后经过气缸盖到膨胀水箱最后经排气管本体流回到龙骨冷却器完成往复循环。一般,冷却水的温度为 $65\sim85$ ℃,最高不超过 95 ℃。如在寒冷地区使用的场合下,应加防冻冷却液,以保证柴油机在低温不被冻坏并能防止冷却系统受腐蚀。其通常用于全封闭式和自由降落式救生艇的艇机。

3.润滑系统

艇机的润滑方式为复合润滑(强制加飞溅),其润滑的过程主要是由油底壶进入滑油泵,接着转入滑油滤器,再进入滑油冷却器,然后至各润滑部位,最后回到油底壶。

4. 燃油系统

艇机的燃油系统主要由燃油箱作为供油基地,借助输油泵通过油箱阀由供油管进入进油管;经过燃油滤清器过滤,再输入出油管系,进入高压油泵加压,转入高压油路,到达喷油器,进入气缸汽化燃烧。

5. 起动系统

按照《SOLAS 公约》的要求,救生艇机器应该设有两个独立的自动起动系统;或者设有一个人力手摇起动系统,将艇机处于减压后,通过人力手摇柄的快速转动,达到将艇机点燃起动的目的;另一个是电动起动(自动起动),是在艇机减压状态下,借助蓄电池电源作为动力,将起动机带动,达到将艇机点火起动的目的。

三、艇机的起动操作

1. 起动前的检查和准备工作

(1)检查燃油是否足够,抽出油箱标尺,查看标尺上油浸的高度;

(2)检查滑油是否符合要求,抽出标尺机油在标尺两刻度之间为正常;

(3)打开供机器冷却水的海底阀;

(4)打开油箱阀,保证供油;

(5)接通电起动按钮与蓄电池之间的线路,接线应该正、负极相接正确、牢固;

(6)确认离合器手柄处于停车位置,调速器手柄(油门手柄)放在中间位置;

(7)将减压阀(手柄)置于减压位置,盘车,使艇机的活动部位运转一下,确认是否正常。

2. 起动操作

(1)电起动:按下(或转动)点火开关,待艇机转速增高,将减压手柄(阀)扳至工作位置,确认起动后立即将点火开关松开。如果起动不能完成,应该等待艇机完全处于静止状态后,再进行第二次起动操作。点火开关松开后,不允许立即接通。起动机每次工作时间不应该超过 5 s,间隔时间不少于 20 s。

(2)手摇起动:装上手摇柄用力转动柴油机,待艇机转速增高后,立即将减压手柄扳至工作位置,这时手摇起动仍然持续转动,不可以中断,待机器起动后抽出手柄即可。

3. 艇机不能起动的常见原因及处理办法

起动操作正确,设施设备基本无误,又不能正常起动,常见的故障及处理方法如下:

(1)燃油系统进入了空气:机器上设有专门的放气螺钉,将此螺钉拧开,用手动泵将油路中的空气排出后,再拧紧螺钉重新起动。

(2)喷油嘴不喷油:检查燃油滤清器或燃油系统是否堵塞,燃油中是否有水。

(3)压缩不够:进气、排气阀或缸内活塞密封不好。

(4)环境温度低:机体较凉,可以使用冷起动液或对机体加温。使用冷起动液时,在进气管上方的油杯内加入 2~3 g 冷起动液。

(5)燃油的标号与环境温度不符,采取换油的方法。

四、艇机运行时的主要操作

(1)艇机在起动后,刚开始航行时一定要低速运转 5~10 min,以达到对艇机逐渐润滑加热的效果,避免对艇机内部产生损伤。

(2)在低速运转航行时,注意核查仪表盘上的数据,是否符合正常要求。

（3）注意检查高压油泵、曲轴箱和离合器的滑油变化量，是否正常。

（4）检查冷却水的排出量、排烟温度和排出量是否正常，如果不正常，必要时可停车检查，纠正异常后再继续航行。

（5）要经常注意曲轴箱道门缸体的温度，如果过热应该及时解决。

（6）艇在航行时要注意，艇的周围是否有漂浮物，避免缠绕螺旋桨。

五、停机时的主要操作

（1）正常停车前，要逐渐调节油门减少供油量，使机器的转数缓慢地降下来，通常慢速运转 3~5 min 后再进行停车操作，将离合器操作手柄扳至"停车"位置。

（2）"完车"后，关闭燃油阀，切断电源，最后关闭海底阀。

（3）停机后，如果环境温度在 0 ℃ 以下时，则应该打开机器的放水开关，将冷却水全部放掉。

六、全封闭救生艇艇机的起动操作

全封闭救生艇的主机起动系统，采用两套各自独立的电起动系统，电源由两组独立的蓄电池供给，其中一套为主起动系统，另一套为应急起动系统。

艇内装有一个不锈钢燃油箱，其容量足够供应救生艇在载足全部额定乘员和属具时，在静水中以 6 kn 航速航行持续不少于 24 h。全封闭救生艇主机起动操作的主要操作旋钮都设在驾驶台仪表盘上。

全封闭救生艇主机起动步骤：

（1）打开电源开关，电源指示灯亮，提示器鸣响。

（2）将主机控制手柄（操纵手柄）放置空挡位置（即中间位置）。

（3）当环境温度较低时，起动开关先转置预热位置（操作旋钮位 1），预热指示灯亮，大约 10~20 s 预热时间。

（4）然后将起动开关转至起动位置（操作旋钮位 2），主机起动。

（5）主机起动后，手立即松开起动开关，起动开关自动返回初始位置（操作旋钮位 0），指示灯灭，提示器鸣响停。

（6）在电池正常状态下，如果在 15 s 内主机不能起动，应松开起动开关，检查原因，确定原因后再起动。

（7）两次起动间隔时间不能少于 15 s，以便于主机冷却，保护起动系统和主机运转。

（8）如果主起动电源不足，则更换第二组起动，更换时只需转动操作盘上另一电源开关即可，操作步骤相同。

（9）如果寒冷天气，温度约在-10 ℃ 以下时，预热时间应持续在 30 s 以上，开动起动开关达 1 min 内，以便于起动机器。

（10）主机起动后，指示灯仍未熄灭，应立即停止运转，寻找原因，故障确定后再次起动操作。

主机起动后，操纵主机控制手柄向前（或向后），使救生艇开始前进（或后退），先慢速运转操纵，同时，检查一下仪表盘及机器各部位是否正常，如果运转正常，再逐渐加速，以便于保证机器安全运行。如果救生艇操纵中需要正常停车，应该先将主机控制手柄操作置于中间位置（空挡位置），使主机空转约 2 min，以便于达到冷却机器的目的，再按停车旋钮停车。

第四节
救生艇自供气体系统与耐火耐高温系统及其操作

一、自供气体系统的操作

全封闭救生艇所配备的自供气体系统,主要是由满足要求的压缩空气瓶提供所需的空气。在关闭所有进口和开口的情况下,救生艇内的空气保持安全和适宜呼吸,并且救生艇的发动机能够保证正常运转,时间不少于 10 min,同时救生艇内的气压不得低于艇外的大气压,也不得高于艇外大气压 20 hPa。在日常检查与保养时,若发现供气系统的高压表压力读数低于 19 MPa 时,则应该及时向空气瓶充气,充气使高压表压力读数达到 20 MPa 时,就可以停止充气的操作。

高压空气瓶通过高压空气管连接救生艇驾驶台右侧上方的压力调节器,该调节器在救生艇配给船上使用时,已经按供气需要进行了调节。平时应该标有警示标志不得随意调节和乱动,避免无意中做出错误的调节,满足不了应急的使用要求。如果确实需要调节,一般情况下,可以按照下列步骤进行:

(1)关闭低压阀;

(2)打开空气瓶开关阀;

(3)注意观察系统中供气的低压表,使用螺丝刀慢慢转动压力调节其下端附有的调节螺母,并注意使压力表的读数达到 20 hPa,即为调节好了。

当救生艇位置处在一片火海或者有严重危险气体的海面时,若要启用自供气体系统,在乘员登艇前执行以下第一、第二步,放艇时执行第三、第四步。

(1)驾驶员通知船员打开每个空气瓶上的阀;

(2)确保所有舱门关闭,充气阀处于关闭状态;

(3)确保空气瓶上的阀处于打开状态;

(4)打开调器侧的低压阀加速离开有危险的区域,以确保海上求生人员的安全。

二、耐火耐高温系统的操作

救生艇的耐火耐高温系统是用自吸式马达泵从海里抽水,为救生艇的耐火耐高温系统供水。在救生艇驾驶台前方设有一个操作手柄通过软轴来控制喷水系统的操作,一般情况下进水阀设在柴油机机舱前方,喷水系统在救生艇顶棚外侧适当位置设有喷水管,在喷水管上均匀分布着喷嘴,各个喷嘴角度均可以调节,以保证喷(洒)水的覆盖效果。

喷水泵是由救生艇发动机直接带动,该水泵在救生艇位于水中时,可以持续运转,但是在救生艇离水的情况下,水泵空转的时间不允许超过 10 min。

当海面上有可燃液体起火时,为保证人员安全,在放艇前做好启用耐火耐高温的喷水系统的准备,当救生艇进入水中,即可开启:

(1)确保所有舱门处于关闭状态;

(2)打开喷水泵吸水阀;

(3)增加柴油机转速直至全速离开危险区域。

需要注意的是耐火耐高温的喷水系统起动时,由于水雾的作用,会对操艇时窗户外的能见度有一定影响。另外,在喷水系统使用后,必须使用淡水对整个管系进行冲洗,冲洗的时间不少于 2 min。

第五节
救生艇用灭火器及其操作

一、救生艇用灭火器的种类

救生艇应配备符合《SOLAS 公约》和《FSS 规则》要求的可用于扑救油类火灾的灭火器,通常为干粉灭火器,也有的救生艇配备的是泡沫灭火器,主要用于救生艇内机器处所和燃油箱等处火灾的扑救。

(一)干粉灭火器

救生艇用干粉灭火器通常为便携式灭火器,具有灭火效率高、灭火迅速等特点,内装的干粉灭火剂具有电绝缘性好、不易受潮变质、便于保管等优点,适用于扑救易燃液体及气体的初期火灾,也可扑救带电设备的火灾。其内部使用的驱动气体无毒、无味,喷射后对人体无伤害。

(二)泡沫灭火器

救生艇内配备的泡沫灭火器,其灭火剂主要是轻水泡沫,也称为"水成膜泡沫"。这种灭火剂具有非常好的流动性、抗油污染,泡沫和水膜的共同存在,能迅速地抑制燃油蒸气的蒸发、隔绝空气、快速灭火。

二、救生艇用灭火器的操作

(一)干粉灭火器的操作

在救生艇上配备的干粉灭火器,结构上主要是内装式。内装式干粉灭火器主要构件有灭火器钢瓶、瓶盖、瓶盖上连接着喷射系统、开启机构等设施,灭火器钢瓶内配装有驱动气体的驱动钢瓶。在瓶盖上连接配装的开启系统,主要由压把、压杆、限位弹簧、穿刺钢针等部件组成。压杆上与压把连接,下与穿刺钢针相连,限位弹簧使穿刺钢针平时与密封膜片保持一定距离,避免意外碰破膜片造成灭火剂误喷射,在操作时拔出压把上的保险销,压下压把,压杆就会推动穿刺钢针刺破驱动钢瓶的密封膜片,驱动气体喷射出来,在灭火器钢瓶内带动灭火剂通过喷射系统喷射出钢瓶,起到灭火作用。

另外,还有的救生艇上配备的干粉灭火器是储压式,储压式干粉灭火器结构简单,由于压缩氮气和干粉共储于灭火器的钢瓶内,因此没有驱动钢瓶的设施系统,为了显示压力,在钢瓶盖上设立一块压力表,以备检测钢瓶内的压力值是否在允许范围内。操作方法与内装式基本相同。

在使用干粉灭火器灭火时,需要将灭火器的喷嘴对准火焰的根部进行喷射,同时,随着火势的扑救,可以逐渐向前移动并形成扇形喷射灭火,直至火焰熄灭。

(二)轻水泡沫灭火器的操作

轻水泡沫灭火器依靠驱动气体(二氧化碳或氮气)驱动并搅动空气泡沫灭火剂喷射至火

源灭火。这种灭火器在结构上、开启的操作上都与内装式干粉灭火器相似,主要结构的构件有灭火器钢瓶、瓶盖、驱动钢瓶、喷射系统、开启机构及密封零件等。

在操作使用轻水泡沫灭火器灭火时,要注意将灭火器从存放架提出后,垂直提至火场,尽可能站在上风位置,拔出保险销,压下释放的手柄,将灭火剂喷向火源灭火。如扑救易燃液体火灾,应尽量使泡沫液喷射在火源附近的侧壁上,使其向下流淌并覆盖在易燃液体表面,以便达到更好的灭火效果。

(三)灭火器的存放与检查

救生艇所配备的灭火器要始终保持随时可用的良好技术状态。平时应存放在救生艇内的专用存放架上,不得随意移动,紧急时操作人员可以从存放架上取下灭火器,携带到火场灭火。

救生艇内所配备的灭火器要按照制造厂商的说明进行定期的检查和保养,在月度检查中,应仔细查看,确保灭火器外观正常,灭火器内的压力充足,各部件连接牢固紧密,喷嘴中的防潮堵无松动、脱落的现象,并填写灭火器检查卡。如果发现问题,应该立即予以更新。

此外,灭火器每年还应通过满足要求的岸上检验机构的年度检验,并给予年度检验证明。对于手提式干粉灭火器,除了上述月检及年度检验外,应在其最初的五年内进行初次水压试验,之后每两年进行一次水压试验;对于手提式泡沫灭火器,应保证每两年更换药液并同时进行水压试验。

第六节
救生艇操作失误的案例

救生艇是船舶重要的大型救生设备,许多遇险的船员在海难事故发生时通过正确地操作和使用救生艇而获救。然而,在每年救生艇的降放和回收演习和训练中,由于各种原因救生艇发生事故造成船员伤亡的数量甚至超过了救生艇救助人员的数量。频繁的救生艇事故不仅会造成部分船长和船员对使用救生艇失去信心,甚至会对救生艇的演习和训练产生畏惧心理,不愿意或者不敢参加救生艇的演习和训练。本节列举了几起重力式救生艇和自由降落救生艇的事故案例,对事故进行分析,找出事故原因和避免事故发生的措施,从而加强船舶对救生艇的规范操作和管理,从根本上杜绝救生艇事故的发生。

一、案例

(一)重力式救生艇承载释放系统故障案例

1. 案例一

某船在全员交接后,在港内进行救生艇的降放与回收演习。在回收救生艇的过程中,由于该救生艇进行降放操作的联动脱钩装置长时间缺乏正常的维修保养,降放操作系统锈蚀严重。操作时,各机械部位不能达到正确的位置上。起吊前,在进行救生艇吊钩与吊艇索吊环复位连接的操作时,救生艇的吊钩并没有完全复位,实际连接并不牢靠。在救生艇回收的操作过程中,由于救生艇摆动和振动等原因,在回收救生艇距水面 6 m 高时,救生艇突然脱钩翻滚跌落至水面,一名在艇内的船员与艇一起跌落入海,造成身体严重损伤。

2. 案例二

某集装箱船在深圳盐田国际码头停泊,船上进行救生艇降放演习,当解脱救生艇的稳索后,3 名船员登上悬吊在舷边的救生艇。这时,救生艇的吊艇钩突然脱落,3 名船员随着救生艇一起坠入海中,该事故造成了 2 名法籍船员身亡,1 名菲律宾籍船员重伤。

3. 案例三

某船与他船在日本内海发生碰撞事故,该船船壳破损向右倾斜,船长命令将救生艇降至登乘甲板,以备应急时使用,在船员进行降放救生艇的过程中,救生艇的首、尾吊钩突然解脱,救生艇从 15 m 高空跌入海中,造成艇内 2 名船员的死亡。

(二)自由降落救生艇的相关案例

1. 案例一

某船在温哥华吉利湾 12 号锚地进行自由降落救生艇演习时,该船配备的自由降落救生艇本应通过吊架和吊索被降放到水中,然而,在艇员进入艇内,解脱了吊艇钩后,用于悬挂救生艇的钢丝与挂艇装置相继破断,救生艇从 14 m 的高处跌入水中,造成了艇内的 2 名船员受到重伤。

2. 案例二

某船在从新加坡驶往澳大利亚的途中,在例行检查期间,其自由降落救生艇被意外释放,船上的二管轮也随艇坠入海中。对事件的初步分析表明,救生艇释放装置在上一次脱钩后未完全正确复位,当二管轮手动给液压脱钩系统加压时,救生艇脱钩释放。同时,设计用于在模拟释放过程中释放吊钩时固定救生艇的两条模拟钢丝在显著低于其额定安全工作载荷的载荷下发生故障,导致意外释放事故发生,二管轮的膝盖骨骨折。

3. 案例三

某船正在驶向比利时安特卫普的途中进行演习。在船上的大副进入艇内对自由降落救生艇的释放钩进行测试时,救生艇被意外释放到水中,大副身受重伤。事故的直接原因是救生艇的挂艇装置(模拟释放装置)断裂,导致救生艇在模拟降放时,脱钩后自由滑落降放入水。

二、造成事故的主要原因

上述有关救生艇的海上事故,其发生的主要原因,都属于国际海事组织海上安全委员会在处理救生艇事故的 MSC/Circ. 1206 号通函中确定的频繁发生救生艇事故的主要原因,包括:

(1)救生艇的承载释放装置失灵;

(2)船员在操作承载释放装置的不谨慎操作;

(3)对救生艇、吊艇架以及降放装置设备的维护保养不足;

(4)没有建立有效联络;

(5)船员不熟悉救生艇、吊艇架以及相应的操作;

(6)在进行救生艇演习和执行检查时未遵守安全操作规定的要求;

(7)除了承载释放装置本身缺陷之外的设计缺陷。

通过分析事故发生的内在原因,主要还是人为因素在起着主要作用。深入剖析人为因素与事故的关联并采取有效的针对措施,有利于在今后大大减少或避免类似事故的发生。

(一)船员人为失误的主要原因

1. 船员的不稳定性太大

由于船舶工作的特殊性,船员在一艘船上工作的时间非常短,不稳定性太大,流动性太强,彻底熟悉船上所有设备的时间不够充分。虽然《SOLAS 公约》及《LSA 规则》中都不同程度地提出要求,船员必须熟悉救生设备的技术特性要求,熟悉和掌握对于救生设备操作使用的技能,特别是《STCW 公约》提出了对于广大船员强制进行熟悉和操作使用救生设备的学习和训练,但是,船员还是将主要精力放在航行及货物运输的相关设备的操作使用上,这无可非议,主观上不愿意或者客观上来不及熟悉和掌握本船救生设备操作使用的基本知识和技能,仅依靠在上一艘船上不十分熟练的经验行事,可是船舶上所配备的救生设备和装置是不完全相同的,即使是姊妹船也可能存在不同的地方。按照《SOLAS 公约》规定,在一个港口同时调换 25%的船员,在离港后 24 h 内,必须组织全体船员进行一次消防、救生演习,而事实上,随着装卸货设备的不断进步,现在船舶停港的时间越来越短,留给船员交接班的时间也越来越短,很多船员在上船后还没有熟悉本船的救生设备的情况下,就必须参加一次救生演习,根本没有时间熟悉和训练救生设备,更谈不上掌握救生设备的基本知识和操作技能。案例表明,很多事故就是在大多数船员还没有熟悉设备的情况下发生的。

2. 船员的安全意识不够

在船上,为便于警戒和提示,对于一些有关安全和涉及危险的设备和设施,都会涂上比较鲜明的警戒颜色,用来警告相关的人员,触动和操作这些设施和设备是特殊操作,如果失误是存在危险的。但是,很多船员缺乏安全意识,自以为熟悉,对这些警示不以为然,不去考虑触动和操作这些设备和设施的不当之处或可能引起严重的危险事故,任凭自己想当然进行操作,导致了严重事故的发生。

3. 船员操作技能的不足

随着科技的发展,船舶向着科技化、专业化、大型化方向发展,船上所配备的设备也在不断地完善、更新和发展变化。救生艇及其降放装置近些年来也产生了很大的变化。船舶所属公司对船员上船前的培训和知识更新抓得不够或者不实,船员们对于救生艇及其他救生设备操作使用等基本知识和技能的再学习重视不够。有些培训单位在船员培训上,存在重理论、轻实操的倾向,存在单纯地考虑经济效益,配备必要实操设备不足,轻视了实际操作训练的效果,使得很多船员在上船前不了解本船救生艇及其他救生设备的操作原理、操作技能。上船后,又不能及时地学习和掌握本船救生艇及其他救生设备的安全操作程序、操作方法,必然导致操作事故的发生。

(二)船舶管理上人为失误的主要原因

1. 船舶对于救生艇管理上重视不够

船舶在日常管理上对于救生设备管理的忽视,也是导致救生艇事故发生的主要原因之一。例如,在安全管理中针对救生艇操作技能的训练强调重视不够,在对于救生艇及其他救生设备的维护保养的活动落实不够,在对于船舶上进行救生演习的操作实施得不够,导致广大船员思想意识重视得不够,得过且过,久而久之必然发生事故。

2. 船舶对于救生艇的维修保养实施得不够

由于船上管理方面的疏忽原因,船员对于救生艇及其他救生设备是否处于良好的技术状态不甚在意,有些船上救生艇包括降放装置长时间得不到维护检查,船上也不组织船员了解、学习和熟悉本船救生艇及其救生设备基本知识、操作原理和操作技能,船上的救生演习得不到定期进行等。例如,如果救生艇的脱钩装置严重损坏,或者由于长期的维修保养不够而严重锈蚀,救生艇根本无法正常操作,当紧急事件发生后,必然会发生严重的事故。

(三)船舶公司管理上人为失误的因素

1.有的船舶所属公司的安监、机务人员在登船进行安全监督检查时,只重视对于各种文字记录的检查,忽视对于船员在实际动作上的核查,甚至是发现了问题只是进行了简单的批评教育,没有很好地总结经验教训,不能认真地从思想深处提高认识,制定避免类似事故发生的措施。

2. 对于船舶上的救生设备维修、保养、更新设备不积极、不重视,在思想上忽视,认为只是长期备而不用的设备,拖一段时间不会发生什么问题,救生设备的维护费用捉襟见肘,影响到船舶管理级人员和责任船员的情绪,起到了阻滞船员维修救生设备的积极性,形成了另一种人为失误的因素。

3. 船舶公司在对船员进行上船前培训的时候,只是重视了理论上的教育,口头上的说教,没有针对船舶上救生设备的操作特点,进行实际的技能操作训练,使得岗前的培训没有达到理想的深度,船员们没有留下深刻的记忆,久而久之,岗前培训失去了应有的效果,这也是一种人为失误的因素。

三、避免救生艇发生事故的主要措施

救生艇是保证船员生命安全的最后一道屏障之一,广大的船员应该熟知有关救生艇的基本知识和操作技能。可是,如果船舶上救生艇的事故频繁地发生,而且每次发生事故都涉及船员人命的伤亡,这样就会造成许多船员对于救生艇的作用效果产生茫然,或者增大怀疑的心理,这对保障海上人命安全是非常不利的。因此,船舶的主管机关、船舶所属公司、船舶的管理人员、船长和广大的船员都应该采取与自己位置或身份相对应的措施,防止或减少救生艇事故的发生。其中主要的措施包括如下几个方面:

1. 船舶的主管机关应该强化对于船员培训机构的管理,改变对于船员培训机构指导、监督的方向,重视对船员培训机构所配备的设备和实际操作训练的状况进行有力的检查、监督、指导,改变培训机构重视理论培训及轻视实操训练的教学倾向,改变考试重理论、轻实操的引导性倾向,使广大船员经过培训后,既掌握了一定的专业知识,又掌握了基本操作的专业技能。同时,加强对船舶救生设备是否处于良好的技术状态的监督检查,监督船舶安全设备、船员都处于良好的有效状态,为保证船舶安全打下一定的技术基础和有效的监管氛围。

2. 船舶所属公司应该加强针对本船安全设备特点的监督检查,针对船舶所属船员是否熟悉本船救生设备的基本知识、基本操作技能进行考核、监督,确保公司所属船舶、船员在完全熟悉本船救生艇及其他安全设备的操作技能和操作程序的情况下工作可以减少很多安全隐患。

3. 船长在船上应该按照规定及时地安排全体船员进行认真的应变演习。在演习中不要单纯地追求时间,要追求每一次演习的实际效果。每一次演习,都要有目的要求全体船员通过演习完成一项对救生设备操作的技能训练。对于一些特殊操作,例如救生艇的脱钩操作,应该分批组织船员进行实际操作的练习,要求每一名船员都能掌握救生艇脱钩操作等一些关键性操作的技能,以备应急应变时的顺利、安全,并且真实地记录每一次演习的实际情况,在每个月的全船安全会议上要有针对本次演习情况的讲评,以备下一次演习的更新、考核方便。

4. 每一位船员在上船接班后,要争取尽可能在最短的时间内,熟悉和掌握本船各种救生设备的技术性能、特点和操作的技能,熟悉安全设备的操作规程,对于没有见过的、不熟练的设备,应该认真地学习设备的说明书,向老船员学习该设备的操作技术和操作该设备的经验。在没有对设备进行充分了解、学习和熟悉设备之前,尽可能地不要盲目进行操作,避免一切有可能发生事故的误操作。每一位船员都要认真地参加船上组织的演习,通过演习提高自己应急应变的实际操作的技能,增强个人应急应变的素质,为确保船舶安全尽每一个人的责任。

5. 船长在管理船舶、教育船员的工作中,甚至在船舶的日常生活当中,要培养广大船员好的习惯、安全的做法,不要凑合、得过且过,对于救生设备要按规定进行检查,做好相应的记录。开航前,要对救生设备进行巡视检查,是否存在不安全的因素。在恶劣天气来临之前,要检查救生艇及其他救生设备固定得是否牢固。在进行登艇作业前,一定要首先确定救生艇存放固定牢靠,吊艇钩正常悬挂,承载释放系统处于安全状态,并得到船长的批准后,方可登艇进行操作。

6. 要高度、郑重地强化船员的安全意识。在没有确认救生艇及其附属设施符合登艇作业条件前,不进行登艇作业,绝不要以想当然和盲目侥幸的心理从事一些危险的特殊操作。按照规定要在救生艇内联动脱钩位置旁侧,张贴展示降放操作的文字说明、示意图片和警告提示,每一位船员都要认真地阅读,清楚每一句话的含义。如果张贴的操作文字说明以及警告提示语言描述不够清晰、不够得当或者看不懂,应该立即进行改正,重新编写,每一次操作前都应该阅读一遍操作说明和警示。所有由于操作不当可能引起危险的设施、设备都应该涂成醒目的警示标志,将这些要求、过程作为正式的规章制度公布、执行,形成一种高度的安全意识,自觉执行的规章制度。

7. 坚持认真、持续地执行应变演习制度的要求,并且要重视每一次演习或训练的实效性,要将每一次演习除了作为提高船员应急应变防范素质的提高之外,还要将演习作为实际操作技能训练的一次检验,使每一位船员通过演习,在安全意识和技能操作上都有所提高。

8. 严格遵守《SOLAS 公约》等的规定,严格定期地将救生艇、救生艇降放设备、救生艇承载释放系统、吊艇机、吊艇机的刹车设施等可能导致危险的设施、设备以及零部件进行彻底的检查,及时地进行维修保养、活络加油并进行有效的动载试验,确保设备、设施始终处于良好的技术状态。

第六章
救生艇的操纵

第一节
救生艇的航行操纵

救生艇在水面航行,可以通过划(荡)桨的人工方式,也可以依靠艇机带动螺旋桨推动救生艇航行。掌握救生艇的航行操纵的方法,不仅可以远离危险,而且对于寻找航道,接近陆地和岛屿,战胜海上求生中的一些困难,都有积极的作用。

一、操舵口令及操舵

1. 正舵

舵工操舵,使舵叶面与艇的首尾线在一条直线上,导管舵的轴心线也与艇的首尾线在一条直线上。

2. 稍右(左)舵

扳动舵轮(或操舵手柄)使舵叶面或导管舵的轴心线与艇的首尾线成向右(左)大约10°的夹角。

3. 右(左)舵

操舵使舵叶面或导管舵的轴心线与艇的首尾线成向右(左)大约20°的夹角。

4. 右(左)满舵

操舵使舵叶面或导管舵的轴心线与艇的首尾线成向右(左)大约30°的夹角。

5. 把定

操舵使罗经基线对准所指定的航向或将艇首对准一个目标保持不变的航向。

二、操车(操作艇机)口令及操车

1. 进车——将离合器手柄(或离合器操纵杆)向前推到进车位置。

2. 倒车——将离合器手柄(或离合器操纵杆)向后推到后退位置。

3. 停车——将离合器手柄(或离合器操纵杆)放于中间停车位置。

4. 完车——将艇机的完车开关打开,机器运转全部停止。

三、艇用罗经及使用

按照《LSA规则》的规定,救生艇内要配备具有发光剂或能在夜间照明的操舵罗经一只,在全封闭救生艇中,该罗经应该固定在操舵位置,必要时给该罗经配备一个罗经柜和固定的支架装置。该罗经的罗盘直径应该不小于 50 mm。罗经盘度数的表示方法主要是"圆周法",即 000°~360°,这种表示方法简单易读,读取也比较精确。还有一种"罗经点"表示法,也就是将罗经盘面分成 32 点,每点是 11 度 15 分(11.25°)。这种方法读取起来不够精确,也不太习惯。在使用罗经时应该注意,将罗经安放在操舵者面前,使罗经基线与艇的首尾线保持一致,如果不能保持一致,至少应该保持平行,这样才能在罗经上正确地读取救生艇首所指航向的度数。固定在操舵位置的罗经,在安装时已经考虑到正确使用罗经的事项。

广大船员应该熟悉救生艇操纵时的操作口令,明确操作口令的意义,平时注意加强训练,在训练中达到能够正确地按照所指定的航向航行、转向、变速和保持接近物标的操作技能,在训练中做到熟练、协调、实用和高度的统一。

四、救生艇的靠离操纵

救生艇的靠离操纵是一项专业性较强的航海技能,虽然救生艇规格小、方便灵活、便于掌控,但是,如果操纵不熟练,失去控制也将会造成比较恶劣的后果。这是海上求生中一个非常重要的技能。

(一)靠离泊位

在准备靠离码头泊位时,应该选择在足够的旋回水域,便于靠离操纵的靠泊位置,方便艇员登离艇;有系解缆绳的地方,如果停泊时间稍长,还应该考虑泊位及其附近风、流对艇的影响等因素。靠泊时通常采用顶流靠,便于控制艇速、保持艇位和保持舵效。如果风的作用大于流,则采用顶风靠。在进入泊位前,要先摆好艇与泊位的交角,正常情况下,采用的靠拢角为 30°~40°,沿着这样的一个航向慢速前进,在艇位、艇速、靠拢角完全可控的情况下,操纵救生艇接近靠泊点。

在接近泊位时,要控制好艇的余速,艇的一般速度的冲程为艇长的 3~4 倍。在艇接近泊位时,少用倒车,控制好艇速、艇位,在艇没有前进余速时,利用艇的钩篙或者直接带好艏缆,控制好艇与泊位之间的距离,防止发生艇与码头泊位相撞的事故,系缆时要注意潮汐的变化,留有足够长的缆绳,并要系牢、易解。有风浪影响时,还要在艇的内侧放下碰垫,保护艇的舷侧不被损伤。

离泊时,艇长确认全部艇员回艇,艇首人员备好钩篙,解掉缆绳,用钩篙将艇撑开一段距离后,用外舷舵,稍进车,离开码头泊位。在进行离泊操作时,要注意考虑风、流对离泊操作的影响,同时注意艇与他船或其他障碍物的间距,注意离泊操纵的安全,必要时艇首安排一个瞭望人员,协助操作。

(二)靠离航行中的船舶

救生艇靠航行中的船舶,一般情况下被靠船舶应该操纵大船减速或停车淌航,控制来靠救生艇位于船舶的下风舷侧船首的前方,操纵救生艇与大船保持平行航行,以小舵角慢慢向大船贴靠。接近大船时及时带上艇艏缆,使艇靠上大船。注意防止艇被压入大船船尾,特别是在大风浪中操作救生艇,靠上航行中的船舶是比较困难的,操作不当就有可能造成危险局面。因此,在操作时,必须根据当时的具体情况,正确判断风浪和船舶航速对操作的影响,谨慎驾驶,灵活地掌握艇的动态,坚决杜绝艇被压入大船船尾的失误操作,并注意不能操艇横过大船船头或在驾驶台盲区内航行。

救生艇离航行中的船舶,在全部艇员归位、准备好后,操外舷舵,救生艇利用艉缆,借助船舶的拖力和本身舵力的作用效果,与船舶偏离一段距离,偏离角应该大一些,起动艇机,及时解脱艉缆,操纵救生艇小角度快速离开大船。

(三)靠离锚泊船的舷梯

锚泊中的船舶,在有风、流的水域,一般情况下船首都是迎着风、流的,操纵救生艇从大船的船尾接近舷梯,也就是顶风、流靠泊操作,摆好艇与船舶的交角,控制好艇速,及时停车,掌握好冲程,艇首人员及时地使用钩篙钩住舷梯,必要时带上缆绳,艇上人员及时地离艇、登船(或者船上人员离船登艇)。风浪大时,人员上下舷梯比较危险,艇随风浪上下晃动,艇与舷梯之间的高度变化比较大。一定要保证人员的安全,同时注意避免艇与舷梯的碰撞,防止艇被压入舷梯下。必要时用微速进车控制艇位。

驶离舷梯时,应该注意风、流的作用,用钩篙抵撑,使艇离开舷梯一段距离,进车、用舵、及时解脱缆绳,离开停靠的船舶。风浪大或水流急时,采取进车、从船中部附近离开,避免救生艇被压下船尾。

第二节
救生艇在大风浪中的操纵

在大风浪中操纵救生艇是具有一定危险性的特殊操作。特别是救生艇在横浪中航行,危险系数将更大,一旦艇的摇摆周期与波浪的周期发生共振,艇就有倾覆的危险。在大风浪中,如果采取顶风浪航行,由于救生艇的机器功率不大,顶不住风浪,救生艇很容易被风浪打压成横浪状态,再加上救生艇的长度较小,压不住风浪,很容易像皮球一样,被风浪压入波谷,再抛起至波峰,而且越来越严重,特别危险。如果采取顺浪航行,其结果与顶浪航行相似,只不过风浪从艇尾上来。

根据广大海员的实践经验,在大风浪中航行应该注意采取如下操纵方法:

一、利用偏顶、滞航的操纵方法

在大风浪中航行,应该使救生艇首舷与风浪方向成 20°~30° 的夹角,这种状态航行,可以减轻风浪对救生艇的冲击。在操作时要注意始终用车保持舵效,因为大风浪的作用会将艇首压向下风浪方向,很快形成横向受风的状态,因此,艇首稍有偏向下风的趋势,应立即用舵纠正艇首方向,始终保持艇首舷与风浪成 20°~30° 的夹角。为了确保救生艇的安全,可以使用维持舵效的车速,不必强求操艇前进或后退,必要时可以施放海锚,洒镇浪油来协助救生艇处于滞航状态,以保证救生艇的安全。等待风浪过后,再考虑航行及其他的事项。

二、大风浪中的掉头操纵

在大风浪中进行救生艇掉头操纵,需要船员具备较高的专业实际操作技能。因为当艇身转至横浪时,艇因为回转,艇体所产生的外倾与风浪的方向一致,很容易导致艇的倾覆。在风浪中必须采取掉头操纵时,一定要掌握好时机,措施得当,才能保证艇的安全。

1. 选择好时机:任何海面的风浪都是有规律的,总是几个大浪过后跟着几个小浪,小浪过后,第二个大浪来临之前,海面相对比较平静,要选择这个时机,用舵转向,进行掉头操纵。

2. 在开始转向时,要采用小舵角、慢速,逐步转向,避免大舵角、快速引起艇体大的横倾,造成不必要的危险。

3. 当艇体转至横浪后,应该用大舵角、快速操艇由顺浪转向顶浪。

4. 在大风浪中不宜采用倒车,以免损坏车叶。

5. 如果操纵失误,切勿强行掉头,保证艇处于安全位置,再次选择恰当时机进行掉头操作。

6. 必要时可以洒镇浪油,以减轻风浪的作用力。

三、洒镇浪油

在大风浪海面操作,为了暂时减弱救生艇周围的浪势,可以洒镇浪油,特别是在深水中效果更好。在洒镇浪油时,应将镇浪油灌入布油袋封好后,抛入救生艇的上风浪舷侧(与海锚同时使用效果更好),使油能在艇体周围慢洒形成一条油带,以减轻波浪对艇体的作用效果。镇浪油使用植物油和动物油效果较好,如果没有,也可以使用机油,慢洒大约 200 L 机油,可以在 5 000 m^2 的范围内起到较好的镇浪效果。

四、向遇难船派出救生艇

船舶在海上航行,当接到附近海域有船舶发出的遇难求救信号,或者发现在附近海面有遇难船舶时,有责任前往救助;在救援船靠近遇难船舶时,救援船应该操纵本船从上风侧接近遇难船舶,将难船置于本船下风浪舷侧相对静浪的一个区域内,这时从本船的下风舷侧降落救生艇,迅速操纵救生艇向难船的下风舷侧靠近,将遇难船的船员救入艇内,然后,返回本船下风舷侧利用舷梯、软梯、救生网等器材设施登船。

操纵救生艇接近无动力船舶时,应该注意不能从难船的下风舷侧接近,最好在难船的上风舷侧接近,用慢车顶靠难船,将人员救出难船。否则,将会造成救生艇被难船惯性移动压向下风侧脱离不开的被动局面。

五、操纵救生艇接近海面漂浮的遇难人员

在海上漂浮的遇难人员有两种情况:一种是身穿救生衣的漂浮人员;另一种是没有穿救生衣的漂浮人员。在操纵救生艇救助落水人员时,应该迅速地操艇前往落水者水域,在接近落水者时,一定要注意从落水者的下风方向接近,并在适当距离停车,避免救生艇撞压到落水人员,用艇体来堵截落水者,如果落水者有活动能力,可以将救生环抛向落水者,落水者抓住救生环后,艇内人员拉救生环的拉索,使落水者接近救生艇,艇内人员协助被救助人员登艇。对于失去知觉的人员,艇上救助人员应穿好救生服下水进行救助,全体救助人员集体协助遇难人员登艇。在救助过程中对于负伤人员,应该注意避免碰其伤口,防止受伤者二次受伤。

如果落水者没有穿救生衣,救助人员应先迅速地将救生圈或其他救生物品抛向落水者,再操纵救生艇进行救助。在晚间进行救助时,救生艇还要注意备好或使用探照灯,加强搜寻的能力,以确保救助的顺利进行。

第三节

操纵救生艇抢滩登陆

在海上求生的过程中,如果发现了岛屿,只要岛屿上有生存的条件,就要操纵救生艇抢滩登岛,进行荒岛求生。即使风平浪静,抢滩操作也不是一个简单的操作,如果事先不了解情况和准备不充分,就盲目进行抢滩操作,而抢滩操作的技能又使用不当,就可能造成抢滩操作失败,甚至导致海上求生的整体失败。

因此,在进行抢滩操作前一定要做好比较充分的准备工作。

1. 选择好抢滩的时机

一般情况下,应该选择白天、高潮时、下风、流缓处、泥沙底质、浅滩坡度小、水中无障碍物的地点抢滩登陆。

2. 保持与岸形垂直

操纵救生艇抢滩操作时,一定要始终控制艇体与岸形、波浪垂直,艇首直接冲向岸滩,因为机动艇的艇体在构造上形体整流效果较好(首尾两头尖型)。

3. 借助波浪

当操纵救生艇距岸最近时,借助艇体被浪抬起的一瞬间,立即加大速度使艇体尽可能多地被搁置在岸滩上。

4. 坐实艇体

艇体坐上岸滩后,艇员先不要离开救生艇,集中坐在艇浅的部位,让艇搁住。待浪稍退时迅速离艇,同时避免艇体被浪打翻,造成人员伤亡。

5. 系固艇只

艇上人员离艇后,要想办法将艇系固,保护艇的安全,维护艇体及属具的安全可用,以备再用。

抢滩登陆的操作,一旦失败,就可能会造成求生者丧失求生的意志,放弃求生的愿望,将会给海上求生造成彻底的失败。因此,在抢滩操作中稳、准是关键。另外,还可以这样操作:

(1)操艇接近岸边,稳住艇体,必要时在艇尾抛下海锚,选派一个身体相对强壮的人员,备好一根绳子,将绳子的一端系在艇上,拉着绳子游到岛上,在岛上将绳子的另一端系牢在一棵树上或陆地上比较牢固的地方,然后通知艇上人员,艇上人员一起拉着绳子,控制艇慢慢接近陆地。这样的抢滩登陆操作比较稳当,减少了危险因素。

(2)有时候即使救生艇靠近岸边,也不一定能登上陆地,特别是有海陆风存在时,白天,风从海洋吹向陆地;晚上,风从陆地吹向海洋。如果不注意这些因素,救生艇(筏)会被风或海流推离海岸。因此,我们应该借助这个条件,在早上收回海锚,借助风力使艇筏漂近陆地;晚上,抛出海锚减缓艇漂离岸边的速度。

(3)在进行救生艇抢滩登陆操作时,一定要注意防止艇体在接近岸边的一瞬间,被风浪打横,避免救生艇倾覆事故的发生。

第四节

划(荡)桨

划桨是传统的航海技能,在现代航海技能操作中,虽然使用的时机不多,但是在救生艇操作中却起着十分重要的作用。其也是锻炼广大海员坚定意志,增强求生信心,加强应急应变能力所需要学习、掌握的一种传统技能。划桨是借助人力推动救生艇前进。由于具有一定的可靠性,其在海上求生中起着比较重要的作用。

一、艇员座位的分配

划桨时,为了保证救生艇操作的正确实施,更好地落实海上求生的应急措施,合理、确切地发挥每一位艇员的优势,方便分配艇员座位,通常将救生艇艇员座位编成号码,以右舷为单数,左舷为双数,从艇首至艇尾,依次编号。艇员又有领桨手(尾桨手)、头桨手、中间桨手、舵手之分。以十二桨艇为例,领桨(尾桨)手为11、12号艇员,头桨手为1、2号艇员,其余为中间桨手。领桨手一般选择划桨技术最好、体力较强的艇员,头桨手选择动作灵活、划桨技术好的艇员,其余的艇员为中间桨手。舵手是独立的,应由头脑灵活、掌控全面、应变能力强的艇员担当。

划桨时,要求领桨手的动作及用力要一致,划桨的速度要均匀,否则,将会造成艇首左右摆动,不能稳定,操舵也不能较好地纠正。划桨时,全体桨手应该向领桨手看齐,使全艇人员划桨动作协调、频率和幅度一致,用最少的力获得最快的艇速。

二、艇内属具的放置

艇内属具有次序地正确放置,有利于很好地完成操艇的任务,避免在应急应变中造成混乱。

(一)桨的放置

为了操作方便,桨放置在艇的左右两舷边,桨叶朝向艇首,桨与艇的首尾平行,桨叶搭靠在一起,桨柄不应该超越领桨手的座板,头桨手使用的桨放置在最靠近舷边的位置,其余的桨依次排列,方便拿桨操作。

(二)艇篙的放置

艇篙应该放置在艇的中间,与艇的首尾平行,艇篙的头朝向艇首,垂直搭放在各艇手座板的中间。

(三)缆绳

艏、艉缆在不用时,分别整齐地盘放在艇首尾的花板上,既可以方便及时地使用,又不妨碍其他的操作。

(四)舵柄

舵柄用于改变平板舵的方向。开敞式荡桨艇的舵柄,平时放在艇尾座板的下面,操作时能够及时地取出,插入舵柄上方便使用;全封闭救生艇的舵柄,通常在艇尾设有专用的存放架。

三、登、离艇及注意事项

艇员的登、离艇次序,原则上是为了避免艇员在登、离艇时产生混乱,防止艇员在登、离艇过程中产生相互碰撞的现象,保证艇员在登、离艇的过程中依次走到底,不用掉头横穿。在艇首靠泊时,艇长、舵手先登艇,然后从领桨手开始,依编号的反顺序(由大号向小号)登艇。艇尾靠泊时,从头桨手开始按编号顺序依次登艇,艇长、舵手最后登艇。艇的舷侧靠泊时,右舷的艇员按编号的反顺序从艇首登艇,左舷的艇员按编号的顺序从艇尾登艇,艇长、舵手最后登艇。离艇的次序与登艇相反。

艇员在登、离艇时应该注意:

1. 艇员在登、离艇时,不可用蹦跳的方式,脚不可以踏在舷缘、座板以及放置在艇内的物件上。

2. 艇员坐在座板上,面向艇尾,保持正直、自然状态,身体的任何部位不得伸出艇外。

3. 艇员不得随意坐在艇的任何位置上,不得随意躺卧,服从艇长的指挥,按照分工的要求来履行职责。

四、划(荡)桨的口令和动作

艇靠泊在大船舷、码头边,在准备划桨时,艇长下令解掉缆绳,将艇撑开,头桨手用钩篙抵撑在大船(或码头)上,用力将艇迅速撑开一定的距离,以便于划桨操作,其余的艇员收进碰垫。艇长开始发出划桨的操作口令,艇员们听到口令后,应该坚决执行,操作动作迅速、整齐,与领桨手看齐。

(一)预备桨(出桨)

从领桨手开始按座位顺序依次拿桨。各桨手上身半面转向舷外,以内舷手握住桨柄末端向下压、外舷手肘部向上托起桨柄的姿势,把桨放在桨门(桨叉)附近的舷缘上,在出桨时,同一舷边的桨手前后位置可以相互协助,以便于迅速、有序地进行出桨动作。预备桨后,桨叶与水面平行,桨柄与艇缘同高,桨与桨之间的距离相等。

(二)放桨

各桨手一齐用内舷手用力下压桨握柄,用外舷手的肘部把桨抬起放进自己的桨门(桨叉)内。外舷手改握桨柄,两手与肩同宽,身体转正,面向艇长,坐在座板上约三分之一宽处,两脚掌中心自然踏在脚蹬板上,与肩同宽,两膝微屈,外舷手肘部压住桨杆,并向领桨手看齐,握桨手大拇指与其他四指分开握桨,两手掌心向下(正握),如图6-4-1(a)所示;或一手掌心向下,另一只手(内舷手)掌心向上(反握)握桨,如图6-4-1(b)所示。桨呈水平状态,桨叶与水面平行,两眼注视前方。

(a)两手掌心向下　　(b)一手掌心向下,另一手掌心向上
图6-4-1　放桨示意图

（三）桨向前

当桨手听到"桨向前"的口令后，上身迅速地尽量向前倾，双腿微曲，两手将桨柄推向艇尾方向，两臂伸直，在推桨过程中两手同时转桨，使桨叶与水面约成35°～45°角，桨叶与水面距离约20～30 cm，有波浪时桨叶适当提高。

（四）一起划（荡）

各桨手听到"一起划"的口令后，向领桨手看齐，一齐将桨叶的1/2～2/3插入水中，同时上身向后仰倒，两臂保持伸直，两脚紧蹬踏板，直到两腿伸直，带动双臂拉桨，两手向外转动桨柄，使桨叶始终以最大阻力面对水，当上体后倾至最大限度时，两臂开始弯曲、收腹、上臂夹紧，随即转桨，掌心朝前，同时用力压桨柄，使桨叶迅速出水，并借此力使身体坐起，随即将桨叶转成水平并将桨叶推向艇尾，形成听到"桨向前"口令时的姿势。这样周而复始循环地进行划桨的操作，如图6-4-2所示。

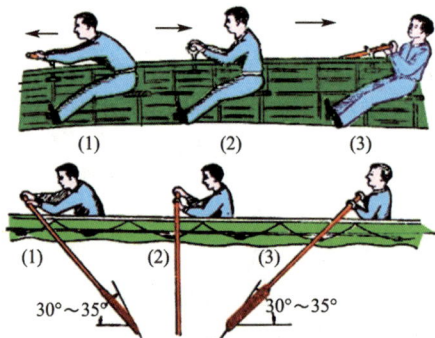

图6-4-2　一起划的分解示意图

可以将"桨向前""一起划"的动作要领在分解练习的基础上，进行连续动作的训练，在练习时应该注意：

1. 桨叶在划水时应该与水面垂直，桨叶划水的运行轨迹应该为与水面平行的直线。第一桨不要用力过大，避免把桨拉断。

2. 桨叶划水应该保持一定的弧度，该弧度大约为80°～90°。正横的前半弧度约为50°～55°，后半弧度约为30°～35°。

3. 回桨时桨叶的轨迹应该贴近水面与舷缘同高，这样桨叶运行的路程短，空气阻力小，可以节省体力。

4. 在划桨一个连续动作接近结束时，两臂应该用力，迅速收腹，下压桨柄，使桨叶迅速出水。

5. 当连续动作训练熟练后，可以进行快速划桨训练，快速划桨时，每桨划水弧距在1.5 m以上，每分钟必须划26桨以上，以便于适应应急时的需要。

（五）桨向后划（荡）

"桨向后划（荡）"是操艇向后退的操作口令，可以分两步进行训练。

1. 动作准备阶段

各桨手听到"桨向后"的口令后，将外舷腿离开脚踏板，弯曲收回至本人座板下，踏在座位下的底花板上，上身稍向后仰，同时两臂弯曲将桨柄拉靠近胸前，两肘夹紧，同时转动桨柄；外舷手在握桨柄的同时，用前臂抵住桨柄，桨和桨门同高，桨叶伸向艇尾，距水面约20～30 cm，并与水面约成 45° 角,眼睛注视着自己的桨叶。

2. 桨向后划桨动作

在上述准备阶段的基础上,在听到"划(或荡)"的口令后,各桨手迅速稍提桨柄,使桨叶三分之一入水,随即以外舷腿用力支撑,协助上身向前倾,双臂用力推桨,直至两臂推直,将桨柄推向艇尾(推桨的同时要注意控制桨叶与水面以产生最大的推力效果),到最大限度时,压桨柄使桨叶出水。分解动作熟练后,可以进行连续动作的训练。训练时要注意:各桨手一定要向领桨手看齐,避免桨叶相互碰撞、相互干扰操作;在推桨时,注意前面座位桨手的动作,避免桨柄碰打前面桨手的背部,如图 6-4-3 所示。

图 6-4-3 一起退的分解示意图

(六)左进右退(右进左退)

在需要迅速地向右(左)转向,减小旋回圈的时候,艇长下达"左进右退"口令,舵手首先操右舵(将舵柄推向左舷),左舷桨手桨向前,右舷桨手桨向后,一齐划(荡)。右进左退时,左右舷动作相反,舵手首先操左舵(将舵柄推向右舷)。

(七)桨挡水

桨挡水主要是想将艇的前进速度迅速减慢,直至艇完全停止。听到"桨挡水"口令后,各桨手立即停止原来的划桨动作,并将桨叶移到艇的正横位置,同时外舷腿退出原先的脚踏板位置,弯曲收回踏到本人座位底下的底花板上,两腿用力支撑,上身稍向前倾,两臂弯曲,两肘夹紧,外舷手前臂配合抵住桨柄,胸部顶住外舷手前臂,同时收腹,并转桨叶与水面成 45°,桨叶三分之一入水,当艇速稍有减慢后,逐渐增大桨叶入水的深度,并逐渐转动桨叶与水面约成 90°,如图 6-4-4 所示。

图 6-4-4 桨挡水示意图

(八)顺桨

艇在前进中通过狭窄水道,为了避免桨叶碰撞两侧附近的物体,艇长下达"顺桨"的口令,桨手听到口令后,把最后一个动作做完后,迅速地把桨抬起,使桨离开桨门,同时用外舷手握住桨握柄,肘关节靠在艇缘上,身体移向舷边坐好,使桨叶垂直水面并紧靠艇缘,内舷手经胸前握撑在本人座板的外侧,艇则顺着惯性前进,桨漂向艇尾。注意在操作时,不要失手将桨滑落水中,如图 6-4-5 所示。

图 6-4-5　顺桨示意图

(九)平桨

要结束正在进行的划桨动作、变换划桨的动作或者纠正桨手不正确的动作或稍做休息时使用平桨。桨手听到"平桨"口令后,停止原来的动作,上身保持正坐的姿势,两手握住桨柄,使桨杆垂直于艇的首尾线与艇缘约同高,桨叶与水面平行,如图 6-4-6 所示。

图 6-4-6　平桨示意图

(十)立桨

立桨的动作用于通过狭窄水道、避让障碍物、表示敬礼、竞赛到达终点时。听到"立桨"口令后,桨手应该先平桨、后立桨,收回内舷腿,内舷手猛地用力向下压桨握柄的同时,外舷手立即托起桨杆,使桨立直,把桨握柄轻放在两脚之间的艇底板上。桨叶与艇首尾线平行,并向领桨手看齐,两手扶握住桨杆,内舷手在上与肩同高,外舷手在下与腰同高,上身正直坐好,如图 6-4-7 所示。

图 6-4-7　立桨示意图

(十一)收桨

艇在接近泊位前,要结束划桨动作,不再用桨时,听到"收桨"口令后,先做平桨动作,由艇首头桨手开始收桨。用外舷手肘部托起桨杆,内舷手压桨握柄,将桨托出桨门,上身向舷外转,把桨放在艇缘上,由艇首开始依次将桨柄向艇尾收入,其他桨手用外舷手接桨帮助沿艇舷排列整齐。

第七章
救助艇的操作与操纵

第一节
救助艇的降放操作

重力式救助艇降放装置的操作方法与救生艇的降放操作基本一样,本节内容重点讲解单吊式救助艇的降放操作的方法、步骤。

一、使用单臂回转式降放装置降放及回收救助艇操作

(一)放艇操作

1. 打开电源开关、起动液压泵按钮。

2. 解脱固定救助艇的全部索具。

3. 起动起升机构的控制开关,绞起吊艇索,将救助艇吊离甲板。

4. 打开舷侧栏杆,确认起重臂向舷外转出的范围内无障碍,停止绞升吊艇索,按动起重臂转动开关,使艇由左(或右)向舷外转出。

5. 带上艇艏缆,临时稳定救助艇紧贴舷侧,救助艇乘员按照顺序进入事先指定的座位坐好,通常是先艇尾、后艇首。

6. 额定乘员全部登入艇内坐好不要乱动,松解临时索具,操作人员松放吊艇索,或者由艇内人员拉动遥控降放手柄使救助艇降放入水。

7. 艇入水,艇内人员拉动吊艇钩的解脱拉绳,解脱吊艇钩。

8. 解脱艇艏缆绳,操艇离开大船。

(二)收艇操作

1. 船上人员将吊艇钩松放至水面上合适位置,送出艏缆。

2. 救助艇内人员操艇到大船放出的艏缆附近位置,带好艏缆,操艇至吊艇钩下,挂好吊艇钩,并通知船上操作人员收艇。

3. 起动开关,绞收吊艇索使艇吊升离开水面,将艇绞升至高出存放的甲板,以方便救助艇向舷内转进为宜。

4. 收艇操作人员操作起重臂的转进开关(由左或右),将救助艇转进船舷内存放位置的上方。

5. 解掉救助艇的艏缆,松放吊艇索,使艇落入存放艇的底座上。

6. 救助艇乘员整理好艇内属具,清点属具备品,及时补充,离开艇内,固定好救助艇。

二、船舶失电时使用单臂回转式降放装置降放救助艇操作

当船舶应急时,失去了正常的电源动力,又必须降放救助艇,在救助艇的降放装置中,还设有专门的应急降放装置,以便更好地保障海上人命安全。

(一)使用蓄能器降放救助艇操作

1. 解脱固定救助艇的索具,打开降放装置上的专用的截止阀,取下专用的手柄,插入手柄孔内。

2. 顺时针摇动手柄,绞起吊艇索,将艇慢慢吊升,离开存放底座,吊升到可以向舷外转出的位置为宜。

3. 操作人员用手拉起重臂上的专用拉环,将艇转出舷外。

4. 乘员登艇坐好,艇内人员拉动遥控降放手柄,救助艇借助重力降放。

5. 艇入水,脱钩,操艇离开大船。

(二)使用手动泵降放救助艇操作

1. 解脱固艇索具,关闭专用截止阀,用人力手柄摇动吊艇索滚筒,将艇吊升离开存放甲板,直至能转出舷外为宜。

2. 操作手动泵、转向阀,将艇转出舷外。

3. 艇内人员拉动遥控降放手柄,将艇降放入水。

4. 脱钩,操艇离开大船。

第二节
救助艇机器的操作

《国际海上人命安全公约》《国际救生设备规则》和《中华人民共和国海船救生设备规范》都明确要求,救助艇的推进装置可以是舷内安装的机器,也可以是舷外机。舷内机和舷外机都属于热力发动机中的内燃机。内燃机是指燃料直接在发动机的气缸内燃烧,产生高温高压燃气,通过动力传动装置而对外做功。内燃机根据所使用的燃料不同可分为柴油机、汽油机等。目前,救助艇配备使用的舷外机大多数为汽油机。我们以汽油机为例简单介绍其功能与作用。

救助艇的舷外机在操作上有直接控制的,也有遥控的。也就是说,有的救助艇舷外机是在艇尾操作,也有的舷外机是在首部遥控操作。我们先介绍一下在艇尾直接控制的舷外机(手柄操作的舷外机)及操作。

一、救助艇舷外机的结构名称

救助艇手柄控制的舷外机的结构如图 7-2-1 所示。
在救助艇艇尾直接控制的舷外机是由操作手柄直接控制机器和舵的。

二、手柄控制的舷外机的操作

救助艇舷外机在安装时一定要注意舷外机螺旋桨轴心线必须与救助艇的纵中心线保持一

致。在艇尾利用艇机附带的托架固定好。在艇尾板上将艇机固定,位置高低合适后,另系一根安全索,防止艇机从艇尾板上跌落水中。安全绳不能太短,以防艇机落水后仍然运转,导致危险。舷外机在使用前一定要按正确比例将润滑油与燃油填装合适。在填配时要先将专用的滑油倒入燃油箱,再将汽油倒入燃油箱,其燃油和滑油的混合比是:磨合期时为 25:1;磨合期后为 50:1。

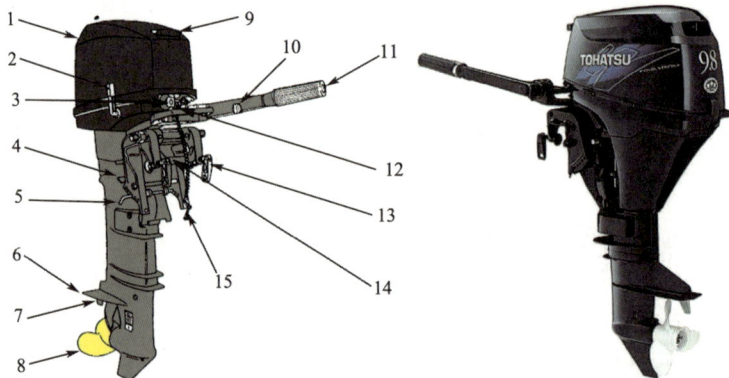

图 7-2-1　舷外机的结构

1—顶罩;2—挡位柄;3—阻气门钮;4—潜水运转装置;5—倾斜销;6—阻气板;7—偏航调整片;8—螺旋桨;9—起动绳拉手;10—油门手柄;11—熄火开关;12—应急熄火绳开关;13—托架夹紧螺栓;14—携带手柄;15—应急熄火绳

(一)起动前的准备(如图 7-2-2 所示)

1. 将燃油软管与油箱连接好,一般是利用刚性材料弹珠固定连接;
2. 将燃油软管另一端与舷外机供油系统连接;
3. 检查、调整好油箱盖上的通气孔是否畅通;
4. 利用燃油软管中的软气囊将燃油泵入化油器;
5. 将艇机的锁锁定于运行位置;
6. 将挡位柄定于空挡位;
7. 设定油门指示器于起动位置。

图 7-2-2　起动艇机前的准备工作

(二)起动操作(如图 7-2-3 所示)

1. 拉出阻气门钮;
2. 快速拉动起动机拉绳,将机器起动运转;
3. 机器起动运转后将阻气门钮推入;
4. 检查艇机冷却水出水孔是否有水流出,如果冷却水正常流出,则表明机器起动运转正常。

图 7-2-3　艇机起动操作

　　救助艇在水中就可以对艇进行变速、变向的操作。新的艇机在运行时一定要先磨合,在磨合时,首先要注意燃油与滑油的混合比正确。在磨合操作运转时,第一个 5 min 内要保证机器转速为 900~1 500 r/min,并逐渐增加;5 min 后,逐渐增加到 2 000~3 500 r/min,保持在 1 h 内持续慢速运转。艇机转速的控制,在艇机操作上,主要由油门大小来调节。在运转中,注意检查艇机各部位系统有无异常情况,如果发现有情况或有疑问,立即停机检查,确认无误后再重新起动、磨合。继续观察、检测,在舷外机离水的状态下切勿进行机器的运转操作。在入水前可以冷态起动机器。机器起动后立即入水,经过磨合期运转后可以进行变速操作。

(三)航行时变速航行的操作

　　起动操作后,机器运转正常,可以进行变速航行,变速航行的操作步骤如图 7-2-4 所示。

1.将油门手柄拧向油门指示器的变速范围[如图 7-2-4(a)所示];

2.将挡位手柄扳向前进或后退[如图 7-2-4(b)所示];

3.转动油门手柄逐渐增大(或减小)油门[如图 7-2-4(c)所示];

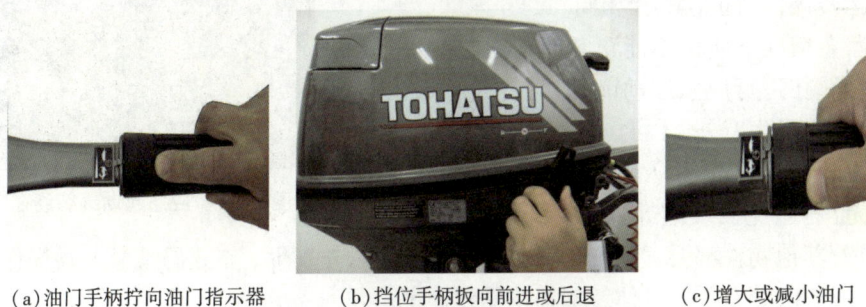

(a)油门手柄拧向油门指示器　　(b)挡位手柄扳向前进或后退　　(c)增大或减小油门

图 7-2-4　艇机变速航行的操作步骤

4.当需要停机操作时反向转动油门手柄逐渐降低转速[如图 7-2-5(a)所示]。

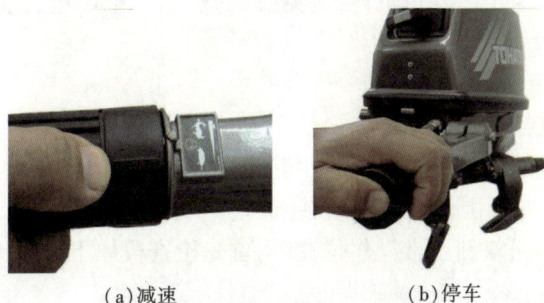

(a)减速　　　　　　　　　(b)停车

图 7-2-5　减速、停车操作

5.当转速降低至最小后,按下油门手柄头端的熄火开关[如图 7-2-5(b)所示],机器停机。

在艇机进行运转操作时一定要将应急熄火绳连接好。每个艇机都装有应急熄火绳开关，首先将应急熄火绳一端固定在指定插座上，将另一端系在操作人员的手腕上(或身体某一部位)，以便于操艇人员在发生紧急情况时，突然远离操作位置，能够及时进行紧急停机功能。在操艇运转时，绝不可以进行超负荷功率或者超载运行，一定要按照艇机指定功率进行航行，防止发生意外事故。严重超载运行会造成艇体破裂、艇机失控、艇失去正常的航行状态等严重后果。

(四)应急起动(如图7-2-6所示)

1. 首先将挡位柄扳到空挡位置[如图7-2-6(a)所示]。

2. 拆下顶罩[如图7-2-6(b)所示]。

3. 将艇机上的反绕起动器拆卸下来[如图7-2-6(c)所示]。

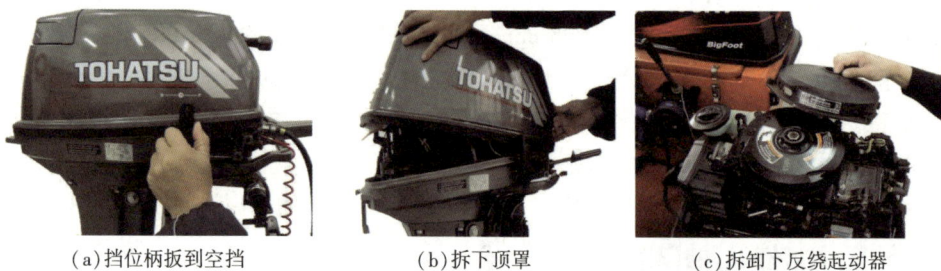

(a)挡位柄扳到空挡　　　　　(b)拆下顶罩　　　　　(c)拆卸下反绕起动器

图7-2-6　应急起动

4. 将应急起动绳直接缠绕在飞轮上(如图7-2-7所示)。

5. 迅速拉动起动绳将发动机起动运转。

6. 其运转操作与正常操作相同。

当在紧急情况下艇机不能正常起动运转时，可以采取应急起动。在进行应急起动前，必须首先将挡位柄扳至空挡位，防止发生意外，才可以进行应急起动操作。在直接拉动飞轮起动时，操作人员要注意衣服、头发应远离飞轮运转范围，避免被绞缠进机器受到伤害。另外在操作时，工具及其他物件都要远离现场，收拾干净，防止意外发生。在进行应急起动操作时，操作

图7-2-7　应急起动绳缠绕在飞轮上

人员也要注意，防止双手及身体其他部位受到伤害。

(五)舷外机翘起操作

当在吊艇或其他需要保护舷外机机体，避免挤压碰撞时，可以进行艇机机体的翘起操作，其操作步骤如图7-2-8所示：

1. 将艇机关机；

2. 将挡位柄扳至前进挡位；

3. 用人力向下压艇机的机体，使艇机桨叶、舵叶慢慢翘起；

4. 艇机翘起位置合适后，用艇机机体定位锁锁定；

5. 当需要将艇机机体回复到正常操作位置时，首先检查机体下方有无障碍物；

6. 将倾斜钮向下扳动；

7. 艇机机体向上慢慢翘起位置合适后，慢慢放下，回复正常位置。(因此在进行回位操作扳下旋钮时发现机体向上翘起，不要慌张，只要没有操作错误，属于正常现象。)

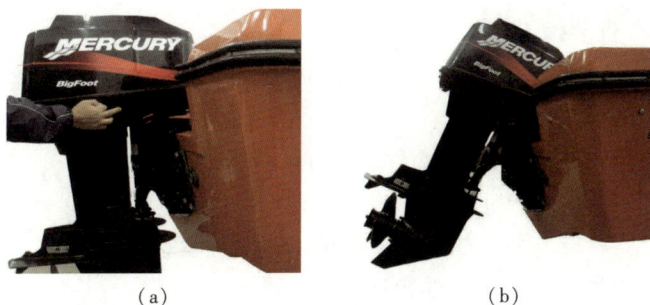

（a） （b）

图7-2-8 舷外机翘起操作步骤

（六）浅水时对艇机机体的操作

当救助艇运行至浅水区航行时,为了保护机器又能保证救助艇的航行能力,应该适当地调整舷外机螺旋桨和舵的入水深度。浅水航行时,对艇机机体的操作虽然与将艇机机体翘起的操作类似,但是,浅水时的操作即使机体稍翘起一点,也能保证艇机正常操作,而将艇机机体翘起操作时艇机不能进行运转操作。有的舷外机浅水区运转位置还根据水深的不同程度设有不同的限定位置,其操作方法如下:

（1）将挡位柄扳至空挡位置;

（2）向下扳动夹位手柄;

（3）将舷外机向上抬动倾斜到浅水运转的合适位置。

当由浅水区航行到正常水域时需要将舷外机回复到正常位置,其操作方法如下:

（1）向上抬动舷外机(或向上扳动夹位手柄)使艇机向上倾斜到松脱位置;

（2）放下舷外机,机体回复到正常位置。

在浅水区航行时,舷外机绝不准进行倒车操作,避免杂物、泥浆吸入螺旋桨内。

（七）艇体倾斜销调节操作

当救助艇在操作时产生了非正常的艇体纵向倾斜时,可以适当地调整艇体倾斜销,使艇体处于正常的状态,确保救助艇正常的航海性能。救助艇在进行正常航行时,艇首出现了非正常的艏倾,这时可以将倾斜销稍稍向上移动调节,并同时观察艇体的运动状态是否回复到正常位置。与此相反,当在正常航行时,救助艇产生了非正常的严重艉倾时,可以将倾斜销稍稍向下移动调节,同时也要注意艇体是否回复到合适位置。在进行倾斜调节时不要盲目进行,要确认纵倾属于非正常状态。调节时要一点一点进行,在调节前后要保持一样的航行状态,避免出现严重失误。

（八）偏航调整操作

在舷外机螺旋桨上方设有一个偏航调整片,以便于及时调整救助艇的非正常偏航。当艇首向在正常操作时始终有向左(右)偏航的倾向并保持一定的偏航角时,可以采取调整偏航调整片的操作来进行纠正。如有向左偏航的倾向,应将偏航调整片轻轻向右调节;如有向右偏航的倾向则相反调整,使救助艇处于正常的航行状态。

三、遥控舷外机的操作

遥控舷外机的操作是指在救助艇的首端利用舵轮和机控盒来控制舷外机的舵和机器。遥控舷外机的起动操作与在艇尾手柄控制舷外机的起动操作大同小异,我们重点介绍遥控舷外机操作。

（一）起动前的检查准备工作

1. 检查燃油箱的燃油是否充足，如果不够，应该按燃油和滑油的混合比例，混配好添加充足。

2. 依照要求将手提油箱供油管路构件连接好。在连接时要注意：

（1）将燃油供油管接头组件正确、安全地配接好。

（2）将燃油供油管一端与发动机燃油接头的入口管嘴套接好。

（3）将燃油供油管另一端与手提油箱连接好。

（4）所有供油管路连接处需要紧固的一定要紧固好。

手提油箱及燃油管路是提供舷外机所需的正确供油流量的允许设备之一。在进行燃油管路连接时，现场禁止吸烟，并远离烟火。

另外还要注意：

（5）将油箱放置于平坦、安全的位置，并临时固定好，应该将燃油供油管路摆放在不扭曲、不挤压或不与尖锐物品接触的地方。

（6）正确地将蓄电瓶正、负极连接牢固。

（7）利用电动液压纵倾调整开关，将舷外机置于航行时的合适位置，并固定好。

（8）将燃油箱盖上气孔螺钉扭松 2~3 圈。

（9）确认艇首范围无任何障碍，艇尾螺旋桨周围无杂物。

（10）将燃油供油管路中的挤压手控输油泵挤压多次，直至减到握实有压力为止（若艇燃油系统已配备电动注油泵，可以开启约 20 s 注油）。

（11）将遥控杆放空挡位置，将空挡节流杆开启，将应急制动开关的锁定板与制动开关牢固地连接并固定好；应急制动开关拉线一端系在操作者手腕上，或系结在牢固的衣服上或身体其他部位。

（12）艇内随艇航行人员穿好救生衣。

（13）落实一下艇内必备的工具齐全并随艇使用，以备应急。

（14）在发动机起动前，切勿将遥控杆从空挡扳至进车或倒车挡位。

（二）电动起动操作

1. 将匹配的舷外发动机钥匙插入主开关钥匙空内。

2. 将起动钥匙开关，由"ON"位置按顺时针方向转至"START"起动位置，最多不超过 5 s（同时遥控阻力风门系统开启）。

3. 发动机起动后，松放主开关钥匙，使其自动回转至"ON"位置，不可以取下钥匙。

4. 如果发动机在 5 s 内未起动机器，应将主开关松放，使其转回至"ON"位置，等待 10 s 后，再次进行起动操作，不可以一次性长时间进行起动操作，如果长时间进行起动操作，将会导致蓄电瓶电源耗尽，而且不可能将发动机起动。

5. 发动机起动后，将空挡节流杆返回原来"OFF"位置。

（三）起动后应注意检查事项

1. 立即检查冷却水是否从冷却水出水孔持续流出，如果发动机运转没有水从出水孔流出，应停止发动机运转，检查是否堵塞，应该及时清除后，再次进行起动。

2. 在开始航行操作前，应该使发动机以慢速状态预热运转 3 min（45 kW 的艇机保持在 950~1 050 r/min，60~65 kW 的艇机保持在 750~850 r/min）。

3. 检查遥控驾驶操作台前各仪表盘数据反映是否正常,检查一下发动机各系统、操纵构件各部位是否正常。

4. 注意观察一下艇,当有关人员登艇后,纵、横倾斜是否正常,应该基本上保持正常漂浮状态。

5. 发动机在运行过程中时,不可将钥匙转动或拔出,否则,将会损坏起动马达及飞轮或造成紧急停车。

(四)磨合期的运转操作

发动机起动后,如果是新购买的机器,应务必做好磨合运行,以便于发动机各部件运转接触的表面能够均匀地磨合。这对于发动机保持良好的技术状态和延长发动机使用寿命,都起到了非常重要的积极作用。如果不履行磨合运转的步骤将会造成极其严重的损坏。磨合期操作的注意事项:

1. 首先将发动机以可能执行的最低速度做 10 min 运转。

2. 操作遥控手柄进车,逐渐至全速后,立即将油门减小至 3 000 r/min(大约 1/2 油门开度),按此油门设定做 50 min 的连续运转。

3. 在 50 min 运转期间,每过 10 min 将油门增至最大运转 1 min,再回至 3 000 r/min,反复进行。

4. 在 50 min 运转后,进车逐渐至全速后,减小油门(大约 3/4 油门开度)将转速降至 4 000 r/min,按此油门设定做连续 1 h 的运转。

5. 在 1 h 运转过程中,每过 10 min,将油门增至最大运转 1 min,再回转至设定油门,直至结束。

6. 在以后的 8 h 运转中,可以进行不同速度的进车或倒车运转,但必须要做持续 5 min 以上的不使用全油门运转的操作。

7. 10 h 后,燃油与润滑油的混合比为 50∶1。

(五)航行操作及注意事项

在机器磨合期过后,进行正确起动操作,进入变速航行状态,操作时应该注意:

1. 在艇机起动后,需要进入变向、变速航行状态前,应该确保艇的首部水面无漂浮物、无碍航物,方可采取变向变速的操作。

2. 在换挡操作,进行挡位切换时,要握住遥控杆,拉起空挡锁触发器,将遥控杆轻松、稳定地从空挡扳至进车挡位。

3. 在调整油门增加速度时,应该采取逐渐增大的原则进行,不可以马上进行最大油门,以确保发动机安全。

4. 在进行倒车挡位换挡前,要注意检查艇机倾斜锁定杆是否处于锁定状态,防止发动机进入倒车状态时,水流将机身冲出水面而引起失控,造成大的事故损害。

5. 在由进车挡转入倒车挡或由倒车挡进入进车挡时,必须将遥控杆先移至空挡稍做暂停,再进行切换,以便于发动机转速逐渐减慢,再进入另一挡位的旋转。

6. 在开始航行操作阶段,要注意艇的纵向倾斜角的倾斜是否有利于航行,必要时做纵倾角调节。

7. 同时要注意艇首稳定性航行的检查,如果有偏航倾向,也要做纠正偏航的正航向调整的调节。

（六）停机操作

在艇进入泊位或即将到达目的地，需要停车操作前，应该以慢速逐渐至低速航行 2～3 min，以便于降低发动机转速，降低机器温度，再进行停机操作。操作时，要注意：

1. 将遥控杆扳至空挡位置；

2. 将主开关钥匙扳至"OFF"位置，发动机停止工作；

3. 发动机停止工作后，将汽油箱盖气孔螺钉拧紧；

4. 将燃油系统的供油管路从发动机接口拆下；

5. 按下电动倾斜调整开关"UP"，舷外机翘起，用顶住杆将艇机支撑住，以防止舷外机意外落下；

6. 从蓄电瓶接线柱上拆下电线，先拆黑线（负极）再拆红线（正极）。

第三节
救助艇的操纵

配备在海船上的救助艇主要作用是救助落水遇险人员，集结各自漂流在海上进行求生的救生艇筏。因此，救助艇应具有足够的机动性和操纵性。主导救助艇在操纵上的机动性和操纵性的主要设备是推进装置和舵。《LSA 规则》中允许救助艇的推进装置（发动机）为舷内机或舷外机。通常救助艇舷内机大多数和救生艇一样也是四冲程柴油机，其操纵特点与大多数救生艇类似。

我们简单论述一下配有舷外机救助艇的操纵。救助艇配备的舷外机，大多数属于 Z 形传动推进装置。这种 Z 形传动推进装置不配有专门的舵叶，而是借助改变推进器排出流的方向来形成救助艇偏转的原动力。Z 形传动推进器是由操作手柄、传动轴与螺旋桨的装配结构，形成"Z"字形。这种推进器的螺旋桨所在位置可以由操作者直接控制，以达到推艇前进（后退）或改变（保持）艇的前进方向。

Z 形传动推进器可以产生较大的拖带力，根据理论换算，发动机功率为 10 kW 的 Z 形传动推进器可以产生大约 2 kn 的拖力，远远大于同样功率的其他类型推进器所产生的拖力。这样可以很好地使救助艇完成集结救生艇筏时的拖带作业。另外，配有 Z 形传动推进器的救助艇，由于 Z 形传动推进器操作上的特点，在对发动机操作时，可以同时控制救助艇的推力和方向。在对艇机的起动和停止操作上比较简便、功效比较直接，如果操作熟练，救助艇几乎可以达到在原地掉头的旋回效果，从而使救助艇具有足够的灵活性和操纵性。

一、救助艇的拖带

在救助艇的属具备品中配有一根长 50 m 的可浮索，是专门用来进行集结拖带的缆绳，其强度足以满足至少以 2 kn 的航速拖带一个船舶所配备的载足全部乘员和属具的最大救生筏。因此，当救助艇在进行拖带时，必须选用艇内属具备品内配备的拖缆。救助艇在进行集结时的拖带作业，一般都采用在被拖艇筏前面领拖的作业方法，在作业时特别注意：

1. 在接近被拖艇筏准备带缆时，要观察被拖艇筏的漂移速度和方向，确定递送缆绳的位置。当被拖艇筏漂移速度大于救助艇的速度时，救助艇应从其下风流处接近；当被拖艇筏漂移的速度小于救助艇的速度时,救助艇从其上风流处接近。接近后,迅速将救助艇的拖缆传递至被拖艇筏上,并在救助艇上系结好,要注意选择好松放拖缆的长度。拖缆越长,耐受冲击负荷的能力就越强。

2. 当拖缆松放长度合适,固定好后,开始起拖时,要示意被拖带艇筏的人员注意安全,在操艇时要特别注意对救助艇航向和速度的控制,要以最小速度慢慢起航拖带,使被拖救生艇筏及缆绳的方向与救助艇航向保持一致。同时注意拖缆要慢慢地从松垂状态转入受力状态,被拖带的艇筏开始受力随着拖缆移动时,仍然要保持同样的速度持续航行一段距离,才可以慢慢增大拖带的航速。这样既保证了拖带的安全,又保护了被拖救生艇筏系结缆绳位置的强度。

3. 在拖带进行转向时,救助艇应该采取小角度多次转向来完成拖带的转向航行,这样操作既可以减小救助艇所承受的拖力,又保证了拖带双方的安全。在转向前,考虑旋回圈时,应该按照救助艇的长度加上被拖救生艇筏的长度,再加上拖缆的长度来估计旋回圈的范围。

4. 当拖带艇筏到达目的地时,考虑好双方的冲程,救助艇要采取逐渐停车的操作方式,控制好被拖艇筏前冲的惯性,避免被拖的救生艇筏冲向救助艇,造成慌乱或损伤双方,逐步地使拖缆的张力减小,以达到负责拖带的救助艇停车,被拖带的救生艇筏整至到位的适宜状态。在解缆前的减速操作中,一定要注意避免松弛的拖缆被绞缠进救助艇的螺旋桨中,产生麻烦或者更加严重的事故。

5. 在拖带的过程中,如果偏荡角过大,会造成救助艇无法控制,并容易导致拖缆受力增大,甚至断裂。偏荡是被拖艇筏的艉倾严重、艇筏整体受力不均所造成的,可以将被拖艇筏人员的座位适当向前调整一下,使左右受力均匀;或者救助艇改变拖航速度,也可以适当调整拖缆长度,拖缆越长,偏荡越大。

在大风浪中进行拖带,一定要调整好拖缆长度,注意救助艇和被拖带艇筏处在不同波浪的同一周期位置上。

6. 当多只艇筏被拖带在一起时,可以采取集结的方法。首先到位的被拖带艇筏,当救助艇解缆离去后,被拖带艇筏应调整好受风、流的方向,在艇的上风、流方向施放海锚,控制好受风、流方向,同时减缓受风、流漂移速度。另外,在被拖带艇筏到来时,可以在先到艇筏的下风、流方向用 30~40 m 长的缆绳系结在一起,便于进行海上求生,等待救援船舶的到来。

二、救助艇的操纵

在进行救助艇的操纵时,选派的人员必须有一定航海经验,在日常工作中接受过培训并持有合格的专业培训证书,并且在船上工作期间,经过良好的本船救助艇操作的演习、训练。

在操纵救助艇时,如果是在白天,视线比较好,而且周围有参照物,可以确定方向,那么我们就以参照物目标为大概航向进行航行操纵。

在变速航行时,注意所航行水域的水深是否适宜航行,及时绕开碍航物标,注意水面漂浮物,防止其绞缠到螺旋桨上。

在狭窄水道航行时,注意保持在航道中央靠右侧慢速航行。在救助艇行进时,艇内所有艇员都必须坐在指定座位上手握住扶手栏杆,精力集中注视水面,保持高度警惕性。

如果是在晚上或者视线不良时航行,就要依靠救助艇所配备的带有夜间照明的罗经。在救助艇上配备的罗经其罗盘直径不小于 50 mm。通常用圆周法标注方向,一般为 000°~360°。由于罗盘直径较小,罗盘上反映的罗经度数的刻度也显得较密,因此,在操纵救助艇时要特别集中精力,尽量减少操舵航向误差,使误差保持在最小的范围内。尤其是在艇尾控制操作的救助艇,还要在艇首部设有专门的人员瞭望。瞭望人员要与在艇尾操纵的人员事先做好联系信号,相互提醒,以保证救助艇的航行安全。

三、救助艇的靠离

救助艇在进行靠泊操纵时,与救生艇的操纵要点大致相同,但是救助艇的可控性要比救生艇的好,一般情况下要选择顶流(风)靠,这样便于控制艇速并能比较有效地控制艇首向。在进入靠泊区域前,要在泊位前方选择一个物标,使救助艇与靠泊位置保持一个靠拢角大约为30°~40°,操艇者确定好物标,形成一个串视线。在靠泊过程中以慢速控制救助艇艇位始终保持在串视线上,少用倒车,在接近泊位时,及时带好艏缆或用钩篙控制好救助艇,减缓或者避免救助艇与泊位挤碰。

救助艇在靠泊船舶舷梯时,要注意运用好救助艇的冲程数据,及时停车。使救助艇借助淌航的冲距接近舷梯,及时带好缆绳,防止救助艇在挤碰船舶舷梯的同时,遭到艇体和艇机的损伤。救助艇一般速度的冲程大约在 3~4 倍艇长的距离。

如果是艇外机操作,救助艇冲程会小一些,艇的可控性能好一些,平时,在进行救助艇操纵训练时,要有目的地选择两个固定距离的物标进行本艇在各种艇速下的冲程距离的测量,以掌握准确数据,运用到应急作业中,保证作业的迅速、安全。

救助艇在靠航行中的船舶时应该及时与船舶驾驶台保持通信联系,相互协调好航向、船速。在救助艇靠向船舶时,船舶通常是保向、低速前进。操纵救助艇于船舶下风舷侧,与船舶保持同向,并保持一定的间距,要在船舶的首部附近,与准备贴靠的船舶保持平行或接近平行,驾驶救助艇慢慢贴靠船舶的中部,一定要注意防止救助艇被压入船尾。在靠泊中防止或减缓救助艇与船舶的相撞。在靠泊中绝不可以越过船头或者在驾驶台盲区内接近。

救助艇在离泊时,要借助缆绳或钩篙操作使艇离开泊位(船舶)适当的间距后,操外舷舵,慢速进车,慢慢驶离一段距离后再加速。在操外舷舵、进车、艇首先离开泊位时,一定要防止艇机被挤碰。离泊前要注意周围水域情况,对是否有来航船舶,是否有碍航物,周围的风、流对操艇离泊的操纵方法与泊位间的相对位置、相互间的安全等因素都要考虑周全,以确保在离泊操纵时艇与人员的安全。

四、大风浪中操纵救助艇

在恶劣天气操纵救助艇是一项特殊操作,需要操艇人员具有一定的专业技能素质,因为在操作中稍有不当,将会产生不利状况或发生危险,造成救助艇的倾覆。在恶劣天气情况下,操艇一定要避免救助艇横向受风浪,由于救助艇推进机器的功率小,顶不住风浪,艇长不超过8.5 m,也压不住浪,稍有不慎将是很危险的。因此,在风浪中操纵救助艇应该使艇首与涌浪方向形成 20°~30°夹角,当艇首被风浪压向下风浪方向,夹角增大时,应该立即用舵纠正使其始终在风浪中保持住这样一个夹角,前进或在原地滞航,待风浪减小后再航行。在风浪中不得轻易地决定掉头,避免发生在旋回掉头中造成艇的横向受风浪。若因安全需要迫不得已进行掉头操作,则应该谨慎驾驶,选择在大浪过后、波浪较小的间隙、救助艇在浪谷时,用大舵角,快速进车,减少救助艇横向受风浪的时间,在第二个大浪周期来临前,完成掉头操作。实际操作需要丰富的航海实践经验,方能成功。

五、救助落水人员

船舶在航行中发生人员落水,对于救助是个非常不利的因素,需要船舶驾驶人员迅速反应,进入应急操作,采取紧急措施:

1. 停车向落水者一舷操满舵,将船尾甩开,避免螺旋桨伤害落水人员。

2. 发出应急警报,三长声并加表示落水人员大概位置的声号(三长声加一短声表示有人从右舷落水,加二短声表示有人从左舷落水)。

3. 按照应变部署的分工有专人登高瞭望落水人员的确切位置。准备降放救助艇或救生艇,有关人员向落水者附近抛下救生圈。

4. 救助人员登艇,降放船舶下风舷救助艇(或救生艇)。

5. 救助艇入水后,操外舷舵,进车,离开船舶,进行对落水人员的救助。

6. 应该尽快驾驶救助艇接近落水者区域进行搜寻。

7. 如果发现落水者的目标位置,艇长确定在救助艇哪一舷侧进行施救并通知艇上人员,做好相关准备。

8. 操纵救助艇接近落水人员,当落水者在救助艇一侧正横时,停车并操舵,保持救助艇在下风、流堵截落水人员的位置,并始终注意保持艇与落水人员的距离,以方便救助为宜,绝不可以在上风、流追踪接近落水人员。

9. 如果落水者头脑清醒,自我行动无障碍,艇内救助人员可协助其登艇。

10. 如果落水者失去意识或受伤行动不便,艇长应该立即派艇内救助人员入水进行救助,首先使落水者登艇,将湿衣物脱掉,抹干身体,采取取暖措施。

11. 全体人员登艇后,救助成功,艇长立即向其船舶驾驶台报告并同时操艇返回,救助人员将被救助人员的头冲向艇尾躺好,立即着手对被救助人进行应急救护。

12. 在返回途中,艇长应将落水者状况及时汇报给船舶领导,以便于获得医疗救护上的指导和返回船舶、登船操作的协调指令。

13. 在返回船舶途中的操纵,既要考虑快速,也要兼顾减轻被救人员的痛苦。

第四节
舷外机的检查与维修保养

对艇外机经常性地进行验视和检查,针对有些设备进行周期性的保养,有利于操作者熟悉机器,掌握机器的技术状况,以便其在操纵中,合理地操作使用艇外机。需要定期检查和维修的设备,主要是经常磨损和使用的构件。

一、主要构件的检修周期

(1)在磨合 10 h 后,应该清洗、检查调整一次火花塞;在磨合使用 3 个月后,应该清洗一次;以后每 6 个月清洗、检查调整一次。

(2)每 6 个月至少对各活络部位加一次油润滑。

(3)过磨合期后,应该更换一次齿轮油箱;正常使用每 6 个月(约用 100 h)更新一次齿轮箱油。

（4）每6个月全面检查一次燃油系统。

（5）燃油过滤器磨合期（10 h）后，需要清洗一次。以后，每使用3~6个月应该清洗或更换一次（大约使用50~100 h后）。

（6）每一年清洗一次燃油箱。

（7）每6个月进行一次慢速、预热调整。

（8）每6个月进行一次阳极检查或更换，由专门维修机构进行更换。

（9）每3~6月进行一次清洗、检查艇机外壳，其主要工作是进行表面清洁，检查锈蚀程度、是否有损伤等。

（10）至少每3~6月进行一次淡水清洗冷却水管道，如果使用后离水，每使用一次清洗一次。

（11）每3~6月检查一次螺旋桨，主要检查车叶是否牢固，有没有损伤、锈蚀等情况。

（12）每3~6月对配有的开口锁检查或更换一次，防止脱落，发生意外。

（13）每月对蓄电池进行一次检查，接线柱清除积炭，表面是否有损伤，是否有渗漏，接线头和接线柱之间是否能正常固定等不利因素的处理。

（14）对于化油器设定，点火定时的检查和设定，至少每3~6月由专业技术人员进行一次检查调整。

（15）每6个月对螺栓和螺母进行一次全面的再拧紧调试。

二、经常进行清洗、检查构件的工作重点

（一）齿轮箱油的更换

每6个月（大约使用100 h）进行一次齿轮箱油更换。首先要在齿轮箱下放置一个适当的容器，用于盛接齿轮箱的污油；然后拆下设在艇机下部的齿轮箱油道孔塞；再拆下溢油孔塞，使齿轮箱油完全排空，污油全部排空后，简单地冲洗一下，将艇机直立放置好，用专用压缩加油装置将专用齿轮油注入油道孔中。当齿轮箱开始溢流出时，装入溢油孔塞并带油将其拧紧，再将油道孔塞装上拧紧。

如果更换下来的齿轮箱污油呈浑浊状态，应请专业技术人员进行检查。

（二）燃油过滤器

燃油过滤器在每隔3~6月，使用周期大约100 h后，应该检查清洗一次，以保障发动机处于良好的技术状态。在拆检时，应该按照装配的层次逐渐拆解下来，并做好标记，包括垫圈、密封圈等。将滤网拉出用清洁的洗涤剂清洗，洗干净后，用淡水冲洗洗涤剂后，风干过滤网。清洗后，检查垫圈、密封件等是否有损坏，如果有，则必须选配合格的相同件更换。在组装滤清器时，要确保入油油嘴与油管对准，将固定螺母拧紧，清理溢出的汽油。全部安装完毕，将供油管接到发动机入油口，挤压球形注入泵直至感到有压力反映。检查是否有漏油处，及时纠正、使其完好。为了防止在清洗检查时漏油太多，应该先将燃油喉拆除，再进行拆洗燃油滤清器。

在清洗现场应该禁止吸烟，防止明火，停止发动机运转，拆下供油管以保证安全。如果燃油中掺杂有水，滤清器中浮体将会从底部上升浮起。发生这种状况时，应取下滤清器盖，将清水排出。

（三）燃油箱清洗

每年进行一次燃油箱的清洗，清洗燃油箱的作业非常简单。将燃油箱口部过滤器取出，放

入干净的洗涤剂中,彻底清洗干净、用水冲净。然后,风干过滤器存放好。将燃油箱排空,注入少量专用洗涤剂并摇动燃油箱,彻底清除污油。排空洗涤污水,清理干净,使其风干。

(四)慢速的调整

每6个月,大约使用100 h后,应对发动机再进行快、慢速调试,其主要工作步骤:

(1)起动发动机在空挡挡位运转,使其充分预热,同时注意检查机器运转是否平稳。

(2)在发动机达到充分的预热后,才能进行正确的慢速调整。

(3)慢速调整主要是调整油门的止动螺栓,按顺时针方向转动止动螺栓可以增大慢速定值;按逆时针方向转动止动螺栓,则减小慢速定值。

(4)功率在45 kW左右的艇机慢速定值在950~1 050 r/min;功率在65 kW左右的艇机慢速定值在750~850 r/min。

(五)火花塞清洗

在正常情况下,每6个月,大约使用100 h后,必须进行火花塞的检查。火花塞是发动机构件中重要的零部件,而且方便检查。通过火花塞的状况,可以反映出发动机的某些状况(如果在检查中发现中心电极瓷芯非常白,表示在该气缸内可能有进气泄漏或化油故障)。如果电极严重损耗,或者积炭过于严重,必须选用正确型号的火花塞更新,因为热和积炭会使火花塞慢慢地损坏和烧蚀。

在清理火花塞时,要小心轻放,避免火花塞瓷质部分破损。因为破损后工作,会产生火花,点着沉积在机盖内雾化的汽油引起火灾,所以要清除或擦洗火花塞的所有污垢。在拆除时,应将火花塞轻轻地左右转动一下,慢慢拔出,在安装前应该用抹布将火花塞底座擦净,在火花塞瓷质部分及胶帽内涂敷上一层三保油脂,以防止锈蚀。在气缸盖充分冷却时,方可将火花塞安装,安装时不可过度拧紧火花塞,在用手拧时,使其在1/4~1/2圈范围内即可,在拆洗安装时,不得损坏绝缘体。在更新火花塞时,要注意产品型号和电极间隙值,功率为60~65 kW艇机的火花塞间隙值大约为0.9~1.0 mm。

(六)清洗舷外机

要定期清洗舷外机,在每次使用后,用淡水清洗艇外机壳体,以去除泥浆、盐分等污垢;要定期用肥皂水清洗壳体,晾干后涂上一层汽车蜡。在海水或者水质浑浊的水域航行后,应该用淡水冲洗冷却水管道,冲洗时选用一个合适的水箱,将艇机外插入水箱内,将淡水注入水箱内,水位至少要高于防涡凹面板的平面。将操纵杆放于空挡位,起动发动机,做几分钟低速运转。注意排水孔是否有冷却水排出,如果有,则正常冲洗冷却水管道,防止锈蚀或污浊物堵塞。

(七)电起动机器

起动系统保险丝熔断后,打开保险盒更换20 A的保险丝。如更新后再次烧蚀,应该重新对机器进行检修。

(八)检查蓄电池电解液面

每月至少检查一次蓄电池电解液面,应该始终保持电解液面在允许值范围内,如果不足,可以加注蒸馏水,不可以添加普通自来水。

(九)发动机落水

如果发动机整体掉入水中,打捞上来后,应该用淡水冲洗干净,送往专门店进行保养。

（十）长期不用

如果舷外机长时间不用,应该将冷却水完全排出,不可将齿轮箱放置高于机头位置,否则,任何剩余的水都能倒流入气缸导致严重损坏。

（十一）艇体保养

如果条件允许,应该经常保持水面下艇体的干净,防止海生物的积存生长,破坏艇体并影响艇速。

三、舷外机简单故障的可能原因

进行定期的预防性检查和维修保养,可以避免舷外机发生大的故障。在操作使用中,如果能及时地判断一些小的故障原因,进行及时正确的根除,也可以保证舷外机的使用寿命。

（一）发动机不能起动的可能原因

（1）电瓶的接线松脱或腐蚀;（2）起动保险丝熔断;（3）电动点火装置有故障;（4）燃油箱没有油;（5）燃油软管连接错误;（6）燃油软管被压扁,扭结;（7）燃油泵有故障;（8）燃油变质,浑浊太脏;（9）操作的起动步骤错误;（10）燃油过滤器堵塞;（11）操纵挡未放在空挡位置上;（12）火花塞不清洁、有故障。

（二）发动机运转不规则或失速的可能原因

发动机运转不规则或者失速故障发生的可能原因,除了上述的燃油系统的故障原因外,还可能:

（1）未使用指定的机油;（2）火花塞不洁净或其他故障;（3）遥控器堵塞或有故障。

（三）发动机慢速值不稳定故障的可能原因

（1）检查燃油系统是否有故障;（2）检查火花塞是否有故障。

（四）发动机转速不升高可能的故障原因

（1）燃油管路有故障,过滤器堵塞;（2）机油量太少;（3）火花塞有污物或有缺陷;（4）螺旋桨螺距或直径错误;（5）艇上载荷分布不适当。

（五）发动机过热故障的原因

（1）未使用指定机油;（2）机油量太低;（3）机油已脏了,或变质劣化;（4）机油泵有故障;（5）火花塞处于错误的热范围内;（6）冷却水管道堵塞或泵有故障;（7）温控器堵塞或有故障;（8）艇上负荷超载。

（六）发动机转速过高故障的可能原因

（1）涡凹板失去作用;（2）螺旋桨损坏或直径过小;（3）纵倾角不合适;（4）艇尾板太高。

（七）发动机转速过低故障的可能原因

（1）燃油供油管路异常;（2）燃油不洁、变质;（3）火花塞结污有缺陷;（4）螺旋桨螺距或直径太大。

（八）艇速低

（1）产生了涡流;（2）螺旋桨损坏或有故障;（3）艇上负荷不正常;（4）艇尾板过高或过低。

（九）发动机过度振动故障的可能原因

（1）螺旋桨轴弯曲;（2）螺旋桨叶弯曲、断裂、失修或受阻;（3）燃油系统内有水或污物;（4）化油器混合失调;（5）发动机固定安装受损;（6）操艇阻力螺丝过松。

第八章
救生筏的操作

第一节
救生筏的降放操作

救生筏的降放操作比较简单,但是如果忽视了某个环节,仍然会造成降放操作的失败。因此,广大的船员,还是应该积极地熟悉和掌握救生筏的各种降放操作技能和注意事项。

一、抛投式救生筏的降放操作

(一)抛投式救生筏的降放操作步骤

抛投式救生筏的降放操作如图 8-1-1 所示。

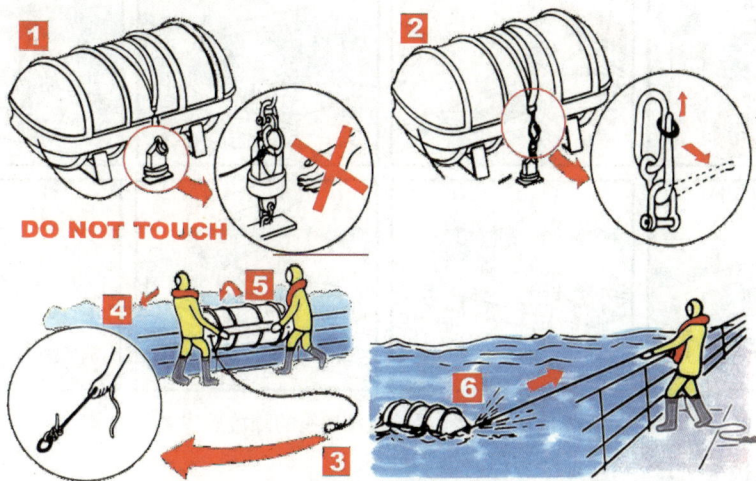

图 8-1-1　抛投式救生筏的降放操作

1. 在人工抛投进行救生筏的降放操作时,一定不要碰触和操作静水压力释放器;
2. 找到并脱开救生筏捆绑带与静水压力释放器连接的滑钩,解脱救生筏;
3. 检查救生筏的充气拉索(艏缆)是否系牢在船舶上;
4. 检查一下救生筏抛投的水面是否清爽;
5. 抬起救生筏抛投入水;
6. 拉拽救生筏的充气拉索,直到救生筏开始充气;
7. 救生筏充胀成型,将救生筏拽到船舷旁边停靠好;

8.人员登乘后,用安全小刀割断艏缆(充气拉索),操纵救生筏脱离难船。

(二)抛投式救生筏降放操作的注意事项

1.在解脱救生筏捆绑带的时候,需要脱开的是连接静水压力释放器的滑钩,而不是脱开静水压力释放器与船舶的连接。

2.在抛投救生筏入水前,一定要检查救生筏的充气拉索(艏缆)是否系牢在船舶上,不会因抛投救生筏而断掉或者松脱。

3.在抛投救生筏入水前,一定要观察水面是否清爽,有无障碍物或者水面漂浮的人员;另外,还需观察船体是否有破损情况,是否影响到救生筏的抛投及登乘。

4.根据航行海域的温度救生筏充胀成型的时间大约为 1~3 min,一定要等到救生筏完全充胀成型后,再组织人员登上救生筏,如果在救生筏还没有完全充胀成型的时候就登乘,会影响救生筏的浮性;另外,救生筏的充胀气体为二氧化碳和氮气的混合气体,也需要时间让这部分气体散逸出去。

二、机械吊放式救生筏的降放操作

机械吊放式救生筏的充胀成型是在登乘甲板舷侧进行的,船上人员可以直接从甲板登乘救生筏,避免了跳入水中再登筏的可能,使遇险人员可以干身离船,减少了救生人员由于身体暴露在水中失温带来的危害。

机械吊放式救生筏的降放操作如图 8-1-2 所示。

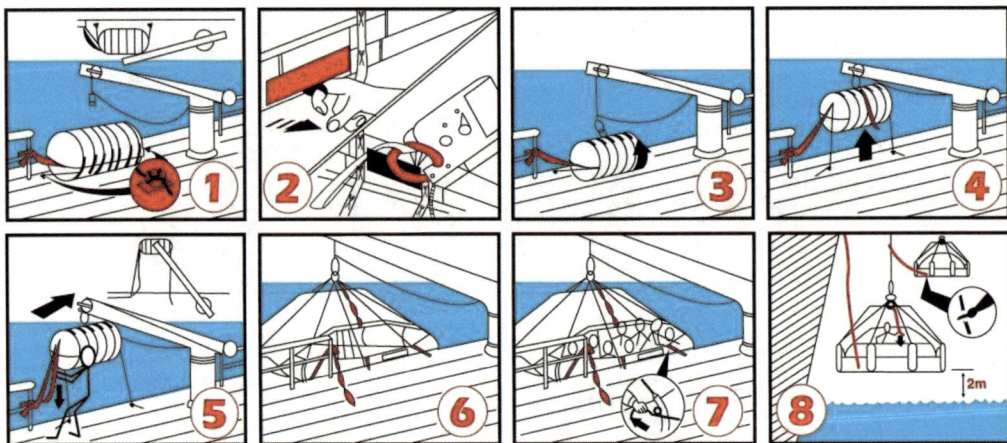

图 8-1-2 机械吊放式救生筏的降放操作

(一)机械吊放式救生筏的降放操作步骤

在进行机械吊放式救生筏的降放操作之前,需要先解脱救生筏在存放时的捆绑带,这项操作与抛投式救生筏的操作是一样的;同时,也要将连接静水压力释放器的充气拉索(艏缆)松脱,将救生筏移动到单臂回转式降放装置吊臂所及的范围之内,便于接下来的降放操作。另外,在施放前,应打开舷侧栏杆,确认登乘甲板、降放装置旋进(出)的范围无障碍。

1.将机械吊放式救生筏的充气拉索(艏缆)系固在舷侧栏杆或者其他能固定的构件上,确保连接牢固;从救生筏存放筒两侧拉出靠索,固定在甲板的羊角上。

2.将吊放救生筏的专用吊钩与机械吊放式救生筏存放筒上的吊环连接在一起,检查吊钩的保险是否锁牢,确认吊钩处于正常状态。

3.将挂好吊钩的救生筏推至船舷旁边。

4.利用单臂回转式降放装置的吊索将救生筏吊起。

5.向舷外转动单臂回转式降放装置的吊臂,带动救生筏转出舷外;拉拽救生筏的充气拉索,使救生筏充气。

6.当救生筏充胀成型后,再次收紧靠索,使救生筏停靠在登乘甲板的船舷边,便于人员登乘。

7.人员登乘完毕后,解脱靠索,降放救生筏。

8.救生筏在可控制的下降速度中降放,当距离水面大约2 m内时,救生筏内的人员可以拉动快速脱钩的拉绳,打开吊钩的保险,这时救生筏并没有脱离吊钩自由落体。而当救生筏降落至水面时,由于浮力的作用,吊钩不受力,这时救生筏才得以与吊钩自动脱开,救生筏入水,割断充气拉索(艏缆)后操纵救生筏脱离难船。

(二)机械吊放式救生筏降放操作的注意事项

1.在操作机械吊放式救生筏之前,一定要观察水面是否清爽,是否有障碍物或者水面漂浮的人员;另外,还需观察船体是否有破损,是否影响到救生筏的降放和人员登乘操作。

2.机械吊放式救生筏的降放操作,需要用到专用的吊钩,在使用时应确保吊钩完好及可操作性,在连接救生筏容器上的吊环时,也要确保连接正确牢固。

3.在救生筏充胀成型并用靠索固定在舷边后,可以组织人员登乘。为避免救生筏损坏,禁止穿高跟鞋或其他带钉的鞋登乘救生筏,尖锐的或者能够对救生筏造成破坏的物品,也不能带到救生筏上。

4.遇险人员应听从指挥依次登乘救生筏,进入后应围在救生筏的四周,面向救生筏中央坐好,降低重心,而不是站在救生筏内,避免意外危险的发生。

第二节
扶正倾覆的救生筏操作

气胀式救生筏在海面上充胀成型的过程中,受自身填充的原因或者受风浪等影响,可能使救生筏在水面上呈倾覆状态;而若是救生筏不带有自扶正功能,则必须进行人工扶正,才能登上并利用救生筏进行海上求生活动。若要扶正倾覆的救生筏,需要1~2个人(根据救生筏的大小,小的救生筏需要1个人就能完成,大的救生筏则需要2个人才能完成)穿着救生衣进入水中,完成救生筏的扶正操作。

扶正倾覆的救生筏的操作步骤如图8-2-1所示。

1.接近救生筏,拉住救生筏上下浮胎间的救生索,移动到救生筏的充气钢瓶一侧,并将有充气钢瓶的一侧拉至下风方向。

2.手从充气钢瓶伸向救生筏底,摸索并找到扶正带。

3.如果救生筏比较小,重量比较轻,可以将双脚踩在充气钢瓶上,用手拽住救生筏的扶正带,身体向后仰,利用体重和臂力将救生筏拉起,同时随着救生筏的抬起,双手不断地交替上升拉拽扶正带,直至救生筏随着人力和风的合力作用下即将扶正,这时候一定不要害怕被救生筏压住,要保持面部朝上,抓住扶正带,从救生筏的侧边浮出水面;如果救生筏的体积比较大,重量比较重,这时候就需要拉住救生筏的扶正带,攀爬到救生筏的筏底上,双脚站在救生筏扶正带根部的左右两侧,拉住扶正带,屈膝站好,身体后仰,利用身体的重量和风对救生筏的影响,扶正救生筏。

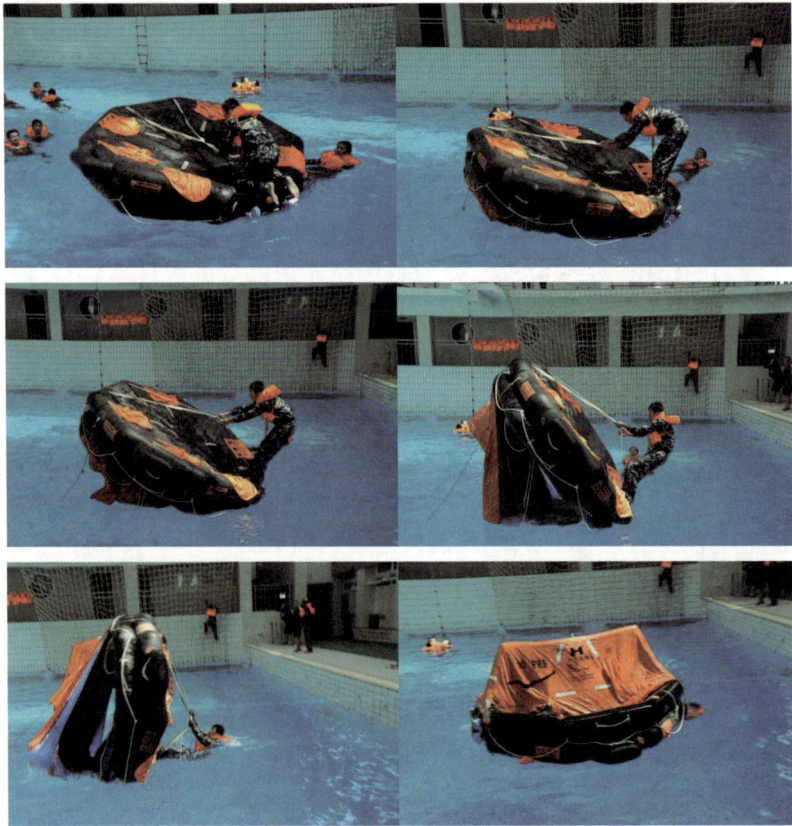

图 8-2-1　扶正倾覆的救生筏

在扶正救生筏的过程中需要注意的是:

1. 由于装有充气钢瓶一侧的筏体更接近水面,因此,扶正带的根部一般都设置在有充气钢瓶的一侧。要扶正救生筏,就一定要先找到充气钢瓶的位置。

2. 如果救生筏比较大,一定不要只使用胳膊的力量进行扶正。由于救生筏体积大、重量重,需要用到一个人的体重,甚至两个人的体重,而不是完全靠臂力进行扶正。

3. 在扶正救生筏的整个过程中,都是采用面对救生筏筏底的姿势,千万不要因为救生筏已经快要扶正,害怕人被救生筏压入水中,就翻转身体使后背对着救生筏的筏底。因为救生筏的筏底有平衡水带、扶正带、海锚、登乘软梯和艇缆等障碍物,容易挂住操作者的救生衣或身体,一旦挂住,短时间内如摆脱不了束缚,操作者就会慌张、就会泄气,那么将会非常危险。而采用面部朝向筏底的姿势,虽然也有可能被压在筏下,但是由于救生筏的筏底是柔软、有弹性的,操作者手向上举,会在海面和筏底之间形成"气囊",可以保证人员的呼吸,然后再从救生筏的侧边游出即可。所以,无论如何,都要保持面部朝上的姿势,才更安全。

4. 如果由于救生筏太重,一个人甚至两个人都无法扶正救生筏,则有可能是由于救生筏的篷帐内灌注了大量的海水。这时,可以安排几个人在救生筏充气钢瓶相反的一侧,在操作者扶正操作的同时,这些人通过向上推动篷帐,协助救生筏的扶正。

第三节

操纵救生筏脱离遇险船舶

当全部乘员登上救生筏后,应该迅速地操纵救生筏驶离遇险船舶一段距离,防止因船舶的爆炸、火灾、倒塌、沉没和水中漂浮物等损坏救生筏。救生筏本身是没有动力的,通常需要救生艇或救助艇的拖带才能实现远离难船。而如果没有外来的协助,救生筏需要使用自身所配备的桨和海锚,才能离开遇险船舶。

一、可浮手划桨的操作

1. 当人员登上救生筏后,首先取出存放在救生筏属具袋内的安全小刀,割断与大船相连的缆绳。

2. 在属具袋内,还配有两只可浮手划桨。手划桨由两部分组成,一部分是桨叶,一部分是桨杆。大多数手划桨采用伸缩杆设计,通过拉拽的方式即可实现桨杆的伸长和缩短,将桨杆的长度调整到适合操作的长度时,只需要顺时针拧转两部分桨杆,即可完成手划桨的组装。

3. 划桨操作分为同向操作和反向操作。如果要操纵救生筏快速朝一个方向前进或后退,则应采用同向划水操作的方法;如果需要操纵救生筏快速转向,则需要两名乘员(桨手)采用反向操作的方式,一个人向前划水,另一个人向后划水。

4. 在操纵手划桨的时候,需要两名桨手处于能看到对方操作的位置,不能只顾自己划水,而是应该同进同退,进退有序。

5. 要掌握桨叶划水的角度和入水的深度。在使用可浮手划桨的时候,一只手握住靠近桨叶上方的桨杆,另一只手握住靠近桨柄的桨杆,应保持桨叶垂直角度入水,入水深度在桨叶的2/3左右。

二、海锚的使用

除使用手划桨可以操纵救生筏离开难船外,还可以使用救生筏配备的海锚,当然,手划桨配合海锚一起操作,也是一种好的方式。救生筏配备了两只海锚:一只海锚在救生筏充气过程中,随着救生筏一起布放;另外一只海锚,在救生筏的属具袋内存放。需要使用海锚的时候,可以使用先前布放的那只海锚。

1. 拉起海锚索,收回布放在水中的海锚,并将盘好的海锚索置于一只手中,仔细检查海锚索的末端是否与救生筏连接牢固,防止松脱。

2. 将海锚团成容易抛投的形状,用力将海锚和海锚索向救生筏前进的方向投出。

3. 快速回收海锚索,利用海锚入水产生的阻力操纵救生筏前进。

第九章
在海上求生时对救生艇筏的管理

在船舶营运期间,需要对救生艇筏进行良好的管理,除了相关的设备需要日常的维修保养以保持其处于良好的技术状态外,还需要在一定的时间周期内,组织人员进行相关的操作训练,以便于广大的船员在海难事故发生后,能够做到临危不乱,服从指挥,正确迅速地进行应急应变的操作;而在船舶发生海难事故后,救生艇筏上的组织和管理也非常重要,这同样也包括对设备的管理和对人员的管理。这些管理工作做好与否,将直接影响海上求生是否能够取得成功,因此,需要船员在日常工作中做好必要的学习,并做一些心理上和经验上的积累,特别是高级船员必须高度重视,在管理工作上不能流于形式。

第一节

登上救生艇筏后应该采取的行动

船舶是海员赖以生存的生活环境和工作场所,即使船舶发生海难事故,如果船况尚好,不至于威胁到船员的生命安全,那么,船舶也是最好的"救生设备"。因此,不是万不得已,不要轻易离开船舶。当船舶发生海难事故后,任何船员个人,不可以根据自己的判断,轻易地采取弃船的行动。弃船命令只有船长认为需要时才能发出。船长在海难救助中,首先要考虑保护船上人员的生命安全,其次才是考虑保护船舶、货物财产的安全。所以说,当接收到弃船信号后,一定要服从指挥,努力做到临危不乱,按照应变部署的分工,每个人都争取以最快的动作完成平时演练的应急操作的任务,做好弃船前必须要做的应变应急工作。只要时间、情况允许,都要做好必要的海上个人求生的准备,完成应变部署所分担的任务,做好弃船前的应急作业。

一、弃船前必要的准备工作

当弃船信号发出后,为了尽可能减少海上求生过程的困难,船上人员应按照应变部署表的规定,做好弃船的准备工作,并尽量携带海上求生行动中所需要的物品。

1.船长在发出弃船命令后,根据船舶当时的总体情况,立即确定使用适合当时船舶状况的最有效的救生设备,并立即通知大副及全体船上人员。

2.大副接到船长指令后,立即组织船员做好集结、降放救生艇筏的准备,以及登乘的组织等必要的工作。

3.依据船舶的危险状况,船体的倾斜、破损的程度,海面上的风浪、水温、气温,遇难船的位置、离岸的距离,与救援船舶、直升机等救助单位的通信联系,做好必要的心理安抚工作及相应的组织工作。

4. 由专人负责携带卫星紧急无线电示位标、搜救雷达应答器、双向无线电话等无线电救生设备以及视觉求救信号,以备登上救生艇筏用。

5. 船员应当携带应变部署表所规定的物品、船舶重要的资料和文件、必要的航海图书资料等必需品。

6. 只要条件允许,每一位船员都尽可能多带一些淡水、食品、保暖物品等海上求生必需品。

7. 安排人员检查逃生通道、集结站、救生艇筏降放站、救生艇筏降落水域的应急照明设施,确保能够正常使用。

8. 在货船上,大副要在人员登乘救生艇筏之前,组织清点人数,掌握人员的总体情况,要尽可能争取全体人员都能登上救生艇。

二、登上救生艇筏后应该采取的行动

在有序地组织全体船上人员登上救生艇筏后,紧接着是需要安全顺利地将救生艇筏降放到水面。当救生艇筏脱开吊钩,大副或者各救生艇艇长、救生筏的负责人要特别注意:

1. 再一次确认本船人员或者各自救生艇筏的额定成员,是否都离开了难船,登上了救生艇筏。

2. 在人员确认无误后,救生艇的艇长(救生筏的负责人)要根据当时海面风、浪、流的情况,难船的运行状态,确定离开难船的操纵方法。

3. 立即解脱救生艇的缆绳,使用备放在出入口的安全小刀割断救生筏与难船的缆绳,操艇(筏)离开难船。

4. 操艇离开难船大约1/4 n mile,在水中漂流等待援救。在这期间要利用探照灯、手电筒、哨笛或者呼喊等手段搜寻和救助在水中漂流的求生人员。

5. 风浪过大,为防止救生艇翻覆,可以操纵救生艇使艇首处于顶风、顶浪状态,或者从艇首抛出海锚,减少救生艇的横摇,必要时,可以施放镇浪油。

6. 检查救生艇(筏)内的状况,看看是否有积水,是否有破漏之处,利用救生艇的手摇排水泵、水舀(水瓢)、海绵等清除积水。如果确有破漏,则应立即使用属具备品进行堵漏,要保持救生艇筏内求生环境的干燥。

7. 要做好防寒、防风雨、防日晒、防海浪等的准备。检查救生艇门窗、进出口,救生筏篷帐、瞭望口、门帘等有可能破漏的部位要确认安全可用,保持艇筏内的清洁和干燥。海上求生最好的环境是干燥、温暖,在登上救生艇筏最初时段,除了清点人数、争取快速安全地离开难船外,一定要注意采取防寒保暖的周密措施,维持好漂流待救的求生环境。

第二节
在漂流待救时对救生艇筏的管理

救生艇筏在集结的水域漂流待救,要等待 2～3 天,以便于被搜救船舶、直升机能够及早地发现。在漂流待救时,船长、大副、艇长、救生筏的负责人,必须做好安抚全体海上求生人员的心理工作,安定人心,鼓舞遇险人员求生的意志,团结一心,战胜各种困难;同时做好救生艇筏内属具备品的安全合理使用计划,共同渡过漂流待救的难关。

一、心理安抚工作

船上人员处在危险和恶劣的海洋环境条件下,进行海上求生,需要人员的情绪稳定,人与人之间的和谐互助。相互鼓舞,坚定求生意志是海上求生成功的基础。船长、大副、艇长、救生筏负责人等高级船员的团结、协调和镇定的指挥,是稳定情绪、鼓舞求生的勇气、战胜困难,获取求生成功的有力保障。因此,在漂流待救时至少应该做到:

1. 船长等高级船员要稳定情绪,沉着指挥,关心每一位求生人员,特别照顾好伤病员,从情绪上安抚所有的人员。

2. 登上救生艇筏后,应该及时地给每一位救生艇筏的乘员发放晕船药。因为晕船的人员浑身无力、头发胀、冒虚汗、恶心容易呕吐,非常难受,容易丧失求生的意志,失去求生的信心和意志,不利于海上求生的坚持和管理,所以,为了防止晕船人员的呕吐、抑制口渴,减少求生人员的痛苦,增强求生的信心,加强在救生艇筏中海上求生的管理,必须做到晕船药的及时发放。

3. 船长应将漂流待救的位置,周围环境,距离最近海岸的国家、港口、陆地,预计在短时间内周围海面的气象、风、流等情况告知大家。另外,一旦要计划离开漂流待救的水域,应该选择的大致方向、距离,要明确告知救生艇筏的负责人。

4. 将我船已经发出的遇险求救报文、信号,以及有关岸台、船舶、直升机等已经收到信号等,这些能鼓舞求生信心和坚定求生意志的信息通告每一位求生人员。

5. 船长及高级船员要综合分析所有的信息,包括获取能够得到救助的可能性,大概需要漂流待救的天数,最大的威胁和危险等,做到心中有数,同时也应做好各种应急准备。

6. 熟悉掌握无线电救生设备、视觉信号等的使用方法和使用时机,必要时明确地安排专人负责。

7. 尽可能安抚救生艇筏上的遇险人员,防止一些意志不坚定的人和性格偏激的人产生急躁情绪,严格管控锋利器具,防止意外的发生。

心理安抚工作作为在救生艇筏漂流待救时的重要管理工作之一,是因为采取所有措施的目的是稳定情绪,鼓舞求生的信心,坚定求生的意志,只有相互帮助,服从指挥,才能真正战胜困难,获取海上求生的成功。在这里我们特别强调的是,榜样的力量是巨大的,船长和高级船员克服困难时以身作则,沉稳指挥操作、积极引导广大船员战胜困难,说服和教育全体人员认清当时求生的困难和有利因素,使大家充分认识到,只有依靠集体的力量才能战胜各种艰难困苦,直至获救。

二、乘员的管理工作

除了心理安抚工作,对救生艇筏内乘员的工作安排也是一项非常重要的工作。在救生艇筏漂流待救时,因人而异地做好每一位乘员安排管理,也是船长、大副和救生艇筏负责人的一项重要工作。给救生艇筏内的乘员分配相应的工作,不仅能够维持一定的组织纪律,同时,有了工作的人员,也可以有效地摆脱一些不良的心理情绪,减少精神压力,避免因心理因素带来的一些危险。良好的工作分工应面面俱到,又不会使求生者感到疲劳和绝望。作为救生艇筏的指挥者,应能做到对救生艇筏的设备及人员进行良好的管理:

1. 除了伤病员外,依然要执行 24 h 值班制度,每班 1 h,由两人负责,一人负责外勤,一人负责内勤。如天气恶劣,可以缩短值班时间,确保人员有充足的休息时间。

2. 值外勤人员的主要职责是保持不间断的有效瞭望,同时应及时地将发现的情况通报给救生艇筏内的人员。

(1)注意瞭望发现过往的船舶,前来搜寻救助的直升机、船舶。

(2)保持应有的警觉,注意搜寻救助落水的海上求生者。

(3)保持肃静,注意倾听哨声、呼救声,注视黑暗中的灯光及各种视觉信号。

(4)搜寻发现陆地。

(5)注意天气海浪的变化,在大风浪来临时,通知艇筏内人员做好抗风浪的准备。

(6)随时注意艇筏周围水域的情况,尽可能掌握救生艇筏随风流漂移的大致方向和距离。

(7)避免大型海洋生物的伤害。使用钓鱼用具,钓取海洋生物补充食品。

(8)下雨时,及时通知艇筏内人员收集雨水,补充淡水。

(9)保持与周围其他救生艇筏的联系。

3. 值内勤的主要职责是检查救生艇筏内的状况,包括救生艇筏设备的状况和人员的状况:

(1)应该时刻注意保持艇筏内的干燥和温暖,随时排除艇筏内的积水,发现有任何渗漏都要及时修补。

(2)根据当时的环境情况,注意通风保暖,保持艇筏内的干燥和卫生,必要时对救生筏浮胎或筏底进行充气或放气。

(3)固定好可移动物品,注意保护属具备品处于良好的使用状态。

(4)照顾好伤病员,及时地发放晕船药,按时定量地发放食品、淡水,及时地收集雨水。

(5)安抚好相关人员的情绪,掌握艇筏内人员的健康情况,及时地向艇长报告,正确地协调和解决问题,鼓励人们战胜困难的信心。

4. 尽可能安排其他乘员休息好,提醒专人监听无线电救生设备的信号。

5. 组织好有关人员对漂流待救水域周围天气、风浪情况的分析,做好对付可能出现恶劣天气的准备。

6. 要对求生过程中可能会遇到的困难做出全面、科学的预测,并做好准备。

三、艇筏中的淡水与食品

在救生艇筏的备品中包含了定量的淡水和食物,可以在一定的时间内维持遇险人员的生命安全,必须派专人管理,保证合理而公平的分配和使用。

(一)淡水

水是构成人体的主要物质,是维持人体生理活动必要的营养物质,大约占体重的60%。人的身体如果缺少大约1/5的水分,人就可能会死亡。在正常情况下,一个成年人每天会消耗2.5 L左右的淡水,其中通过肾脏器官、出汗排出2 L,肺及其他内脏器官消耗0.5 L。人体失去的水分如果不能得到及时的补充,身体机能就会失去平衡,直至死亡。一个成年人在正常情况下,每天至少需要饮用淡水0.5 L,才能维持存活。淡水要比食物对求生者更加重要,在有淡水无食物的条件下,人维持活着的时间大约能达到40~60天;与此相反,在有食物没有淡水的条件下,大多数人会在10天内死亡,当然个体的差异和所处的环境也是决定人员在缺水情况下存活的重要因素。有的人在缺水时活不过3天时间,而在没有食物的情况下,有的人却挺过了18天。

救生艇为每个额定乘员配备了3 L淡水,救生筏为每个额定乘员配备1.5 L淡水,在饮用这些配给淡水的时候要遵循一定的方法才行,不是什么时候想喝就可以随便喝的。由于弃船前船员在船舶上喝过水、吃过饭,因此,在离开难船登上救生艇筏后的第一个24 h内,原则上是不配给淡水和食物的;从弃船的第二天开始,每人每天分发 0.5 L 供给淡水,这样救生艇上配给的淡水可以维系 6 天时间,而救生筏则是 3 天。

在救生艇筏内饮用淡水时,每天配给的 0.5 L 淡水要分三次饮用(分早、中、晚),在饮用时,要一小口一小口地喝,要在口中含一会儿,使这少量的淡水充分地浸润一下口腔、舌、唇后,再慢慢地咽下,以便于这少量的水既维持了生命,又克服了口渴的难忍之苦。

在海上求生的过程中补充淡水的主要来源是降水,在收集雨水时,应该使用救生艇筏中所有能够盛装水的容器,先利用雨水将容器冲刷干净,去掉容器中的盐分,再盛接雨水储存。收集到的雨水因为含有杂质等,要先于艇筏中所配给的淡水饮用。因为淡水保鲜期的长短主要与三个条件有关,其一是水本身的质量,其二是盛装水容器的清洁度,再者是保存水的环境温度,三个条件合适,淡水的保存期限大约 40~60 天。

若是在荒岛求生的过程中发现淡水,但是无法确定是不是可以饮用时,可以采用下面的办法判断一下发现的淡水是否能够饮用。首先需要观察发现水源或淡水周围的环境,是否存在污染源;其次需要观察淡水的颜色;接下来要观察淡水中的悬浮物或者是否存在微小的生物等,判断的方法还包括嗅觉上的勘察,可以嗅一嗅,判断水是否有异味。当发现的淡水无异味、无浑浊,判断可以饮用的时候,也不要贸然饮用,如果有条件,水烧开 3 min 后饮用是最好的办法。当然,如果条件不允许,还可以用如下的办法:

(1)可以采用过滤的办法。用石头、沙子、木屑、棉花等组成过滤组,将水通过简单的过滤后再饮用;或者采取在水源旁边的沙地挖坑,通过水的渗透进行初步的过滤。

(2)使用漂白粉消毒的办法。在 20 L 一桶的水中,添加 2 片(10 mg)漂白粉,充分搅拌溶解,待漂浮物沉淀,水清澈即可以饮用。

(3)也可以在 20 L 左右的一桶水中添加浓度为 2.8% 的碘溶液 8 滴、大约在 8~10 min 后,这桶水就可以饮用了。

如果条件不允许,没有办法对发现的淡水进行任何简单的处理,这时候又极度缺水,那么可以尝试少量饮用再观察的方法。先少量喝一些水,待 2~4 h 后,如果没有什么不良反应,就再稍多喝一些水,再等待 4 h 左右,如果依然没有什么问题,这个水就可以喝,但是一次不能多喝,以确保安全。

除了降雨之外,还有一些其他的办法可以获得饮用水。例如可以利用救生艇筏配备的海绵来收集露水等饮用,还可以通过海水蒸发获取淡水,另外,捕获鱼类的新鲜鱼肉的脊骨中的脊液、眼球和鱼肉中的汁水也是饮用水的来源。

国际卫生组织郑重地向海上遇险待救的人员发出警告,在海上求生的过程中绝对不能饮用海水。因为海水的含盐量通常在 3.5% 左右,而人的肾脏仅能排出 2% 的盐分,如果饮用 100 mL 的海水,为了排泄掉其中所含的盐分,不仅要把饮入海水中的水分全部排出体外,还要额外再使身体失去 75 mL 的水分,否则,体内盐分就会增加,使人体肾脏等器官负担过重、受到严重伤害,丧失其功能,同时还会导致心脏负担过重,危及生命安全。有人做过统计分析,在求生过程中,由于饥渴喝海水而死亡的人数要比没有喝海水而死亡的人数高出 12 倍以上。因此,在海上求生过程中绝不能饮用海水。

那么,在海上求生的过程中,能不能饮用自己的尿液呢? 答案是否定的。尿液本身有一股骚臭味,容易引起呕吐,进一步减少体内的水分,再加上在海上求生过程中,长时间的缺乏饮用水使得尿液少而浓,大大增加有毒物的含量,因此,饮用尿不仅不能解渴,还会导致恶心、呕吐,使身体水分更加缺少,更加口渴,而导致死亡。当然也不排除有人是通过喝尿活下来的,但是,那毕竟是特例,不能作为常识被采用。

(二)食品

救生艇筏中每一个额定成员配备具有 10 000 kJ 热量的压缩饼干式食品一份,救生艇筏中配给的干粮主要营养成分是按照最佳营养比例配制而成的。含有适量的蛋白质、脂肪、糖类等的碳水化合物,艇筏中绝不允许配备容易使人口渴的食品。

根据研究认为,一个人每天能够获取大约 2 100 J 热量的食物,就不会感觉到饿,获取大约 4 200 J 热量的食物就能维持体力。救生艇筏中每一个额定成员配给的口粮是按 6 天配备的,离开难船登上救生艇筏后第一个 24 h,不吃不喝,依靠身体内原来的水分和养分消耗,第二天开始,每人一块饼干,分三顿吃(早、中、晚),当第三天后还没有获救,每天将一块饼干分为两天吃。

人体吸收营养是靠水分的溶解,胃肠器官才能吸收,而救生艇筏所配给的干粮的营养成分的吸收,只靠少量的水分或不依靠水分的溶解就可以被吸收,因此,在没有淡水的时候,什么食物也不可以吃;只有少量水的时候,仅可以吃救生艇筏所配给的干粮,因为消化食品是要消耗体内水分的;没有饮用水,只是吃食物,会增加人的口渴及对淡水的需求。

当然,如果淡水充分,食品的补充来源也是比较多的,在救生艇筏的属具备品中有钓鱼用具一套(包括鱼线、鱼钩、鱼饵),钓上来的鱼肉可以充饥、鱼血可以止渴。另外,各类海藻大多数都可以生吃,海藻的叶子吃起来比较方便,富有维生素和矿物质。

但是,不是所有钓上来的鱼都可以吃的,捕捞上来的鱼颜色特别鲜艳不能吃,鱼的身体形状比较奇特的不能吃,鱼肉有辛辣味不能吃,鱼体表面黏液质比较多的不能吃,肺鱼、墨水鱼、鱼体上长刺的鱼不能吃,鱼体上有硬毛或棘毛大多数是有毒的鱼;用手按一下鱼的身体,留下凹陷印记的不能吃。在吃海藻时,寄附在海藻上的寄生贝类不能吃。

救生艇筏上有很多可以利用的捕捞鱼的用具,别针、发夹、衣领钩、裤钩、钉子、耳环、鞋带、绳索、钩篙、锡箔纸、裤袜、衣裤……都可以用来替代捕鱼的工具。

四、艇筏内属具备品的管理

在漂流待救开始阶段,对于需要等待多长时间才可能获救,没有一个准确的时间概念。指挥者应该将困难和危险考虑到最大。因此,有计划地、合理地分配使用救生艇筏内的属具备品,使这些物品能够发挥最大的效益,也是在漂流待救时,救生艇筏管理中的一件大事。进入漂流待救水域,应该马上组织人员对艇筏内的属具备品进行清点和整理。

1. 船(艇)长立即组织相关人员对艇筏内的物品进行分类清点,并安排专人负责保管和使用食品、淡水、药品及其他属具备品。

2. 随时可用的物品要安排值内勤的人员专门保管使用,不常用的物品要固定存放好。

3. 淡水和食品的分配要由专人负责,在分配时必须要留有充分的余地,分配要公平合理,除了伤病员外,不得有任何特殊照顾。即使需要有特例,也要服从艇长的指挥、征得全体乘员的同意。

4. 对于锋利的器具要由专人保管使用,要用一次取一次,避免发生伤害艇筏、物品、人员的意外事故。

5. 按照应变部署分工所携带到救生艇筏的物品也要统一清点、全体人员合理使用。

6. 个人在弃船救生时所携带的私人物品由个人保管使用,在个人自愿的情况下,按照个人意愿分配使用。

第三节

救生艇筏在漂流待救时的主要工作

救生艇筏离开难船,在船舶失事地点附近漂流,等待 2~3 天,在这段时间里,主要的任务是漂流待救,是等待,而绝不可以远离,以免错失被搜寻救助的良机。漂流待救的两个目的:保护好海上求生人员;保持救生艇筏的位置在一定的水域漂流待救。同时,利用可能的条件和方式积极争取早一些被发现。在救生艇筏集结完毕,为了有利于海上求生的成功,要明确所有的救生艇筏,加强联系及联系的方法,统一使用救生艇筏的属具备品,减少值外勤的人员,明确领导,服从指挥,发挥好海上求生的集体力量,提高海上求生的可能性。

一、救生艇的主要工作

在离开难船,到达漂流待救水域,救生艇、救助艇的主要任务是拖带、集结所有的救生筏、救生艇。艇筏的集结可以相互关心、照顾,增加海上求生人员战胜困难的信心,坚定求生的意志;还可以增大目标,有利于被发现。其次,还要注意搜寻救助已经落水的求生人员。除此之外,救生艇应该努力做到:

1.抛放海锚,关闭艇机,漂流待救。非必要不得开机,节约燃料,以备急需时使用。

2.救生艇筏集结在一起,要注意防止海锚的索具相互搅缠,影响减缓救生艇筏漂移速度的目的。因此,艇筏集结时,要注意相互之间的排列位置。

3.救生艇、救助艇在集结时,最好在边侧,以便于随时机动应用。

4.刚开始漂流时,要注意记住救生艇首所指的罗经航向,根据船舶发生海难事故的船位,推算出漂流待救水域的大概位置。

5.船长、大副或救生艇筏的负责人,利用当时条件允许的最简单的方法,测算出救生艇漂移的速度。

6.掌握救生艇的大概位置、艇首方向、漂移的速度,都是为了明确自己的位置,积累信息,便于下一步的海上求生的安全进行,以及能够向搜寻船舶、直升机报告自己的准确信息。

7.及时地利用时间检查艇机,以保证大风浪时海上求生的安全。

8.在漂流待救中,大风浪来临前,要关闭救生艇的所有门窗,关闭艇机的海底阀,检查艇机的排水管,保证水密,防止风浪打进救生艇内。除非应急,禁止人员走出艇外。

9.大风浪来临前,还要扩大集结艇筏之间的间距,减少艇筏之间的撞击,避免救生艇筏的损坏。艇内人员将自己固定在座位上,艇内的可移动物件也要固定好。

10.在救生艇漂流待救期间,还要按照海上个人求生的专业知识和技能,维护好干燥、温暖的求生环境,做好海上求生人员的自身保护。

二、气胀式救生筏的主要工作

由于气胀式救生筏的构造特点,在漂流待救时,需要做一些符合气胀式救生筏特点的操作。抛投式救生筏收起海锚、割断缆绳,离开难船后,再经过自身的努力或由救助艇、救生艇拖带到漂流待救的集结水域。用缆绳与其他救生艇筏集结在一起,重新抛出海锚。将海锚索固定在筏内扶手绳上。救生筏内的人员应该立即进行下列工作:

1.仔细地检查救生筏的浮胎、篷柱是否有漏气的迹象,压力是否充足,如果有不足,应该堵漏或取出充气器进行补气,必要时可将充气器管直接连接在补气阀口上,以便于随时进行补气操作。

2. 将安全阀(溢气阀)用专用橡胶塞,旋紧堵上。

3. 用充气器向筏底充气使筏底充胀成型,筏内人员与海水之间形成了一个气垫层,可以减少筏内温度的散失,保持筏内的温度,又增加了筏底的密封性和强度,增大了安稳感和舒适性。

4. 将可浮救生环的绳索收盘好,备好可浮救生环,存放在筏的进出口旁边,以备发现落水人员,立即抛投出去,及时救助。

5. 从备品袋中取出雷达反射器,组装起来并固定竖放好。

6. 指派专人负责清点筏内的属具备品,并分类、专人负责存放好,由专人负责便于随时可用。

7. 清除筏内积水,保持筏内干燥温暖,关闭筏的进出口门帘,筏内人员面向筏的中央,依靠着筏的浮胎,两腿伸开,相互挤靠着围坐在筏的四周。

8. 注意节约海水电池的使用,限制使用照明灯,点灯时间由船长统一指挥决定。

9. 大风浪来临时,将筏进出口的内外门帘封闭固定好。筏内人员使用内侧扶手绳或其他绳索将自己固定在浮胎上,既稳定了每一位人员的位置,又保证了救生筏的稳性。

10. 天气炎热时,打开进出口门帘,调整通风,放掉筏底夹层的气体,必要时可以向筏的篷帐顶泼水降温。

11. 在筏内需要排尿时,要先排在一个容器里,再倒入海中。防止人员掉入海里。

12. 值外勤负责瞭望的人员,要在专门的瞭望口瞭望值班,既保护了值班人员,又避免了筏内温度的散失。

在救生筏的属具备品中还备有补筏工具一套,内有专用的圆锥形、刻有螺纹的橡胶材料制成的专用的堵漏塞,在检查中,若发现破洞口是近似圆形、口不大,可以直接使用堵漏塞旋进破口进行补漏,如图9-3-1所示。

如果发现破洞稍大或者是稍长的裂缝。可以使用补漏工具中的补洞夹,先将补洞夹的固定螺栓打开,将夹的一面放在破洞口的外面,从破洞口引进螺栓,将另一面夹串进螺栓挤压住破口使用固定螺栓拧紧,即可以堵住破洞,如图9-3-2所示。

如图9-3-3所示,如果破口使用专用工具不能够进行封堵,补筏工具袋中还有粘补的物料,使用剪刀剪裁一块至少比破洞直径大25 mm的尼龙橡胶布,用砂布打磨一下破洞口的四周,再将补丁打磨去掉蜡光面,在补丁和破洞口的四周均匀地涂上胶水,待胶水稍干后,将补丁粘贴在破口上,积压平顺,大约5 min后再进行充气。

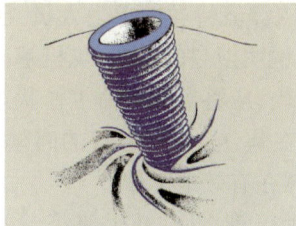 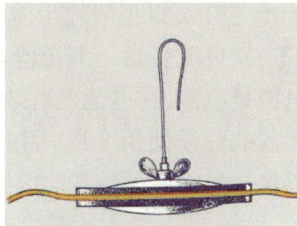 

图9-3-1 堵漏塞　　　　图9-3-2 补洞夹　　　　图9-3-3 粘补漏洞

粘补时要注意,补丁的经纬纹要与筏体破洞的原件相一致,才能使补丁与筏体均匀受力,保证一定的强度。

三、为使救生艇筏及早地被发现应做的主要工作

当船舶发生海难事故遇险时,船长就应该果断地使用船舶所配备的无线电救生设备,向在附近航行的船舶、飞机,或向主管机关、救助单位、船舶所属公司等相关单位报警求助,通报难船的船位、遇险的性质、需要救助的要求等相关信息。只要这些无线电救生设备是处于良好的技术状态,操作使用无误,就能够把求救信息及时地传送出去,为海上求生人员能够及早地获救做好准备。

目前,船舶无线电救生设备主要包括:全球遇险与安全通信系统(GMDSS)、船用甚高频无线电话、船用主发信机和主收信机、搜救雷达应答器(SART)、卫星紧急无线电示位标(EPIRB)、双向无线电话。其中船用主发信机和收信机、GMDSS 的主体设施、甚高频无线电话都是船用固定通信、报警设备。在 GMDSS 通信系统中,船舶遇险的报警可以有三条路线、三个方向来进行,船对岸(遇险船舶向海上救助协调中心 RCC)的报警;船对船(遇险船舶向航行在邻近船舶)的报警;岸对船(RCC 接到遇险报文后向航行在难船邻近的某一艘船发出的报警,指令其前往救助或监护)的报警,虽然有三条线报警,但是最重要的是船对岸的报警。因为,岸上获得各种信息多,可以为难船提供救助的手段比较多,指挥运用的救助资源比较多,海上救助成功的可能性比较大。由于 GMDSS 系统的科学、先进和合理性,整体系统反应较快,能够使难船发出的报警信文迅速、成功地传向所求助的单位,使得海上求生成功的可能性大大提高。虽然船长在下达弃船命令时,已经向外发出了求救报文,但是我们还是要求在离开难船时,必须按照要求将可携型无线电救生设备,如卫星紧急无线电示位标、搜救雷达应答器、双向无线电话等携带到救生艇筏,以便于更快、更好地使海上遇难人员求生、救助获得成功。为了使在救生艇筏上的求生人员能够及早地被发现,救生艇筏在漂流待救时,应该注意掌握好时机,船员应恰当地运用好无线电救生设备和各种求救信号。

1. 救生艇筏集结、漂流待救后,应该立即由船长(大副、救生艇筏的负责人)统一、合理地安排、使用无线电救生设备和各种求救信号。

2. 如果携带到救生艇筏上的卫星紧急无线电示位标,在撤离难船前没有起动,带入救生艇筏后,应该立即起动投入使用。越早投入使用,对于海上求生越有利。

3. 当海上求生人员登上救生艇筏,驶离难船,到达漂流待救的水域时,将搜救雷达应答器(SART)垂直固定在救生艇的舷边、救生筏的瞭望窗附近(或专门的固定位置上)。天线至少距离水面 1 m,应答的效果才能更好,打开起动开关,使搜救雷达应答器处于待命的工作状态。当应答器的信号被搜寻雷达接收的同时,应答器的听、视觉信号装置就开始工作,应答器上的灯光不断连闪,蜂鸣器不断发出"嘀嘀"声响,以提醒救生艇筏内漂流待救的求生人员,已经被搜寻单位发现,只要再努力坚持一下,就可能获救。声音越大,说明搜寻的船舶、飞机越靠近救生艇筏。搜救雷达应答器的工作电源是电池,在电池的有效期内,应答器在待命工作状态下可以使用 96 h,在连续发射的工作状态中可以使用 8 h。因此,在集结、漂流待救的时候,要合理、统一地使用搜救雷达应答器,以保持始终有搜寻雷达应答器在有效地工作。

4. 救生艇上还配备了 3 只双向无线电话,是为了提供救生艇筏之间;救生艇筏与船舶之间;搜寻飞机、搜寻的救助艇与难船或救生艇筏之间的通信联系。在使用时要注意节约用电,可以开机监听,不做无效的通信联系,避免失去获救的良机。双向无线电话在 156.800 MHz、甚高频 16 频道工作,并且至少还能增加一个频道工作,双向无线电话由电池提供电源,要求在起动 5 s 内就能够工作,至少可以连续工作 8 h。

5. 要合理地控制好使用焰火信号的时机。在救生艇筏的属具备品中,分别配备了降落伞红火箭信号 4 支、手持红火燃信号 6 支、漂浮的烟雾信号 2 支。烟雾信号是白天使用的;降落伞红火箭信号、红火燃信号是晚上使用的。只有在视觉范围内已经发现了来船,为了引起来往船舶、飞机的注意,促使他们加强对海面的瞭望搜寻,以使救生艇筏能够及早地被发现,才可以选择恰当时机使用,绝不可以盲目地使用。特别是在无线电救生设备失去工作能力时,选择好操作使用燃火视觉信号的时机,使其能够发挥最大的作用,就显得更加重要。

6. 在救生艇筏的备品中还配有哨笛等声响求救信号,要求在漂流待救中绝不要盲目地使用呼叫的方式来求救,以保护好求生者的体力。尽可能地操作使用好所有的无线电救生设备和视觉求生信号,发挥这些设备和物品的最大作用,对于海上求生的成功将起着积极的保障作用。

第四节
海锚及其操作

《LSA 规则》要求,救生艇的属具备品中要配有适当尺度的海锚 1 只,配有浸湿时还可以用手紧握的耐震海锚索 1 根,海锚、耐震海锚索和回收索的强度,要能在一切海况中适用;在救生筏的属具备品中要配有海锚 2 只,每只海锚配有耐震海锚索及回收索各 1 根。一只海锚备用,另一只固定地系在救生筏上。在救生筏抛投到水面上充胀成型时,海锚能够使救生筏以非常稳定的方式处于顶风、顶浪。海锚、海锚索和收锚索应该能在一切海况中使用,海锚应该设有防止绳索旋转的设施。

一、海锚的作用

海锚是配备在救生艇筏中的一个专用设备,适用于救生艇筏在漂流待救时,控制救生艇筏位置的特殊设施。其主要作用如下:

1. 在大风浪中漂流待救时,抛出海锚,控制救生艇筏处于顶风、顶浪的状态,防止救生艇筏被风浪打横,避免救生艇筏被正横来得风浪造成倾覆。

2. 在漂流待救时,抛出海锚,减缓救生艇筏随风流漂移的速度,尽可能保持在难船附近的位置,以便于被搜救船舶、直升机发现,早日获救。

3. 抛投式救生筏在解脱艇缆,准备离开难船时,可以利用固定地系在救生筏上的海锚,驶离难船。

4. 在非机动艇抢滩操作时,抛出海锚控制艇首冲向海面,艇尾朝向岸边抢滩,以防止艇被浪打横,造成倾覆。

二、海锚的简单构造

救生艇的海锚主要是由细纹帆布制成的,一端设有一个大口,为进水口;另一端设有一个小口,为排水口,如图 9-4-1 所示。在大小口两端上各系一根专用绳索,系在大口的绳索习惯称海锚索,其绳索的长度大约是 3～4 倍艇长(约 30 m),系在小口的绳索称为回收索,其长度要求比海锚索长一些。其破断力都不小于 5 kN。救生筏的海锚主要由尼龙橡胶布制成,其构造大多数与救生艇的海锚类似,规格尺寸上略小一些,另外救生筏上还有一种海锚,是由一块方形或长方形的尼龙布,四角系上绳索,汇集在中间系牢在海锚索上,类似一个降落伞状。固定系在救生筏上的海锚大多数是这种类型。

三、海锚的抛放操作

在抛放海锚前,先检查海锚、海锚索和回收索是否处于良好的使用状态,如果在强度、构造上没有问题,将海锚索系固在艇艉缆桩上,或者系在艇首横座板上,操纵救生艇艇首处于顶风、顶浪状态,救生艇在风浪的作用下,救生艇随着下风流方向有了漂移的速度,开始进行海锚的抛放操作(如图9-4-2所示):

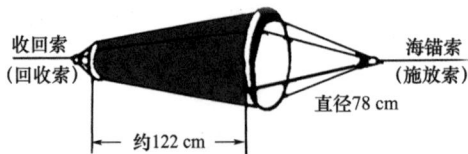

图9-4-1　海锚及其属具的大致规格　　　　图9-4-2　海锚的抛放

1. 从救生艇艇首将海锚抛出艇外,控制海锚索在救生艇慢慢向后移动的作用下逐渐吃力,回收索不可以受力。

2. 待海锚索已经松放出去,海锚在救生艇向后移动的作用下,大量的海水从大口进入,从小口挤出,海锚在海面上有规律地上下起伏,海锚抛放成功。

3. 将回收索松弛地系在艇首,注意观察缆绳与艇的接触部位,磨损程度是否严重,需要时在磨损部位进行包扎保护。

4. 海锚抛放操作完毕,救生艇上值外勤的人员,要经常注意观察海锚是否处于正常,避免海锚发生异常情况。

5. 回收海锚时,只能收拉回收索,海锚索不能吃力。

6. 如果是固定系在救生筏的海锚,因为只有一根海锚索,因此,施放和回收都操作该海锚索,在海锚受力大时,回收操作会很吃力,要注意安全。

四、海锚与布油袋配合使用

在海面上风浪较大时,抛放海锚同时配合着洒镇浪油的操作,可以起到稳定救生艇、减轻摇摆的作用。操作时,将镇浪油灌入布油袋内,镇浪油一般采用动、植物油或机油,布油袋灌满后,将袋口的专用木塞旋紧系好,把布油袋用系绳索牢固地联结到海锚上,抛放海锚时,将布油袋与海锚一起投放入海。袋中的镇浪油就会不断地从袋口木塞的孔眼中渗流出来,逐渐地布满在救生艇四周的海面,可以稍微减轻波浪对救生艇的影响。

第十章
无线电救生设备及视觉求救信号的操作

第一节
无线电救生设备及其操作

为了能及时地将船舶发生海难事故和求救的信息向在附近航行的船舶、飞机以及主管机关、救助单位、船舶所属公司等相关单位报警求助,通报遇险船的船位、遇险性质等相关消息,船上配备了一些无线电救生设备。当船舶发生海难事故决定弃船时,应该由专人将指定的可携型无线电救生设备携带到救生艇筏上,以便于在求生过程中持续、有效地发出求救信息。

目前,船舶配备的可以在救生艇筏上使用的无线电救生设备,主要有下列各类:

1. 卫星紧急无线电示位标

卫星紧急无线电示位标(Emergency Position Indicating Radio Beacon,简称 EPIRB)被起动后,可以发出遇险信号,发出的信号经卫星转发后传至相关的搜救中心,以便采取适当的行动使遇险人员获救。

2. 搜救雷达应答器

搜救雷达应答器(Search and Rescue Radar Transponder,简称 SART)用于在船舶遇险时寻找遇难船舶、救生艇筏或求生者,以及求生者手持搜救雷达应答器时,可以使他们得知是否有救援船舶或飞机在靠近他们。

3. 甚高频双向无线电话

甚高频双向无线电话(Two-way VHF Radiotelephone)使用简单方便,主要用于较短距离遇险通信。

4. 通用报警和公共广播系统

通用报警系统(General Alarm System)可以发出应急报警信号;公共广播系统(Public Address System)可以广播包括紧急信息在内的各类信息。

一、卫星应急无线电示位标

紧急无线电示位标在船舶遇险时,可以由人工操作,也可以自动起动操作,发出包括本船识别码在内的遇险报警信息。报警信息经卫星转至相关的搜救中心,其中的船舶识别码和测定位置数据将有助于搜救中心采取适当行动救助遇险人员,其主要功能如图 10-1-1 所示。

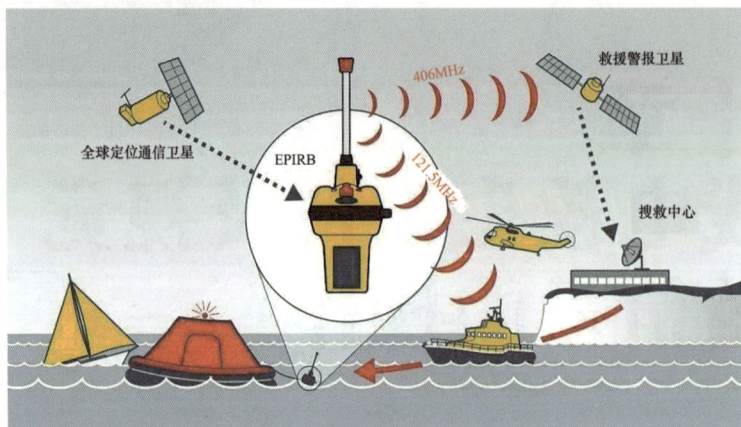

图 10-1-1　EPIRB 的功能示意图

（一）技术性能及配备

（1）能在 406 MHz 频带发送遇险报警；

（2）能人工起动发送遇险报警，并由一人携带进入救生艇筏；

（3）船舶沉没时，能自由漂浮。浮起之后能自动起动发送遇险报警。

每艘船舶至少配备 1 台卫星应急无线电示位标（卫星 EPIRB）。应急无线电示位标平时存放在驾驶台两侧的舷墙上或栏杆上。紧急时由专人携带到救生艇筏上使用。

（二）结构名称及作用

卫星紧急无线电示位标在船上配备使用的种类型号繁多，我们以在船上比较常见的英国 MCMURDO 生产的 E5 型卫星紧急无线电示位标为例，介绍一下它的主要结构、名称及功能。

1. Smartfind 系列 406 MHz EPIRB 简介

Smartfind 系列 406 MHz EPIRB 是由英国 MCMURDO 生产的卫星紧急无线电示位标，如图 10-1-2 所示。这类应急无线电示位标是一个整套设备装在一起的功率强大的遇险发射机，它以一块锂电池作为电源，更换时间为 5 年。卫星紧急无线电示位标为一键式设备，一旦起动后可以工作至少 48 h。它可以漂浮在水面使用，也可以在船上或救生艇筏内工作。

2. 主要结构名称及功能

紧急无线电示位标的主要结构、名称如图 10-1-3 所示。

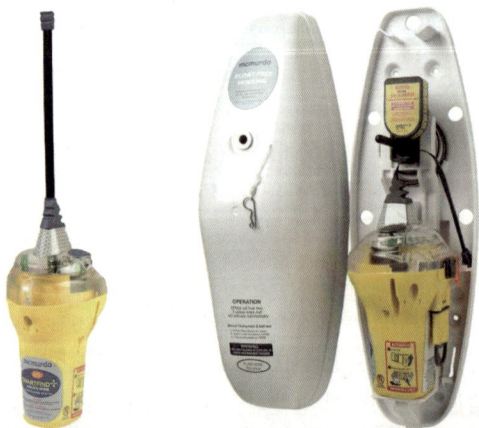

图 10-1-2　Smartfind 系列 406 MHz EPIRB

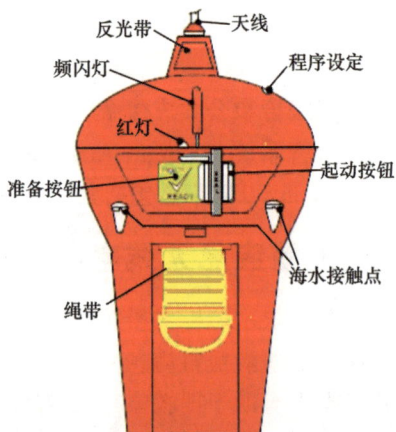

图 10-1-3　紧急无线电示位标的结构、名称

（1）天线——这是一种挠性鞭状天线,工作时天线必须保持垂直。

（2）频闪灯——这是一种 U 形真空玻璃管,通过明亮的圆顶透镜可以观察到。紧急无线电示位标起动以后,频闪灯每间隔几秒钟闪一次。

（3）红灯——通过位于紧急无线电示位标的后方的圆顶透镜可以观察到。该灯持续发光或闪光表示紧急无线电示位标的不同工作模式。

（4）程序设定——用于向紧急无线电示位标输入唯一的编码信息。

（5）"准备"按钮——按一下此按钮可以关闭紧急无线电示位标;持续按住此按钮可以运行内置的自检程序,检查设备的基本状况。

（6）"起动"按钮——按下此按钮可以手动起动紧急无线电示位标。"起动"按钮用一个带有安全封条的滑动盖保护。

（7）海水开关——这两个螺丝帽与海水开关相连,一旦浸入水中自动起动紧急无线电示位标。

（8）绳带——拉动并向下缠绕拉索可以释放紧急无线电示位标,用此索将紧急无线电示位标系到救生艇筏上。

3. 控制功能

（1）"起动"按钮

此按钮隐藏在滑动盖后面,防止意外起动。盖子上面有一个安全封条,可以显示紧急无线电示位标是否起动。

去掉安全封条,向左侧推滑动盖并立即按下"起动"按钮即可手动起动紧急无线电示位标。此时,频闪灯立即开始发出闪光,但在 2 min 之内并不发射任何遇险信息,以便出现意外起动紧急无线电示位标时有机会关闭它。红灯在 2 min 内持续发光,2 min 延时过后红灯开始闪动,开始发射遇险信号。

（2）"准备"按钮

此按钮不但可以关闭紧急无线电示位标,而且也可以测试紧急无线电示位标。

快速按下并松开此"准备"按钮可以关闭紧急无线电示位标使其返回准备状态。松开此按钮,闪光灯和红/绿灯停止闪动。

自检:持续按下"准备"按钮约 10 s 将运行内置的自检程序。

（3）海水开关

只有当示位标安装在存放架或机箱内时,示位标处于完全关闭状态。取下示位标就会激发磁性开关使示位标进入"准备"状态,在此状态下不消耗电池。如果海水开关触点浸入水中,示位标将自动接通。海水开关触点是位于示位标后面开关旁边的两个螺丝帽。虽然用"准备"和"起动"按钮可以手动控制示位标,但海水开关优先各种手动设置。为正确实现各种手动操作,首先必须保持示位标干燥使海水开关断开。

（4）频闪灯及红灯

频闪灯是一种寻找示位标的视觉方式。起动时,频闪灯每分钟 23 闪。示位标发射期间中断,频闪灯也可用作显示自检结果。

红灯用于显示示位标发射状况。示位标起动后,红灯与频闪灯交替闪烁表明在 121.5 MHz 发射正常;每 50 s 亮 2 s 表明在 406 MHz 发射正常。示位标起动之初红灯持续发光直至示位标开始发射为止,红灯开始闪动。红灯也可用于显示自检的结果。

(三)无线电示位标的操作

1. 船舶沉没时

若船上装备可自行漂浮的机箱,当船舶下沉水面以下 4 m 以内时,将自动从机箱释放出示位标。因海水开关已经接通,示位标浮到水面开始发射遇险报警信号,如图 10-1-4 所示。

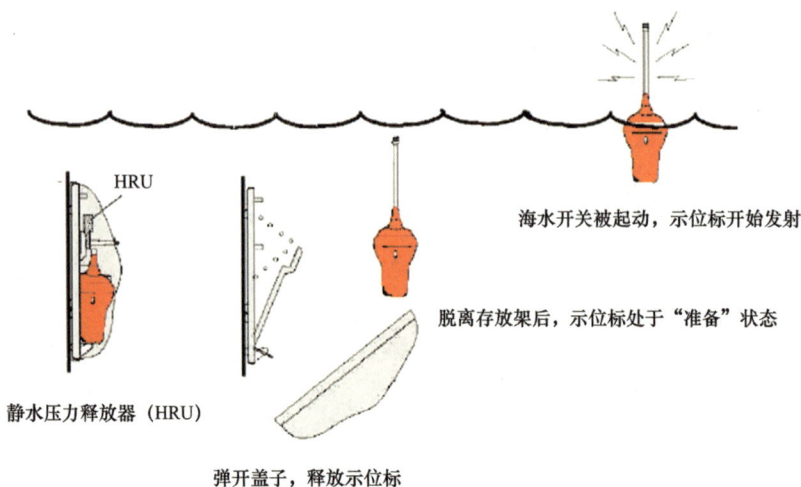

HRU

海水开关被起动,示位标开始发射

脱离存放架后,示位标处于"准备"状态

静水压力释放器(HRU)

弹开盖子,释放示位标

图 10-1-4 自动释放紧急无线电示位标

如果可能,应收回示位标系到救生艇筏上。示位标应标示遇险者的位置,而非海难现场。为更好操作应使示位标漂浮在救生艇筏附近的海面上。

2. 弃船时

若船舶下沉时有时间携带示位标,应从存放架上取下示位标带到救生艇筏上。一旦救生艇筏降放到水中,解开拉索将示位标系在救生筏上,然后将示位标抛入水中使其漂浮在救生筏旁边。因海水开关已经接通,示位标开始发射遇险报警信号,如图 10-1-5 所示。

图 10-1-5 在救生筏上使用紧急无线电示位标

3. 由舷墙存放架释放取下示位标时

如果示位标安装在舷墙存放架上,可以按照图 10-1-6 所示步骤从存放架上取下示位标。

① 按压顶部使其弹起

③ 向前拉出

④ 向下拉

向上抬起,使其离开基座 ②

图 10-1-6 自存放架取下紧急无线电示位标

4. 由机箱释放示位标时

如果示位标装在全封闭机箱内,可以按照图 10-1-7 所示步骤由机箱手动释放示位标。

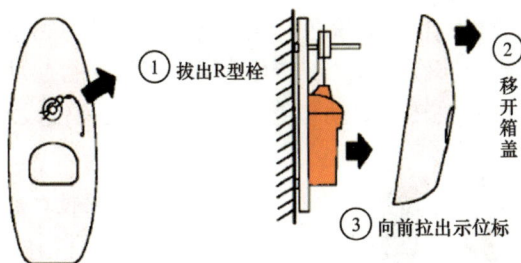

图 10-1-7 自机箱释放紧急无线电示位标

5. 人工起动时

如果船舶虽没有沉没,但存在紧迫危险,应该自存放架取下示位标,按图 10-1-8 所示步骤进行人工起动示位标。

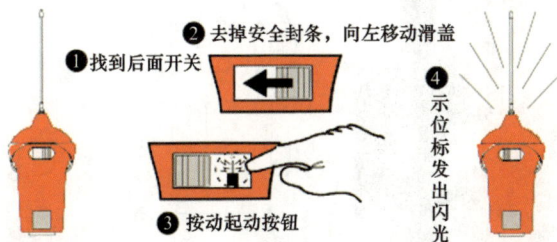

图 10-1-8 人工起动紧急无线电示位标

二、搜救雷达应答器

搜救雷达应答器在遇险时由人工起动或自动起动后处于待命状态。当搜救船舶或飞机接近待救的救生艇筏或求生者时,搜救雷达应答器便会收到搜救船舶或飞机导航雷达发来的探测脉冲,触发搜救雷达应答器,使其产生一组由 12 个脉冲组成的特殊信号,这种信号作为回波被导航雷达收到后,便会在其荧光屏上显示出由 12 个亮点组成的沿半径方向的亮线,由此可判断出持有搜救雷达应答器的救生艇筏或个人的方位和距离,便于迅速营救。

搜救雷达应答器的搜索与救助功能主要体现在下述两个方面:

(1)在搜救船舶或直升机上的导航雷达探测脉冲作用下,搜救雷达应答器发射的信号能使搜救船舶或直升机上的导航雷达荧光屏显示搜救雷达应答器的确切位置;

(2)能使手持搜救雷达应答器的求生者或配备搜救雷达应答器救生艇筏上的人员确信有搜救船舶或直升机在靠近他们。

(一)技术性能及配备

搜救雷达应答器的主要技术指标是:

(1)能在 9 GHz 频带上工作;

(2)起动后处于待机状态,即"收"状态。当搜救船舶飞机接近时,搜救雷达应答器被触发并发出一组由 12 个脉冲组成的特殊信号。

《SOLAS 公约》要求在客船和总吨 500 及其以上的货船每舷至少 1 台;总吨 500 以下的货船至少 1 台。平时存放在驾驶台两侧的存放架上,应及时由专人携带到救生艇筏上使用。

(二)结构名称

以英国 MCMURDO 公司生产的搜救雷达应答器 S4 RESCUE SART 为例,其主要结构名称如图 10-1-9 所示。它的机体为醒目的橙色热塑性塑料,通过不锈钢装置与密封电池连成一体,O 形密封圈可以保持连接部位水密。旋转环形开关可以执行起动、关闭和测试功能。只有撕下安全标签,才能将环形开关转到起动位置。环形开关为弹性设计,可以从"测试"位置自动返回。

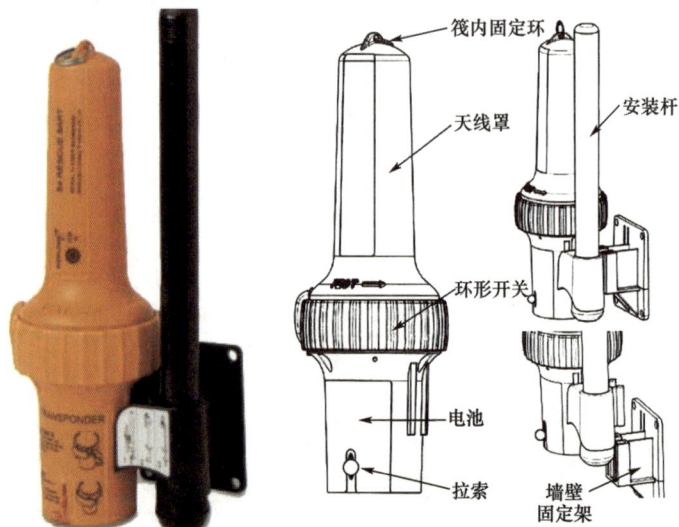

图 10-1-9 搜救雷达应答器

(三)搜救雷达应答器的操作

仍以英国 MCMURDO 公司生产的搜救雷达应答器 S4 RESCUE SART 为例,它的主要操作流程是:

1. 松开夹片,从支架上取下搜救雷达应答器;

2. 撕下位于搜救雷达应答器中部的安全标签,旋转环形开关至起动位置,即标示为"1"的位置;

3. 伸展拉杆:

(1)抓住拉杆下面的橡胶盖,转动拉杆由拉杆座架上释放拉杆;

(2)向下拉并转动拉杆,将搜救雷达应答器锁在拉杆座架上;

(3)移开拉杆下面的橡胶盖,旋转每个部分锁定。

4. 若在救生筏上使用:

(1)按上述方法伸展搜救雷达应答器的拉杆;

(2)在无风处用绳子将搜救雷达应答器固定于合适地点;

(3)将搜救雷达应答器插入救生筏的棚帐上接口;

(4)将搜救雷达应答器支承杆下端放入天线插座;

(5)固定支承杆。

不同型号的救生筏,搜救雷达应答器安装固定的位置不尽相同,也可能位于有登筏平台一侧进出口的外侧,除支承杆固定在浮力胎外,其他安装方法相同。

该型号搜救雷达应答器发射的特征信号在搜救船舶雷达荧光屏显示如图 10-1-10 所示。

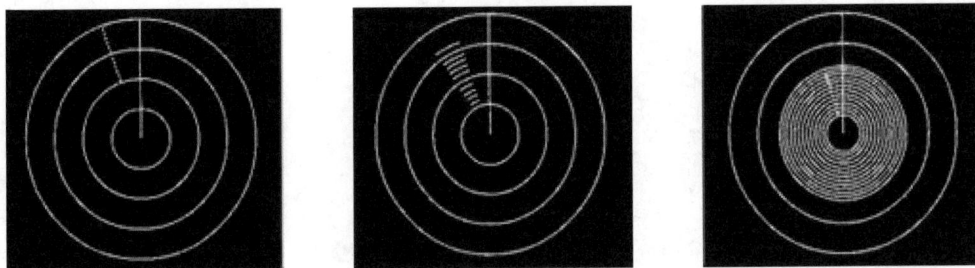

(a)SART 距离搜救船舶 5~6 n mile　　(b)SART 距离搜救船舶 2~3 n mile　　(c)SART 接近搜救船舶 1 n mile 内

图 10-1-10　搜救雷达应答器特征信号

三、甚高频双向无线电话

甚高频双向无线电话便于携带,使用简单方便,它的通信距离较短,主要用于本船船内通信,如船舶船头与船尾之间有关于遇险与搜救的通话;在应急时用于救生艇筏及本船相互间的通信;在搜寻救助时用于救助艇或搜救飞机与难船或救生艇筏之间的搜救现场通信。

(一)技术性能及配备

甚高频双向无线电话的主要技术性能是:

1. 可以从 1 m 高处向硬表面跌落,在 1 m 水深处能保持水密至少 5 min。

2. 在浸没状况下受到 45 ℃ 的热冲击时能保持水密性,不受海水或油的损坏。

3. 长时期暴露于阳光下不会导致性能减退,应有明显的黄/橙颜色或标志。

4. 应能在 156.800 MHz 频率(甚高频 16 频道)至少一个额外的频道工作,所有选配的频道只用于单一的话音通信。在任何光线环境下指示出 16 频道已被选择,应在开机后 5 s 内可以工作。

5. 有效辐射功率的最小值应为 0.25 W。如果有效辐射功率超过 1 W,则应有一功率降低开关以使功率降低至 1 W 或更小。当用于船上通信时,输出功率在这些频率上不得超过 1 W。

6. 发射类别应符合《国际无线电规则》附录 19 的要求,频道指示应符合附录 18。

7. 在输出端当信号对噪声和失真比为 12 dB 时,接收机的灵敏度应等于或优于 2 μV。接收机的抗扰性应达到使不需要的信号不会对需要的信号产生严重影响。

8. 天线应当是垂直极化的并尽可能在水平面上是全向的,天线应适于在工作频率上对信号进行有效的辐射和接收。

9. 音频输出要足以在船上和救生艇(筏)中可能遇到的环境噪声的水平上被听到。

10. 双向无线电话应能在 −20 ~ +55 ℃ 的温度范围内工作,在 −30 ~ +70 ℃ 的温度范围内存放时,它不应有损坏。

对于甚高频双向无线电话的配备,《SOLAS 公约》要求在客船和总吨 500 及其以上的货船上至少应该配备 3 台;在总吨 300~500 的货船上至少应该配备 2 台。平时以充电方式存放在驾驶台。

(二)结构名称

甚高频双向无线电话同种类的通信设备有多种型号,以 ICOM 公司的 IC-GM1500 双向无线电话为例,它的结构名称如图 10-1-11 所示。

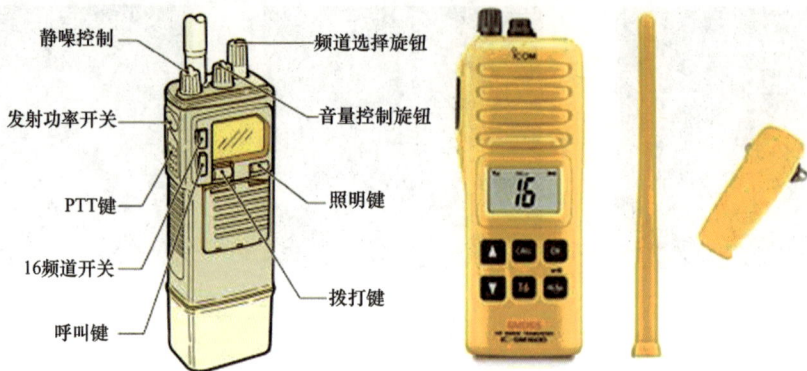

图 10-1-11　双向无线电话

(三)各键钮的功能及作用

1. 功能键

(1)静噪控制旋钮[SQL]

(2)发射功率开关[HI/LOW]

选择高或低的输出功率,也可以激活其他键附属功能。

(3)PTT 键(按键式对话)[PTT]

按下 PTT 键,发射信号;松开 PTT,接收信号。

(4)16 频道开关[16]

16 频道是遇险呼救频道,它用于与其他站台建立初始联系及应急通信。接通电源时,机器自动选择 16 频道模式。

(5)呼叫键[C]

选择呼叫频道模式。呼叫频道用于存储最常使用的频道,以便快速调取。按下[HI/LOW]键,同时选择呼叫频道写入模式。

(6)频道选择旋钮[CHANNEL]

在拨打模式下设定一个工作频道。

①选择呼叫频道模式;

②按下[HI/LOW]键,同时按下呼叫键[C],16 频道显示闪动;

③转动频道选择旋钮[CHANNEL]选择所要的频道;

④按下发射功率键[HI/LOW],同时按下呼叫键[C]找到所选择的频道,停止闪动。

(7)音量控制旋钮[OFF/VOL]

接通和关闭电源,调节音量。

(8)照明键[LIGHT·LOCK]

开启和关闭照明灯;按下[HI/LOW]键,可以起动锁定功能。

(9)拨打键[DIAL]

选择拨打模式。在此模式下,可以在 19 个国际通信频道中选择一个通信频道。在 16 频道建立初始联系后,使用此模式选择一个频道继续通信。

2. 功能显示

(1)发射显示:发射时出现;

(2)锁定显示:起动锁定功能时出现;

(3)呼叫频道显示:当处于呼叫模式时出现;

(4)发射功率显示:在选择低输出功率时显示;选择高输出功率时消失。15 和 17 频道上不能选择高功率;

(5)"忙"显示:当正在接收信号或静噪控制旋钮[SQL]逆时针方向开启过大时出现;

(6)频道显示:在呼叫频道模式或拨打模式下出现;

(7)电量不足显示:当电池需要充电时显示;

(8)频道号码显示:显示选定的工作频道号码。

3. 操作方法

(1)顺时针旋转音量控制旋钮[OFF/VOL],接通电源;

(2)逆时针旋转静噪控制旋钮[SQL]至最大;

(3)用音量控制旋钮[OFF/VOL]调节音量至适宜水平;

(4)顺时针转动静噪控制旋钮[SQL],直至噪声刚好消失为止;

(5)按住[PTT]键,开始讲话;

(6)松开[PTT]键,开始接收。

四、通用应急报警和公共广播系统

通用应急报警系统能发出 7 个或以上的短声继以 1 长声组成的通用报警信号。该报警系统由船舶主电源或应急电源供电,由船舶号笛或汽笛以及附加电铃等报警系统发出信号。通用应急报警系统除船舶号笛外,可以在船舶驾驶台和其他要害位置操作;全船所有起居处所和船员经常工作处所均应听到通用应急报警系统的报警;该系统在起动后能连续发出报警信号,直至人工关闭或被公共广播系统的信息暂时打断。

公共广播系统为一扬声器装置,能向船员或乘客或两者经常活动的所有地方广播信息,并通向集合地点。可以在驾驶台和船上其他地方广播消息。所有船舶都应该配备一个通用应急报警系统;所有客船还应设置一套公共广播系统。

船舶在存放无线电救生设备的地方,应该张贴用图解说明的各无线电救生设备的使用方法。有专人负责管理和使用。存放位置必须标有明显的标志,如图 10-1-12、图 10-1-13 所示。

图 10-1-12　搜救雷达应答器标志　　图 10-1-13　双向无线电话标志

第二节

视觉求救信号的操作

目前在船舶上以及救生艇筏上配备的视觉求救信号主要有火箭降落伞火焰信号、手持火焰信号、漂浮烟雾信号、日光信号镜。掌握正确地操作视觉求救信号的方法,也是海上求生能否获救的关键。

一、火箭降落伞火焰信号的使用方法

火箭降落伞火焰信号有很多种,它们的主要区别在于发射装置不同。比较常见的有拉发式和压发式两种。使用时应注意使用说明,按其要求操作。下面介绍压发式和拉发式火箭降落伞火焰信号的使用方法。

(一)压发式火箭降落伞火焰信号的操作

压发式火箭降落伞火焰信号的操作:

1. 撕掉塑料袋,拆下顶盖及底盖,并注意保持外壳上的箭头方向朝上;

2. 放下底部触发器的铰链式压杆,一手握住火箭筒垂直高举过头,另一手手掌托在压杆上;

3. 双手迅速紧握火箭,把压杆上推,如果有风,则可略偏向上风,火箭很快会发射出去。

(二)拉发式火箭降落伞火焰信号

拉发式火箭降落伞火焰信号的操作:

1. 撕掉塑料袋,拆下顶盖及底盖,并注意保持外壳上的箭头方向朝上;

2. 将降落伞火箭信号下端的拉索取出挂在脚下,拔除安全销;

3. 两只手用力抓住信号筒向上方拉动;

4. 火箭信号发射出去。

发射火箭信号时应特别注意:大多数火箭信号在发射时往往会有 1~2 s 左右的时间延迟,此时,应尽量用双手握住火箭筒体,直至信号发射;但是,如果击发信号 10 s 后,火箭还没有发射出去,则应尽快将火箭信号抛入水中,以防发生危险。

二、手持火焰信号的操作

常见的手持火焰信号主要有擦发式、拉发式和击发式三种点燃方式。使用时应按其说明书及图解进行。点燃后应注意将信号伸出救生艇、筏下风舷外,并应向下风倾斜,以防手被火焰烤伤,筏体被烧坏。

(一)擦发式手持火焰信号的操作

擦发式手持火焰信号的操作,如图 10-2-1 所示。

图 10-2-1 擦发式手持火焰信号的操作

1. 撕去外面的防水袋,取出手持火焰信号;

2. 先将底部的胶带撕掉,然后再把顶部的胶带及盖子去掉;

3. 一只手握紧火焰信号,另一只手用底盖里的擦头去擦火焰信号上部,即可引燃火焰信号。

(二)拉发式手持火焰信号的操作

拉发式手持火焰信号的操作,如图 10-2-2 所示。

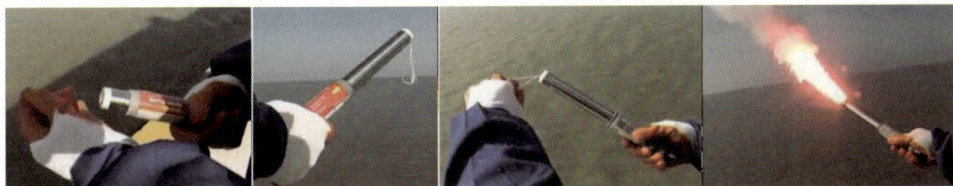

图 10-2-2　拉发式手持火焰信号的操作

1. 打开拉发式手持火焰信号的顶盖,会露出一个拉环;

2. 向外猛拉拉环,就可点燃火焰信号;

3. 将燃烧的手持火焰信号置于下风舷侧。

(三)击发式手持火焰信号的操作

击发式手持火焰信号的操作,如图 10-2-3 所示。

图 10-2-3　击发式手持火焰信号的操作

1. 旋转手持火焰信号底部,使激发装置底部的激发轨道对齐;

2. 用手从下往上快速拍击信号底部,即可激发。

手持火焰信号在燃烧时,温度非常高,因此,在使用手持火焰信号的时候,应先翻转或抽出手持信号的加长握柄,再进行信号的激发,防止被烫伤。

三、漂浮烟雾信号的操作

漂浮烟雾信号的操作,如图 10-2-4 所示。

图 10-2-4　漂浮烟雾信号的操作

1. 撕去塑料密封袋,揭开信号顶部的盖子(通常有"TOP"字样),露出内部的拉环。

2. 用力拉掉拉环,将漂浮烟雾信号抛入下风舷侧的水中。

3. 漂浮烟雾信号开始发烟。

四、日光信号镜的操作

使用日光信号镜光亮平面反射日光,反射光线照向船舶或者飞机以引起驾驶员的注意。

日光信号镜的一角或中心有一个观测孔,围绕观测孔刻有靶纹及准星,也有公司生产的日光信号镜仅是一面光滑的镜子。船用日光信号镜还配备了瞄准环,配合使用。

　　白天,阳光充足时,可以用一只手拿住信号镜,对准太阳并反射光线,另一只手拿住瞄准环伸在自己的身前,瞄准环与信号镜相连的细绳这时候被绷直。由于信号镜的观测孔无法反射光线,所以在日光信号镜反射的一块光斑中会有一个阴影,调整镜面,使这个阴影与瞄准环的瞄准孔重合,并照射向过往的船只或飞机,三点成一条直线,日光即能准确反射到目标上,如图10-2-5 所示。

图 10-2-5　日光信号镜的操作

第十一章
在救生艇筏中的急救

第一节
人工心肺复苏术

一、人工呼吸法

人工呼吸法是心肺复苏术中的一种重要而有效的方法。当呼吸停止、心脏仍在跳动或者心脏刚停止跳动时,用人工的方法使空气有节律地出入肺部,以供组织代谢所需的氧气,并排出二氧化碳,这种方法称为人工呼吸法。人工呼吸法是呼吸衰竭或呼吸停止时最重要的抢救措施,适用于溺水、触电、窒息、药物中毒等突发性的呼吸停止时的抢救。

常用的人工呼吸法分为口对口人工呼吸法、口对鼻人工呼吸法、仰卧压胸法、俯卧压背法、举臂压胸法五种。其中口对口人工呼吸法效果最好。

在施行人工呼吸法操作前,应该做好一定的检查和准备工作:先将被抢救者尽可能安放在空气新鲜并流通的地方。解开被抢救者的领扣与腰带使呼吸不受阻,取下活动的假牙,并除去口鼻腔内的异物,防止舌后坠,因意识丧失的病人的下颚松弛,舌下垂,与咽后壁接触,使呼吸道发生阻塞而影响气流通过。

(一)口对口人工呼吸法

病人仰卧,操作者先将其颈部托起,一手手掌压病人上额,使头后仰,拇指与食指捏鼻,另一手把下颚托起,使下坠的舌根抬起,防止阻塞呼吸道,拇指压下唇使口张开。操作者深吸气后,将口紧贴病人的口吹气,使病人胸部扩张,然后放松病人鼻孔,吹气者的口就离开,由于肺弹性回缩,病人可被动地呼气。如此反复进行 16~18 次/分,使其保持正常人的呼吸频率,直到病人恢复自主呼吸或确诊死亡为止。对于有自主循环(可触到脉搏)的患者,人工呼吸维持在 10~12 次/分,如图 11-1-1 所示。

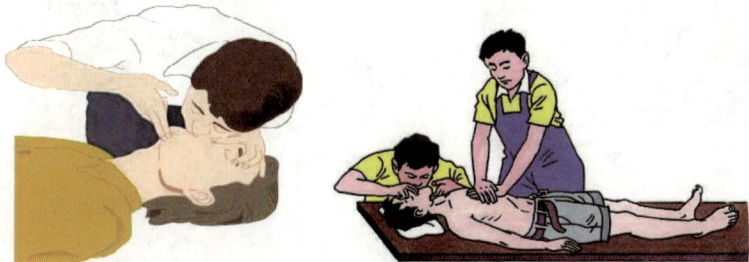

图 11-1-1　口对口人工呼吸法

(二)口对鼻人工呼吸法

其适用于牙关紧闭或口对口人工呼吸效果不佳者,操作者深吸气后,把病人的口紧闭,以口对鼻吹气,操作方法与口对口人工呼吸法相似。

(三)举臂压胸法

使病人仰卧,在肩下垫一枕头或较软的衣物,头偏向一侧,操作者跪于病人头前,双手分别握住病人两前臂近肘部,将上臂拉直过头,此时病人胸部被动扩张使空气吸入;然后再屈两臂,将肋部放回下半部,并压迫其前侧两肋弓,使胸部缩小,空气呼出,如此反复进行,16~20次/分。此种方法效果仅次于口对口人工呼吸法,特别适用于服毒的病员,如图 11-1-2 所示。

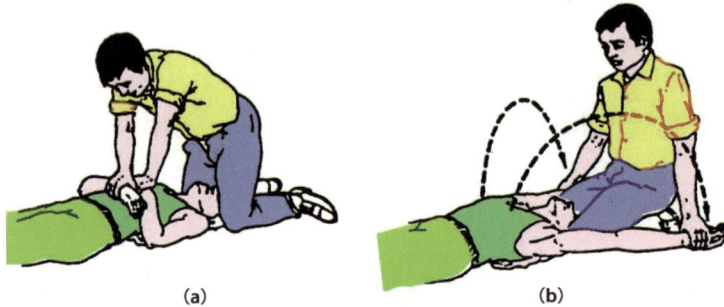

图 11-1-2 举臂压胸法

(四)仰卧压胸法

病员仰卧,腰背部垫枕使胸部抬高,上肢放在身体的两侧,头偏向一侧。操作者跪跨在病员大腿两侧,用两手掌贴在病员两侧下胸部,拇指向内,其余四指向外,向胸部上后方压迫,将空气压出肺脏,然后放松,使胸廓自行弹回而吸入空气。如此有节律地按压,16~20次/分,注意推压时不要用力过猛,防止造成肋骨骨折,如图 11-1-3 所示。

(五)俯卧压背法

使病员仰卧位,腹下垫枕,头向下略低,头偏转向一侧,以防口鼻触地,一臂弯曲垫在头下,另一臂伸直,急救者跪跨在病员大腿两侧,将手在病员背部的两侧下方,相当于肩胛下角下方,向下用力压迫与放松,以身体重量向下压迫然后挺身松手,以解除压力,使胸部自行弹回,如此反复进行 16~20 次/分。此法对抢救溺水者较为适宜,可使水向外流出,舌也不致阻塞咽喉,如图 11-1-4 所示。

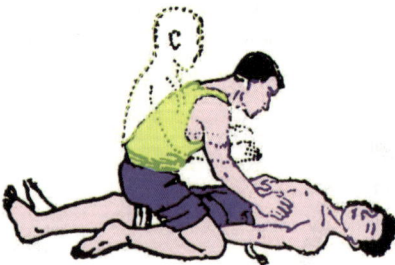

图 11-1-3 仰卧压胸法   图 11-1-4 俯卧压背法

在进行人工呼吸时应注意:

(1)判断准确,快速进行。因脑部缺氧超过 3 min,大脑皮质即可破坏致死,难以康复。判断病员是否有呼吸的方法很简单:把手放在病员的鼻孔下感觉是否有气体从口鼻出来;看病员的胸腹部是否有起伏运动。

(2)保持呼吸道通畅。先尽可能地将病员置于空气流通处,松开衣领和裤带,清除口鼻内异物。如有假牙应取出;若舌头堵塞气道,则用纱布或布片包住后把它拉开。

(3)做口对口人工呼吸时吹气不宜过猛,吹气的时间占呼吸周期的1/3,每次吹气时间应持续1 s以上,同时要观察病员胸廓起伏运动,轻轻隆起时为吹气合适。

(4)服剧毒药物及口鼻部严重外伤者不能做口对口或口对鼻人工呼吸,胸背部损伤明显者,不宜采用仰卧压胸、俯卧压背及举臂压胸法等方法。

二、胸外心脏按压

心脏由于各种原因(如严重疾病、溺水、触电、窒息或药物过敏)会发生突然停止跳动,称之为心搏骤停。心搏骤停后脑血流量急剧减少,导致意识突然丧失。

判断心搏骤停的指征是患者意识丧失,颈、股动脉搏动消失,呼吸断续或停止,皮肤苍白或明显紫绀,胸前听不到心音。一旦确诊应立即采取抢救措施,要争取在5 min内恢复心跳,否则难以复苏。

胸外按压的有效指征是可摸到大血管,如股动脉、颈动脉搏动,能测出血压、颜面肤色、口唇、指甲色泽转红润,瞳孔由放大逐渐恢复。

(一)心前区拳击复苏法

如心搏骤停时间不到1 min,而病因不是以缺氧为主,可先进行心前区捶击术,主要操作方法是:以左手掌贴于心前区(胸骨中下1/3段交界处),右手握拳,用拳底多肉位置从20~25 cm高度向左手背部迅速地猛然捶击1~2次,部分病人心脏可立即恢复搏动。如心脏搏动仍未恢复,则应立即改换胸外心脏按压术抢救。

(二)胸外心脏按压法

胸外按压是用人工的力量挤压胸部,维持血液循环,使心脏内的血液排入主、肺动脉,当放松时胸骨恢复原来位置,使胸腔内负压增加产生抽吸作用,有助于静脉血回流入心脏,如此反复有节奏地按压,可改善全身血流量以维持有效的血循环,有利于维持重要脏器的血液灌注。胸外按压的操作方法是:首先要确定按压的位置,正确的按压位置是以胸骨下端的剑突为定位标志,在胸骨上2/3和下1/3交界处,具体位置的确定方法:将食、中两指横放在剑突上方,手指上方的胸骨正中部位为按压区。操作者将一手掌根部放在按压区,与病员胸骨长轴方向平行,另一手掌重叠放在前一手背上,并保持平行,手指可相互扣锁或伸展,但不应接触胸壁。按压时,肘应伸直,依靠肩和背部力量,垂直向下用力按压,使胸骨下陷约4~5 cm,随后突然松弛,速率应为100次/分,如图11-1-5所示。

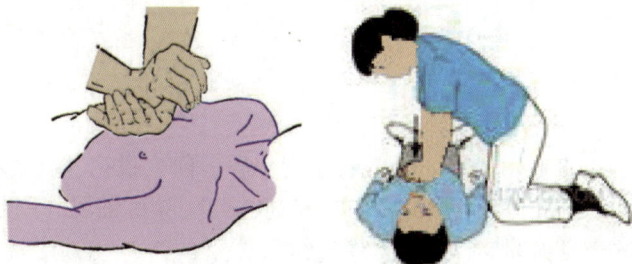

图11-1-5 胸外心脏按压法

实施胸压术时的注意事项如下：

（1）首先病员应被仰卧放在硬板床上或地上，解开衣扣、裤带。

（2）按压部位应准确，约在胸骨的中下 1/3 交界处。如部位过低，可能会损伤腹部脏器或引起胃内容物反流；部位过高，可能损伤大血管；不在中线，可能会引起肋骨骨折。

（3）按压应平稳、均匀、有规律，按压和放松时间大致相等。如用力过猛，可导致肋骨骨折，心包积血或填塞、血胸、气胸、肺挫伤、肝或脾撕裂等并发症；如用力太小，则无效。

（4）若心脏按压同时进行口对口人工呼吸，按压/通气的比例为 30:2，即每 30 次胸外心脏按压和 2 次人工呼吸交替进行，每个周期为 5 组，时间大约 2 min。

第二节
外伤出血的治疗

一、出血的种类

（一）毛细血管出血

毛细血管出血，血色为鲜红色，由伤口中慢慢渗出，往往在创面上形成血滴，逐渐汇成血流，出血不多，出血点不明显，量较少常可自行凝结，其危险性较小。

（二）静脉出血

静脉出血，血色为暗红色，为持续性流血，多数是涌出或缓缓流出，出血点多在伤口的远心端。

（三）动脉出血

动脉出血，血色为鲜红色血，出血速度快，有时形成血柱呈喷射状流出，出血点多在伤口的近心端。

二、出血的方式

根据出血部位的不同，可分为外出血、内出血和皮下出血。

（一）外出血

血流出伤口外，可以看到，易辨别。一般外伤出血都属于外出血。

（二）内出血

血流在体腔或组织内，不能看到，只能由症状识别，如胸、腹部受伤或某些疾病引起的出血。

（三）皮下出血

皮肤未破，只在皮下软组织内出血，如挫伤、瘀斑等。

当身体大量失血时（800~1 000 mL）就会出现头昏、耳鸣、眼花、倦怠、不安、口渴等全身症状。若失血量超过 1 000 mL，可出现皮肤苍白、四肢厥冷、脉搏细弱、呼吸急迫、血压下降、休克等。当失血量超过全身血量的 1/2（全血量约占体重的 7%~8%），就可引起呼吸和心跳停止。

三、止血方法

（一）指压止血法

指压止血法是根据全身动脉血管的分布情况,临时用手或手掌直接压迫伤口近心端的动脉干,将动脉干压迫在深部的骨面上使血管被压闭,以阻断血液的流通而达到止血目的。

全身主要动脉的压迫止血点如图 11-2-1 所示。

1. 颞浅动脉指压止血法

颞浅动脉指压止血法用于同侧的头顶部出血。部位在该侧的耳前,有一个动脉搏动处,压迫此点使血管闭合而止血,如图 11-2-2 所示。

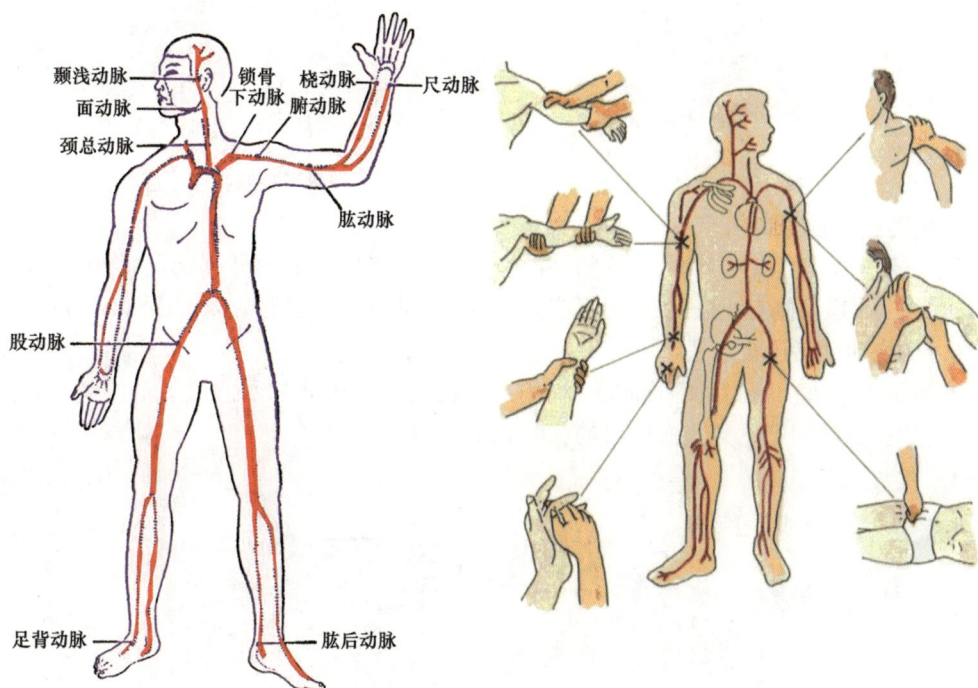

图 11-2-1　全身动脉指压止血点

2. 面动脉指压止血法

面动脉指压止血法用于同侧面部的止血。急救者一手固定伤员的头部,另一手的食指或拇指在伤侧的下颌角前约 1.5～3 cm 的凹陷处可触及有一动脉搏动,压迫此点可止血,如图 11-2-3 所示。

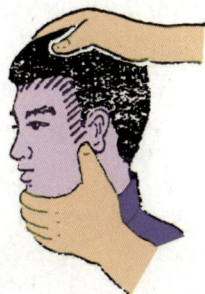

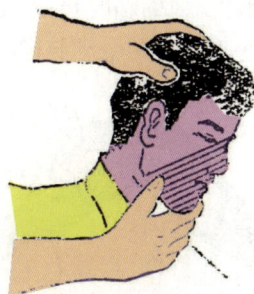

图 11-2-2　颞浅动脉指压止血法　　　**图 11-2-3　面动脉指压止血法**

3. 颈总动脉指压止血法

颈总动脉指压止血法用于该侧的头、面部的较大出血。该侧的胸锁乳突肌和气管之间有一较强搏动处，用拇指或其他 4 个手指，将颈总动脉压在该侧的颈椎横突上即可止血。压迫颈总动脉时，容易引起病人昏迷，所以一般不宜使用，更不能两侧同时使用，如图 11-2-4 所示。

4. 锁骨下动脉指压止血法

肩部、腋窝部、上肢的动脉出血时，用拇指在伤侧的锁骨的上窝中部摸到锁骨下动脉搏动点后，将拇指向下内后方对向第一肋骨压迫即可止血，如图 11-2-5 所示。

图 11-2-4　颈总动脉指压指血法　　图 11-2-5　锁骨下动脉指压止血法

5. 肱动脉指压止血法

肱动脉指压止血法用于手、前臂的临时止血，一手将伤侧的前臂提起，使伤侧的前臂与肩平行，在肱二头肌内侧有止血点，用拇指或其他四指向肱骨干压迫肱动脉，如图 11-2-6 所示。

6. 尺、桡动脉指压止血法

其用于手部小动脉出血的临时止血，用双手拇指压迫患侧的手腕横纹后方约 2~3 cm 的两侧动脉跳动处，即可达到止血的目的，如图 11-2-7 所示。

图 11-2-6　肱动脉指压止血法　　图 11-2-7　尺、桡动脉指压止血法

7. 股动脉指压止血法

其用于下肢动脉出血的临时止血。在伤侧的大腿上端腹股沟中间稍下方的搏动处，用两手的拇指或手掌，重叠压迫该处，将伤侧的股动脉用力压在耻骨上即可止血，如图 11-2-8 所示。

8. 胫前动脉、胫后动脉指压止血法

其用于足部动脉出血的临时止血，足背中部有一动脉搏动处，足内侧与内踝之间也存在一动脉搏动处，用双手拇指将两个动脉同时压住即可止血，如图 11-2-9 所示。

图 11-2-8　股动脉指压止血法　　图 11-2-9　胫前动脉、胫后动脉指压止血法

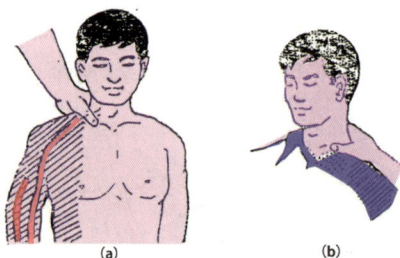

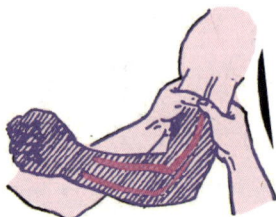

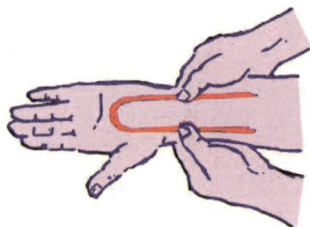

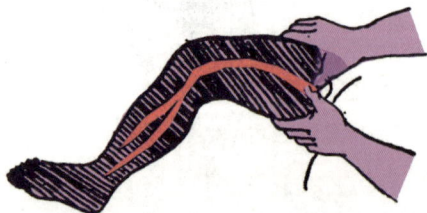

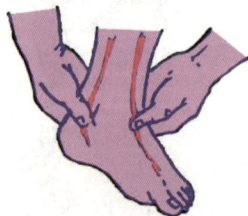

(二)止血带止血法

止血带止血法适用于四肢较大的动脉出血。用较软的布带或三角巾折成带状,或者使用橡胶管等在出血部位的近心端,将整个肢体用力绑扎,以完全阻断肢体血流达到止血的目的。但此法使用不当能引起或加重肢端坏死、急性肾功能不全等并发症。

止血带止血法的种类主要有以下几种:

1. 橡皮止血带止血法

在绑扎部位先用毛巾或衣服垫好,用左手的拇指、中指、食指持止血带的一端(距上端约8~10 cm);然后另一手拉紧止血带的另一端绕伤肢缠两圈,再将止血带的末端放入左手食指、中指之间,最后食、中两指夹住止血带拉回固定,如图 11-2-10 所示。

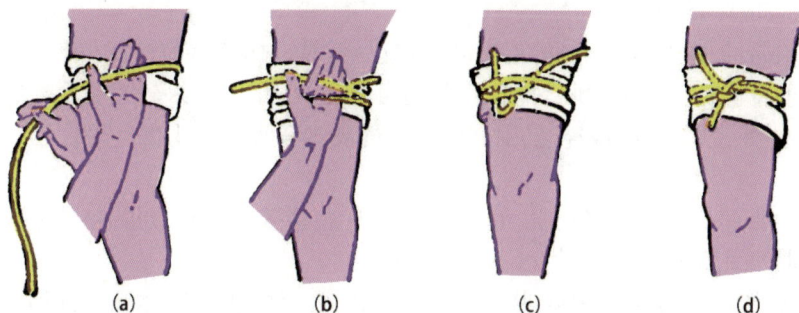

(a)　　　　　(b)　　　　　(c)　　　　　(d)

图 11-2-10　止血带止血法

2. 勒紧止血法

四肢动脉出血,可在伤口上部用绷带或三角巾叠成带状或选用类似材料勒紧止血。第一道绑扎作垫,第二道压在第一道上面勒紧,如图 11-2-11 所示。

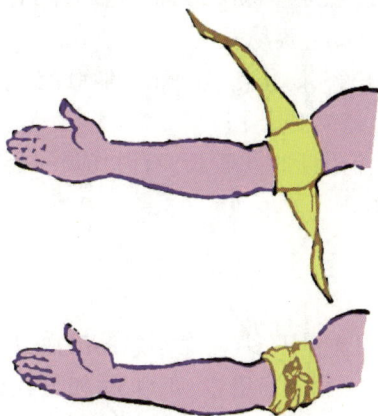

图 11-2-11　勒紧止血法

3. 绞紧止血法

先用一小绷带卷放在出血动脉压迫点上,将三角巾折成带状,绕肢体一圈交叉在后,两端向前拉紧,打一活结,绞棒插在外圈下,提起绞紧,将另一端套入活结环内拉紧活结夹,固定绞棒,如图 11-2-12 所示。

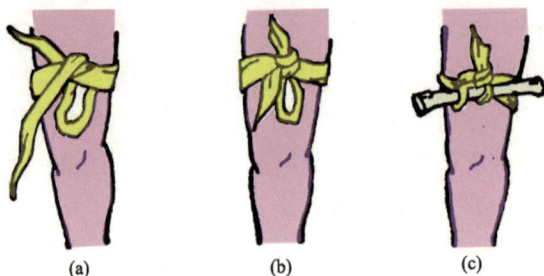

(a)　　　　　　　(b)　　　　　　　(c)

图 11-2-12　绞紧止血法

使用止血带的注意事项：

（1）扎止血带的部位应在伤口的近心端，并应尽量靠近伤口。前臂和小腿不宜扎止血带，因其有两骨（前臂桡、尺骨，小腿胫、腓骨），骨间可通血流，止血效果较差。上臂扎止血带时，不可扎在中 1/3 处，以免损伤桡神经，引起远心端的肢体麻痹。应扎在上臂的上 1/3 或前臂的最上部。

（2）在止血带的下面要垫好衣服、毛巾等物，不应直接接触皮肤，并要垫平不应有褶皱。

（3）止血带绑扎的松紧要合适，以不流血为宜。

（4）上止血带后，在显露位置标明上止血带的时间，以防止因肢体长时间阻断血流，而致缺血坏死。

（5）上止血带时间要尽量缩短，以 1 h 为宜，最长不得超过 4 h。在使用止血带期间，应每隔 0.5～1 h 放松止血带一次。放松止血带时可用指压法止血。放松止血带 1～2 min 后，再在稍高的平面上止血带，不可在同一部位反复缚扎。

（6）对上止血带的伤员，应注意肢体保暖，因上止血带后伤肢血液循环被阻断，肢体的血液供应暂时停止，所以抗寒能力低下，容易发生冻伤。

（7）取下止血带时，应缓慢松解，防止伤肢突然增加血流而损坏血管，特别是毛细血管，同时也防止全身血液的重新分布，造成血压下降。

（8）取下止血带后，由于血流阻断时间较长，有时伤员可感觉伤肢麻木不适，对伤肢进行轻轻按摩可缓解症状。

（三）加压包扎止血法

1. 敷料加压包扎止血法

敷料加压包扎止血法用于出血量不多、流血不急的出血，如毛细血管出血和小的静脉、动脉出血。方法是将无菌纱布（也可用干净毛巾、布料、手帕等代替）敷盖在伤口处，然后用绷带或布条适当加压包扎固定即可止血。但当有骨折或异物存在时则不适用。

2. 屈肢加垫止血法

屈肢加垫止血法适用于无骨折情况下的四肢部位的出血。方法是用纱布垫，放在肘窝、腿窝、腋窝或腹股沟部，用力屈曲关节，并以绷带或三角巾等缚紧固定。此法可用于控制关节远侧血流，如图 11-2-13 所示。

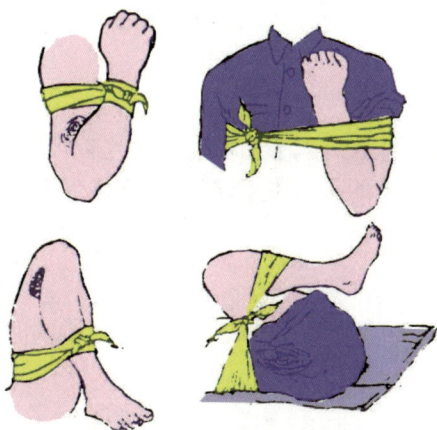

图 11-2-13　屈肢加垫止血法

第三节

救生艇筏上几种常见病症的急救

一、溺水

溺水是指水进入呼吸道及肺内时引起窒息,造成心跳、呼吸骤停,直接危及生命。当人淹没于水中时,水充满呼吸道和肺泡引起窒息,吸收到血液循环的水引起血液渗透压改变,电解质紊乱和组织损害,最后造成呼吸和心跳停止而死亡。

(一)溺水的主要原因

淹没于水中时,落水者往往因紧张、恐惧、主动屏气,或发生喉头痉挛而使水分进入呼吸道造成窒息,表现为肺泡通气不足而导致缺氧、二氧化碳潴留,同时大量液体进入肺泡后妨碍肺正常的通气、换气功能,加重缺氧和二氧化碳潴留。

因海水和淡水成分不同,淹溺后所引起的身体变化也不同。

1. 海水淹溺

海水含有较高的盐分(3.2%~3.8%),对血浆来讲是高渗透溶液,海水进入肺泡后,能使大量血浆及水分通过毛细血管到达肺泡,造成血液浓缩和肺水肿,伴血钠、钾、氯增高。

2. 淡水淹溺

淡水不含盐分,对血浆来讲是低渗透溶液,淡水进入肺泡后,经肺部毛细血管进入血液循环中,使血容量增加,血液稀释,造成溶血。红细胞破坏后引起大量钾离子析出,钾离子浓度增高易发生心室纤颤,造成心跳停止。

(二)对溺水者的救治

患者被营救上来后,首先要清理呼吸道,清除口腔和鼻腔内的泥沙、杂物,以保持呼吸道通畅。

迅速将患者置于抢救者屈膝的大腿上,头部向下,随即按压背部迫使呼吸道和胃内的水倒出。一般肺内水分已被吸收,残留不多,因此倒水时间不宜过长,以免耽误复苏时间。对呼吸、心跳停止的患者立即进行心肺复苏,尽快进行口对口人工呼吸和胸外心脏按压。患者经抢救苏醒后,为预防吸入性肺炎,可用适量的抗生素,注意保暖。

二、冻伤

当船舶在寒冷的水域遇险,低温对于海上求生者的生存可以构成巨大的威胁。轻者容易造成冻伤,如果求生者在 0 ℃ 以下的水温中漂浮待救,维持生命的时间仅有 15 min 左右。

(一)局部冻伤及治疗

1. 局部冻伤

局部冻伤主要是低温对局部的刺激引起血管强烈收缩造成的组织缺血,主要症状表现为皮肤苍白、冰冷、疼痛和麻木,复温后伤部表现与烧伤相似,按程度可分为四度。

2. 局部冻伤的治疗

相对于水中,救生艇的保温条件要好得多。在救生艇筏内待救,应该保持求生环境的干燥和温暖。尽可能避免身体长时间被水浸泡,保持体温,避免冻伤。寒冷的手脚可以贴近自己的腹部取暖,也可以与同艇筏内的人员相互取暖。这样可以使冻伤部位迅速恢复局部血液循环,使皮肤颜色和感觉正常。切记不可对冻伤部位进行揉搓,避免揉破皮肤受伤感染。

如果已经被轻度冻伤,可在冲洗患处后涂抹冻伤膏,然后使用干燥的布包扎好;如果已经出现较大的水疱,可以使用注射器吸出其中的渗出液,然后包扎;如果冻伤稍严重,可以对创面进行消毒、包扎、保暖,待坏死组织分界完全明确后,方可切除坏死组织。

(二)冻僵及治疗

1. 冻僵

主要变化是血液循环和细胞代谢障碍。损害一般从四肢远端开始,逐渐波及躯干,体温逐渐下降,当血液温度降至 28 ℃ 以下时,就会出现血管硬化,引起重要器官如神经系统的损伤,伤员感觉迟钝、四肢乏力、头晕,最后神志不清、知觉消失,呼吸循环衰竭。

2. 冻僵的治疗

迅速将患者移至暖处,搬动时要小心轻放、避免碰撞后引起骨折。脱去湿冷衣服,抹干患者身体,换上干燥的衣服,穿上保温服或者保温用具取暖,也可以用毛毯或被褥裹好身体,使患者在温暖条件下逐渐自行复温,必要时也可以选派一名健康的人员与伤者在一个保温服或保温用具中取暖。有条件也可以借助热风或用 40 ℃ 左右热水袋温暖患者全身,使其缓慢复温。

三、低体温症

人体正常体温的是 36.5 ~ 37.5 ℃,而当人体的核心温度(直肠、食管、鼓室)低于 35.0 ℃时,就会患低体温症(Hypothermia),又称低温症、失温症。

(一)低体温症的症状

低体温症根据其严重程度可分为三期。

1. 低体温症的第一期

在这一阶段,人体的体温降至比正常体温低 1~2 ℃。在这一阶段,人体会产生颤抖,双手麻木,无法完成复杂动作。远端肢体血管收缩,以减少热量散失。呼吸快而浅。皮肤上出现"鸡皮疙瘩",尝试使毛发竖立起来形成隔热层(人体由于毛发不足,这一反应作用有限,但是在其他物种中作用较大)。病人可能感觉疲劳和腹部疼痛。病人会有温暖的感觉,但事实上这是低体温症发展到第二期的信号。一种测试病情向第二期发展程度的方法是病人能否使拇指和小指接触,这是肌肉停止工作的第一阶段。病人可能会有视力困难。

2. 低体温症的第二期

在这一阶段,人体的体温降至比正常体温低 2～4 ℃。颤抖更猛烈。肌肉不协调更明显。行动更迟缓、困难,伴有步伐跌跌撞撞、方向混乱,尽管病人可能保持警觉。浅层血管继续收缩,以保持重要器官的温度。病人面色苍白,唇、耳、手指和脚趾可能变蓝。

3. 低体温症的第三期

在这一阶段,人体的体温降至大约 32 ℃ 以下。颤抖通常已停止。语言有困难,思维迟钝,记忆开始出现问题。通常手已经不能使用,走路经常跌倒。细胞新陈代谢停止。体温降至 30 ℃ 以下时,暴露的皮肤变蓝、胀大,肌肉协调能力几乎完全丧失,行走几乎不可能,语无伦次、行动毫无理性(包括可能尝试钻进洞里),甚至昏迷。脉搏和呼吸显著减慢,但是可能发生心率过快(心室性心搏过速和心房纤维性颤动)。主要器官停止工作,宣告临床死亡。由于细胞活动降低,一段时间之后脑死亡才会发生。

(二)低体温症的治疗

1. 常规复温的方法

常规复温的目标是为遇险者提供温暖的环境,防止遇险者的热量继续丧失,并采取措施使遇险者复温。

对于轻度失温人员,可以利用患者自身的温度调节系统来提高体温。应确保遇险者的身体是干燥的。一定要脱掉湿的衣物,换上干燥的衣服,多加外衣,或用棉被包裹。可以为轻度病人提供食物和饮料,最好是温热含糖的饮料,但是不可以提供酒精、咖啡因和尼古丁。不能直接接触冰冷的地面。

当身体出现核心温度在 35 ℃ 以下时,则需采取核心温度加温措施,可用热水袋、发热贴对患者脖子、腋窝、腹股沟等核心区进行加温,如图 11-3-1 所示;如有条件,还可以将遇险者浸泡于 40～44 ℃ 的热水中,持续 10 min 时间后查看核心温度的升温情况。

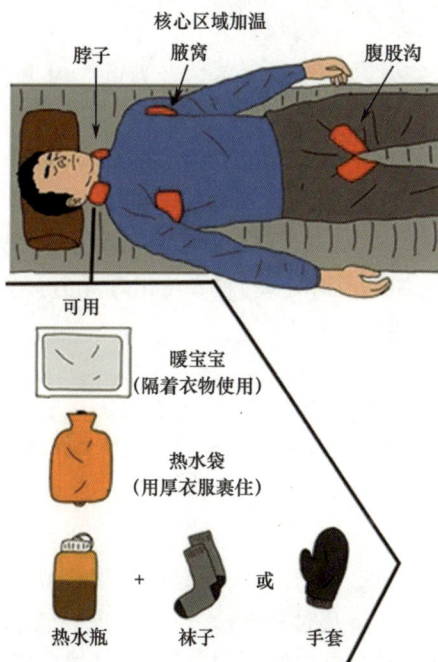

图 11-3-1 核心区域复温的方法

2.积极复温的方法

(1)输入加热的液体是复温中常用的方法,但血液加热不要超过 43 ℃,否则会引起血细胞的破坏。

(2)气道复温法,清醒病人的吸入加热气体的温度不能超过 40 ℃;昏迷病人吸入加热气体的温度不能超过 50 ℃。吸入加温空气可使病人体温上升速度由每小时 0.5 ℃升至 3.5 ℃。

四、中暑

中暑是指在高温影响下体温调节功能紊乱,烈日暴晒或在高温环境中体力消耗较大所致的一组急症,在高温或在强辐射热的条件下,如不采取防暑降温措施就可能发生中暑。

中暑一般发生在气温超过 34 ℃时,在同样气温条件下,如相对湿度大,中暑发生的机会就多。如果环境空气不流通、体力消耗大、身体虚弱、睡眠不足、疲乏都可诱发中暑。此外,在高温环境中,体力消耗大、分泌过量的汗液,没有及时补充水和盐也可中暑。

(一)中暑的分类

1.先兆中暑

在高温环境中时间稍长后,会出现全身疲乏、四肢无力、头昏、耳鸣、胸闷、恶心、注意力不集中、口渴、大汗、体温正常或略有增高(<37.5 ℃),有上述症状者为先兆中暑症。

先兆中暑者离开高温环境,短时间内即可恢复正常。

2.轻症中暑

有先兆中暑各种症状的同时,体温超过 37.5 ℃,并伴有面色潮红、胸闷、皮肤灼热等,或有早期循环衰竭的症状如面色苍白、恶心、呕吐、大汗、皮肤冷湿、血压下降、脉细而快者为轻症中暑。

发生轻症中暑,如及时离开高温环境,休息 3~4 h 后仍可恢复正常。

3.重症中暑

凡有上述症状,并伴有昏厥、昏迷、痉挛或高热者为重症中暑。重症中暑又可分为以下四种类型。

(1)中暑衰竭

中暑衰竭为最常见的一种,是由于心血管功能不能适应高温的一种表现(高温适应一般需 1~4 周左右),常发生在老年人及未能适应高温者。起病急,先有眩晕、头痛,可突然昏倒。平卧、离开高温环境即可清醒,如不及时处理,患者可出现无力、恶心、呕吐、面色苍白、脉弱、血压偏低等症状,而进入"中暑高热"。

(2)中暑高热

典型的中暑高热表现为高热、颜面灼热潮红,大多数人皮肤干燥无汗,呼吸快而弱,脉速可达 140 次/分,测肛温可超过 41 ℃,甚至高达 43 ℃,出现一系列神经精神症状,神志模糊、昏迷、惊厥等。

(3)中暑痉挛

中暑痉挛又称低钠血症,多为青壮年高发,而且往往发生在已能适应高温者,主要是由于在高温环境中劳动大量出汗后,没有及时补充盐分,可出现短暂、间歇的四肢骨骼肌的痛性痉挛,时间不超过数分钟,能自行缓解,有时影响腹壁肌、肠平滑肌和膈肌,应与急腹症鉴别。

（4）日射病

长时间在烈日下或强辐射热的条件下,可出现剧烈头痛、头晕、耳鸣、剧烈呕吐、烦躁不安,严重时可有昏迷、惊厥、体温正常或稍高。主要是由于烈日或强辐射热的可见光和红外线、长时间作用于头部引起脑组织充血和水肿造成的。

(二)中暑的治疗

1. 先兆中暑及轻症中暑的治疗

先兆中暑及轻症中暑时,让患者离开高温环境到阴凉处安静休息,适当补充清凉含盐饮料,如疑有呼吸循环衰竭倾向时,可给葡萄糖生理盐水静脉滴注,对症处理。

2. 重症中暑的治疗

重症中暑时,可根据不同的类型进行相应的处理:

（1）中暑衰竭

发生中暑衰竭应及时处理,防止向中暑高热转化,如主要为失水,可给等渗葡萄糖水静滴;如主要为失盐,可给生理盐水静滴。

（2）中暑高热

当患者被判定为中暑高热时,应立即采取各种降温措施:

①物理降温

将患者放置在 25 ℃左右环境中,并在头部、两腋下、腹股沟处放置冰袋,用冷水、冰水、50%酒精擦身,用电风扇吹风。

②药物降温

主要有氯丙嗪,口服或肌肉注射 25~50 mg,必要时可溶于葡萄糖盐水 500 mL 中快速静脉滴注,滴注时注意观察血压、心率、呼吸等,可协同使用扑热息痛口服、安痛定肌注。当肛温降至 38 ℃时应暂停降温,如有回升可重复降温。

（3）中暑痉挛

轻者口服含盐的清凉饮料即可控制,重者可用葡萄糖生理盐水静滴。

（4）日射痛

到阴凉处安静休息,头部用冰袋或冷水湿敷。

五、晕船

在救生艇筏中,由于涌浪引起艇(筏)体颠簸,使人体前庭平衡器官受到异常刺激,从而产生眩晕和皮肤苍白、出冷汗、流涎、上肢不适,乃至恶心、呕吐等一系列的症状和体征,称为晕船。

晕船是一种最常见的航海疾病,一般无生命危险,但长期在救生艇筏中求生待救,如晕浪晕船,不能正常进食,对船员的身心会造成很大的损伤。

(一)晕船的原因

晕船的病因目前尚无肯定的说法,可能与下列因素有关:

1. 前庭因素

经观察,丧失内耳前庭功能的听障人士和前庭器官发育不全的婴儿,或曾患化脓性迷路炎和迷路缺陷的人从不发生晕船。

2. 非前庭因素

非前庭因素包括视觉刺激,在航行时眼睛不断地看到起伏的波浪,由于视线不断变更容易发生晕船。

3. 精神因素

人在失眠、疲劳、心情不好的情况下容易发生晕船。还有的人发生多次晕船，以后一上船，即使船体未动，也可条件反射地引起晕船。

4. 其他因素

对感觉器官的不良刺激，如呕吐物的气味、不合口味的食物，均可诱发晕船。此外乘船时的体位、过饱饮食也与晕船有关。

(二) 晕船的类型

依晕船表现的轻重，本病可分为轻型、中度型、重型。

1. 轻型

咽部不适，唾液分泌增加，吞咽动作频繁，上腹部有空虚感，似饥饿状，同时可出现头痛、眩晕、嗜睡、面色苍白、恶心等。

2. 中度型

头痛剧烈、厌食、恶心，呕吐反复发生，吐后自觉轻松，面色轻度潮红或苍白。

3. 重型

上述症状加重，感觉疲乏无力，胃内容物虽已吐空持续作呕不止，个别的甚至呕吐出胆汁或血液，有脱水现象，面色苍白，四肢厥冷，体温常低于正常。

(三) 晕船的防治

晕船的防治主要有以下几个方面：

1. 加强锻炼

经历长期航海生活的老船员、渔民一般不易晕船，据报道大约90%的人经过锻炼可以提高抗晕船的能力，但对晕船的适应能力的获得是暂时的，如长时间离船工作，再次上船时有的人仍会发生晕船。在陆地上可采用一些器械进行锻炼，如秋千、浪桥、滚轮、单双杠等。

2. 减少诱发因素

为防止晕船，可通过改善船舶条件，如降低噪声与振动，加强通风，保持舱内空气新鲜，维持适宜的温、湿度等；可以通过饮食进行调节，如有风浪时吃一些清淡易消化的食物，不要过饱或过饥；还应该保持体力，充分休息，防止过分疲劳导致晕船。

3. 药物防治

如有条件，可口服乘晕宁片等，每次 1 片，隔 6~8 h 可再服一次；或用膏药贴肚脐也有一定的抗晕船作用；如晕船症状明显，呕吐频繁，出现脱水现象，则可适当地进行静脉补液。

第四节
救生艇筏上的急救箱的配备和使用

一、急救包(箱)常用的备品

(一)器械

急救包(箱)内的器械包括小氧气瓶、听诊器、血压计、体温计、压舌板、开口器、一次性注射器、吸管、大小止血钳、剪刀、镊子、手术刀柄及刀片、弯盘、缝针及缝线、胶带止血带、手电筒、小夹板、针灸针等。

（二）敷料

急救箱内的敷料包括绷带、三角巾、棉花、无菌棉球、无菌棉签、无菌纱布、橡皮胶布、别针等。

（三）药品

急救箱内的药品有碘酒、酒精、红汞、肾上腺素、可拉明、毒毛旋花苷 K、阿拉明（间羟胺）、毛花苷 C（西地兰）、利舍平（利血平）、硝酸甘油片、洛贝林、杜冷丁、安定、阿托品、氨茶碱、5%碳酸氢钠注射液、50%葡萄糖水、10%氯化钙注射液、普鲁卡因、十滴水、人丹、清凉油、乘晕宁、速尿注射液、心痛定片等。

二、急救箱内物品

（一）手术用品——大小止血钳、剪刀、镊子、手术刀柄及刀片、弯盘、缝针及缝线等。

（二）注射用具——无菌棉球、无菌棉签、一次性注射器等。

（三）体格检查用具——听诊器、血压计、体温计、压舌板、手电筒等。

（四）外伤处理常用物品——胶带、止血带、绷带、三角巾、棉花无菌纱布、橡皮胶布、别针、小夹板等。

三、急救箱常备药品的使用

（一）外用药

1.红汞（红药水）：用于伤口或皮肤黏膜的消毒。不能与碘酒合用。

2.碘酒（碘酊）：主要用于皮肤、医疗器械的消毒。

3.龙胆紫（紫药水）：用于黏膜和皮肤的溃疡和烧伤。

4.生理盐水：清洗创口。

5.创可贴：小伤口包扎。

（二）抢救用药

1.神经系统用药：

（1）呼吸兴奋剂——用于呼吸衰竭及呼吸骤停。

①尼可刹米（可拉明），肌注或静脉滴入，每次 0.375 g 或 0.25 g。避免持续大剂量给药，以防惊厥发生。

②山梗菜碱（洛贝林），皮下或肌注，每次 3~10 mg，每 30~60 min 可重复一次。静注每次 3 mg，必要时每 30 min 重复一次。超大剂量注射可致心动过速，应注意避免。

③二甲弗林（回苏林），肌注或静注每次 8~16 mg。静注可加入 25%葡萄糖或生理盐水稀释后缓慢注入。大剂量可致惊厥，孕妇禁用。

（2）镇静及抗惊厥药——用于小剂量镇静，中剂量催眠，大剂量抗惊厥。

①苯巴比妥（鲁米那），镇静口服每次 0.03 g；睡前口服 0.03~0.09 g；催眠，肌注 0.1~0.3 g；抗惊厥，必要时 4~6 h 后可重复使用。偶见过敏反应。久服可成瘾。

②安定（地西泮），有抗焦虑、抗惊厥、肌肉松弛作用。用于治疗焦虑状态、癫痫、麻醉前给药。口服：抗焦虑 2.5~10 mg，每日 2~4 次；抗惊厥 2.5~10 mg，每日 2~4 次。长期使用出现

认知障碍和依赖性。老人减少用量。停药应逐渐。

2. 循环系统用药

(1)抗休克药——用于溺水、过敏、窒息等原因引起的休克。

①肾上腺素用于心搏骤停和过敏性休克的抢救,皮下或肌注,成人0.5~1.0 mg/次,必要时1~2 h重复,静脉或心内注射,0.5~1.0 mg/次,以生理盐水稀释10倍后注射。不良反应有心悸、烦躁、焦虑、震颤、出汗、皮肤苍白,剂量过大或静注过快可诱发脑出血和心律失常。高血压、脑动脉硬化、缺血性心脏病、甲亢和糖尿病患者禁用。

②阿拉明(间羟胺),升压药,用于各种类型的休克和手术低血压。肌内或皮下注射:成人2~10 mg/次,每0.5~2 h一次;静滴:成人15~100 mg加入葡萄糖液或生理盐水500 mL滴注,20~30滴/分。根据血压调整滴数。大剂量可引起头痛、头晕、震颤、心悸、和胸部压迫感。药液外漏偶可引起组织坏死。不宜于碱性药配伍。甲亢、高血压心衰、糖尿病患者慎用。

③多巴胺,用于治疗各种低血压、心衰及休克。静滴:以20 mg溶于250 mL葡萄糖液滴入,滴速每分钟1.5~2.0 μg/kg,根据血压调整滴速和浓度。紧急情况可即刻静推2~3 mg/次,继以静点。偶有恶心、呕吐、心悸等。过量或滴速过快可引起心动过速、心律失常、头痛及高血压。药液外漏甚至可引起组织坏死。不宜与碱性药配伍。治疗休克时,宜补足血容量及纠正酸中毒。

(2)抗高血压药

①硝苯地平(心痛定),为二氢吡啶类钙拮抗剂。有降低血压,减少心肌耗氧量抗心绞痛作用。预防和治疗冠心病的心绞痛及治疗各型高血压。口服或舌下含,5~10 mg,开始每日3次,可逐渐增至每次20 mg。可有头痛、面部潮红、眩晕、心率增快、乏力、水肿。低血压禁用。

②利血平(利舍平),用于治疗轻、中度高血压。肌内或皮下注射:开始0.5~1.0 mg,3~6 h后用至2~4 mg,如无效,换药。不良反应有乏力、倦怠、嗜睡、腹泻等;长期大量使用后可出现忧郁症。胃溃疡、忧郁症者忌用。

3. 抗心力衰竭药(强心药)

西地兰(毛花苷C),作用与用途同地高辛相同。适用于紧急情况时,0.4~0.6 mg以25%葡萄糖液稀释后缓慢静注(5 min以上),2~4 h以后需要时可再给0.2~0.4 mg。不良反应同地高辛。

4. 抗心绞痛药

硝酸甘油,扩张冠状动脉,解除其痉挛。主要用于缓解心绞痛及急性心肌梗死早期。舌下含服半片至一片(0.3~0.6 mg),必要时每5 min一片直至症状缓解,15 min内不超过3片。不良反应有搏动性头痛、皮肤潮红较常见。偶见体位性低血压、心动过速、皮疹、头晕。

5. 抗心律失常药

普萘洛尔(心得安)为心脏β受体阻滞剂。用于各种原因引起的室上性和室性心律失常。成人口服10~30 mg,每日3~4次;静脉注射2.5~5 mg,溶于葡萄糖液20 mL,以每2~3 min注射1 mg的速度缓慢注射。可见多梦、头晕、抑郁、幻觉、嗜睡、焦虑、失眠等。房室传导阻滞、慢性阻塞性支气管疾病和周围血管疾病。

6. 呼吸系统用药

氨茶碱可松弛支气管平滑肌。适用于支气管哮喘、哮喘性支气管炎和心源性哮喘。口服0.1~0.2 g/次,每日0.3~0.6 g;肌内注射或静脉注射,成人,常用量,每次0.25~0.5 g,1日0.5~1 g,极量,一次0.5 g,加入50%葡萄糖液20~40 mL稀释后徐缓注入(不得少于

10 min）。可致恶心、呕吐、心律不齐。

7. 消化系统用药

阿托品为抗胆碱能神经药。主要用于胃肠道、胆道及泌尿道痉挛引起的绞痛、呕吐、腹泻；也用于治疗有机磷中毒及休克。口服 0.3 mg，3~4 次/日。静注 0.5~1.0 mg/次，静脉小壶，4~6 h 一次。治疗休克，1.0~5.0 mg/次，静脉小壶，1/2~2 h 一次。治疗有机磷中毒，1.0~10.0 mg/次，静脉小壶，10~30 min 1 次，减量维持 0.5~1.0 mg/次，静脉小壶，2~4 h 一次。不良反应可见口干、皮肤潮红、心率增快、视力模糊、排尿困难。如中毒可用新斯的明拮抗。青光眼及前列腺肥大者禁用。心动过速、心脏疾患、胃潴留、尿潴留慎用。

8. 泌尿系统用药

速尿（呋塞米）为强有力的利尿剂。主要用于治疗各种水肿，也可用于治疗高血压。口服，20~40 mg/日，肌注或静注，用量需根据病情而定。偶见乏力、恶心、药疹、粒细胞减少、低钾等。肝肾功能同时受损者该药易在体内蓄积。

9. 激素类药

氢化可的松有抗炎抗毒抗休克等药理作用，临床上常用于抢救危急病人。剂量视具体病情酌用。长期大量服用引起柯兴氏征、水钠潴留、精神症状、消化性溃疡、骨质疏松等。

地塞米松（氟美松）作用与氢考相似，主要用于抢救危急病人和各类炎症及变态反应的治疗。口服，抗炎、抗过敏每日 1.5~3 mg，每晨一次或早午两次分服。肌注或静点：每次 5~10 mg。长期大量使用引起糖尿病及柯兴氏征等。有精神病史、溃疡病、活动性肺结核者及肠吻合术后病人慎用。

10. 防暑药

(1) 十滴水，用于中暑。每瓶 5 mL，成人服半瓶到一瓶。

(2) 人丹，治疗中暑、晕船。每次服 5~10 粒。

(3) 清凉油，为夏季常用防暑药。涂擦太阳穴可解头痛，蚊虫叮咬部位可涂擦。

11. 局麻药

普鲁卡，因为短效酯类局麻药。局部浸润麻醉常用浓度为 0.5%，成人单位时间内最大剂量为 1 g。单位时间内用药过量或误入血管时可产生中毒反应。偶有过敏反应，用药前需做过敏试验。

利多卡，因为酰胺类中效局麻药。神经阻滞：常用浓度为 1%~2%，一次总量不超过 0.4 g。表面麻醉：常用浓度为 2%~4%，一次总量不超过 0.1 g。浸润麻醉：常用浓度为 0.25%~0.5%，每小时用量不超过 0.4 g。室性心律失常：一次用量 1~2 mg/kg，静脉输注 1~4 mg/min，每小时不超过 200 mg。浓度过高，可发生毒性反应。过敏罕见。

12. 常用液体

生理盐水用于补充体液和电解质，亦用于创口冲洗。补给量依病情而定。一般每天可给 1 000~2 000 mL。

5%、10%、25%、50%葡萄糖注射液，补充体液及热量，25%以上的高渗葡萄糖液静推后可提高血液渗透压，引起组织脱水并短暂利尿。用于各种原因引起的进食不足或大量体液丢失、饥饿性酮症、低血糖症、高钾血症；高渗溶液用作组织脱水剂及配置各类透析液等。静点或静注：一次 5~50 g，一日 10~100 g。

20%甘露醇，为渗透性利尿药，能有效降低颅内压。静点按 1.0~2.0 g/kg 计。成人常用量为 250 mL，必要时 6~8 h 重复使用。应予 15~20 min 内滴完。心、肾功能不全者忌用。使用前应检查,确定无结晶析出,输注时切勿漏出。

5%碳酸氢钠,用于治疗代谢性酸中毒和高钾血症。静滴,用量视病情而定。

氯化钾,用于低血钾症。口服:1 g/次,1 日 3 次。静滴:每次用 10%~15%药液 10 mL 加以 5%~10%葡萄糖液 500 mL 稀释。可见胃肠道反应。静滴浓度过高或速度过快可引起疼痛、静脉炎,甚至心搏骤停。严禁直接注射。

低分子右旋糖酐,可供大出血、脱水、外伤休克时急救用。代替血浆。每天静滴 500~1 000 mL。

四、注意事项

在救生艇筏中,急救箱应放在固定的地方,要有专人负责管理。要熟知急救箱内物品的名称、性能、使用方法。消毒敷料应保持其清洁、干燥。无菌敷料的大小,应超过创口周围 2.5 cm。使用消毒敷料包时,不可使手与包内消毒敷料或包的内部接触。使用器械前要进行必要的消毒。使用药物时要认清不要误用。

第十二章
获　救

第一节
船舶救助

　　船舶救助是海难救助中最常见的救助方式之一,船舶在收到或发现海难遇险求救信号后,应该尽可能与遇险船舶或人员建立联系,并且进一步确认遇难船舶或求生人员的准确位置,动员本船人员在思想上、物质上和行动上做好海难救助的准备工作。以最短的时间、最大的可能性、最安全的方式接近遇险求生人员,以获取救助的最大成功。

一、救助行动

　　救援船通常在被救助的难船或救生艇筏的上风舷侧接近,然后,降放下风舷侧的救助艇进行救助。被救助的难船或救生艇筏应该服从救助人员的指挥。

　　1. 如果风浪比较大,不仅遇险人员撤离难船非常困难,而且救援行动也将会面临很多危险。这时,救援船可以施放镇浪油,使救援海域相对平缓,同时,可以在下风舷侧降放救助艇救助水中的救生艇筏或落水人员;还可以使用抛绳设备在两船之间建立缆绳连接,系接上滑车,借助救生裤或者类似的传递工具,将遇险船上的人员转移到救援船上。

　　2. 当救援船接近救生艇筏时,救生艇筏内的人员应该收回海锚以及其他缆绳、绳索,避免绞缠来船的螺旋桨。

　　3. 如天气恶劣,海况比较差,被救助人员或救生艇筏应该尽量远离救援船的船首,同时也要注意不要被风浪压到救援船的船尾。尽可能地集结到救援船的正横方向前方的可见区域附近,以保证安全、方便救助。

　　4. 通常情况下,在利用救助艇进行救助时,救助艇上的救援人员可以先将救生艇筏的求生人员转移到救助艇上,再送回到救援船上。

　　5. 如果在水中有漂浮的求生人员,可以利用可浮救生环、救生圈将水中人员拖拽到救助艇旁边进行救助,甚至可以使用艇篙帮助落水人员靠近救助艇。

　　6. 如果救援船上起重设备合适,可以借助救援船上的起重设备将水中待救的救生艇筏及人员一起吊升到救援船上。

二、船舶救助的注意事项

　　1. 船舶救助时,应该加派人员进行瞭望,首先救助处在最危险位置的人员或艇筏,遇险船上应优先救助妇女、儿童、老弱伤病的人员。

2. 遇险人员应该服从救助人员的指挥,不要争先恐后,要有序等待被救助。

3. 在利用救生环、救生圈救助时,被救助人员接到救生环(圈)后,尽可能将救生环(圈)套牢在身体的合适位置上,避免救助失败。

4. 救援船要提前准备好场所、食物、饮水、药品和急救措施,以便对遇险人员进行妥善的安置和及时的治疗。

第二节
直升机救助

在沿海和近海发生的海难事故中运用直升机救助是海难救助中最快速和有效的手段。直升机救助具有出动快、受海况影响相对较小、视野开阔、救助效率高等特点。

一、海上搜寻救助直升机的特点

1. 直升机可以垂直升降,能在空中悬停,飞行迅捷,能够在很短的时间内到达出事的海域,是非常理想的海上搜寻救助工具。

2. 在正常天气情况下,直升机活动半径一般可达到 300 n mile。

3. 直升机根据其螺旋桨的大小,可搭载人数在 1~30 人。

4. 直升机抗风能力在 10 级,风速不超过 50 kn。如果船舶横摇或纵摇超过 5°,直升机降落到船舶甲板上就会非常困难。

5. 直升机的舱口和吊升设备一般是设在右舷,因此,直升机在进行救助吊升作业时,一般从被救助难船(救生艇筏)的左舷船尾进入。

6. 直升机使用自备的救助设备进行救助。

二、直升机的救助设备

直升机在海上救助时,利用吊升设备救助求生人员,在吊索的一端都连接着专用的救护吊升设备,根据不同的救助情况,采用不同的吊升救助设备。

(一)救助吊带(吊环)

直升机救助吊带(吊环)是直升机最常用的救助设备,能够适合快速地吊起求生人员(不适用于调运伤病员),适用于大多数救助的情况,如图 12-2-1 所示。

图 12-2-1　救助吊带

（二）救助吊篮

若天气和求生人员的状况不允许使用救助吊带，可以使用救助吊篮进行直升机救助。救助吊篮使用起来简单方便，求生人员只要进入篮内、抓牢篮筐边缘坐好即可被吊升，如图 12-2-2 所示。

图 12-2-2 救助吊篮

（三）救助担架

救助担架是专用于直升机救助伤病员的设备，它与普通的担架不同，担架装有吊索并配有专用的吊钩，以方便与直升机的吊索迅速而安全地连接或脱卸，如图 12-2-3 所示。

图 12-2-3 救助担架

（四）救助吊座

救助吊座采用的身世锚爪和锚杆的设计，围绕中间锚杆设置了两个或三个锚爪型座板，这种设备可以同时吊升最多两名或三名遇险人员，如图 12-2-4 所示。

图 12-2-4 救助吊座

（五）救助吊笼

救助吊笼的形状类似一个锥形笼框，三面以绳网封闭，一侧开口，如图 12-2-5 所示，求生人员从开口处爬进笼内，抓住绳网，即可吊升救助，非常适于救助落水人员。

图 12-2-5　救助吊笼

三、直升机救助难船上的人员

1. 直升机在实施救助时，需要与被救助的难船或救生艇筏保持持续的联系。最好建立无线电联系。无线电话的通话频率为 2 182 kHz；甚高频 16 频道的通话频率为 156.8 MHz。

2. 直升机在接近船舶时，船长应该根据直升机驾驶员的要求，及时调整船舶的航向，并保持定速航行，注意保持风向在船首左舷 30°左右，当救助区在船尾以外的位置时，来风保持相对于船首右舷 30°左右。

3. 直升机实施救助时，悬空高度一般距甲板（艇筏）27 m 左右，吊运区至少在 16 m² 范围内无障碍物，在直升机降落区域按规定用白色的油漆标绘上"H"字样的标志。

4. 一般情况下，在进行吊钩操作时与直升机联络时的手势，如图 12-2-6 所示。

可以吊升　　　　　　　　　　停止吊升　　　　　　　　　放下吊索

图 12-2-6　吊升操作手势

可以吊升——举起手臂，四指握紧，拇指朝上；

停止吊升——举起手臂，四指握拳；

放下吊索——举起手臂，四指握紧，拇指朝下。

该手势也同样适用于救生艇筏上的人员与水中待救人员与直升机绞车操控人员之间的联络。

四、直升机救助艇筏上的人员

直升机在对救生艇、救助艇上的人员进行救治时，救生艇上的人员一定要绝对服从直升机救护人员的指挥。在直升机接近救生艇时，操纵救生艇应该尽可能保持航向稳定，由直升机接近救生艇，不是万不得已，绝不能试图操纵救生艇接近直升机。

图 12-2-7 直升机救助艇筏上遇险人员

在直升机接近时,艇长负责与直升机的联络,在直升机到达时打开救生艇艇尾的舱门(或舷侧舱门)。艇内所有的人员在没有接到命令的时候,应该穿好救生衣或救生服在艇内坐好,不得钻出并登上救生艇的顶部,直升机在救生艇上悬停后,会送下吊升设备,以救助吊带(吊环)为例。救生艇内人员应将救助吊带拉进艇内,依据先后顺序,穿戴好吊带,如图 12-2-8 所示。确认吊带已经可靠束紧,将人员送出艇外,指挥直升机吊升。在穿戴救生吊带时要做到迅速可靠。创造最好的救助时机,保证救助的最大成功。

图 12-2-8 直升机吊带的穿戴示意图

在使用救助吊带吊升的过程中,被吊升人员要始终保持双手下垂,保持吊带卡在腋下,而不是用手抓住吊带,防止手滑或力尽,从吊带中滑脱。接近直升机舱门时,机上人员会协助被救助人员身体转至背对舱门,使救助人员进入舱门。

五、直升机救助时的注意事项

在直升机进行现场救助的时候,如果不为了避免在直升机救助时再次发生危险,我们应该掌握一些直升机救助时的注意事项:

1. 直升机一般采取迎风方式接近吊运区(或降落区),在直升机接近时,最好有人在地面举一面旗帜,或者绑上一束布条,可以为直升机驾驶员标示一下地面的风向和风速。

2. 直升机在救生艇筏上方悬空时,由于受直升机螺旋桨向下气流的冲击,会产生地面效应,海面会受到非常大的影响,最坏的可能会造成救生艇筏的倾覆,因此,救生艇筏上的人员应该聚集在艇筏的中央坐好,降低重心,直至被救助。

3. 所有被吊升救助的人员都要穿妥救生衣或救生服(除非伤病员的需要),在被吊升时不要穿着宽松的衣服,戴帽子、头巾或遮盖未经捆扎的毛毯等。

4.为了避免直升机吊升设备的金属部分带有静电与人体发生放电现象,被救助人员应该让其先接触地面(海水)后,再抓紧吊升设备。

5.最后一名被救助人员,在被吊离救生艇筏之前,应该把救生艇筏的灯、示位标全部关闭掉,避免误导接续的救助单位。

6.在救助时,被救助人员要绝对服从指挥,严格遵守秩序,严禁争先恐后。